U0873892

普通高等教育“十一五”国家级规划教材

中国人民大学“十三五”本科规划教材

物流管理

（第五版）

刘 刚 主编

中国人民大学出版社

·北京·

图书在版编目（CIP）数据

物流管理/刘刚主编．-- 5 版．-- 北京：中国人民大学出版社，2025. 1. -- ISBN 978-7-300-33510-0

I. F252. 1

中国国家版本馆 CIP 数据核字第 2025BJ6687 号

普通高等教育“十一五”国家级规划教材

中国人民大学“十三五”本科规划教材

物流管理（第五版）

刘　刚　主编

Wuliu Guanli

出版发行	中国人民大学出版社		
社　　址	北京中关村大街 31 号	**邮政编码**	100080
电　　话	010－62511242（总编室）		010－62511770（质管部）
	010－82501766（邮购部）		010－62514148（门市部）
	010－62515195（发行公司）		010－62515275（盗版举报）
网　　址	http://www.crup.com.cn		
经　　销	新华书店		
印　　刷	北京溢漾印刷有限公司	**版　　次**	2005 年 8 月第 1 版
开　　本	787 mm×1092 mm　1/16		2025 年 1 月第 5 版
印　　张	15.5	**印　　次**	2025 年 1 月第 1 次印刷
字　　数	372 000	**定　　价**	45.00 元

前言

党的二十大报告指出："坚持以推动高质量发展为主题，把实施扩大内需战略同深化供给侧结构性改革有机结合起来，增强国内大循环内生动力和可靠性，提升国际循环质量和水平，加快建设现代化经济体系。"国内、国际两个循环的持续、健康发展，都需要强有力的现代物流体系做支撑。本书是专门为工商管理等专业的本科生和专科生撰写的一本物流管理教材，并有幸入选普通高等教育"十一五"国家级规划教材及中国人民大学"十三五"本科规划教材。结合本科和专科学生的学习特点与"物流管理"课程的学习要求，在前四版的基础上，本版教材力求突出以下四个方面的特点：

第一，逻辑框架清晰，内容表述简洁。本版教材在对物流及物流管理的基本概念与原理进行概述的基础上，分别介绍了运输、存货管理、装卸搬运、配送、包装加工等物流活动的基本构成要素，讨论了销售物流、生产物流、采购物流、绿色物流等物流管理的主要领域，探讨了电子商务环境下的物流管理、物流外包与第三方物流、供应链管理等物流管理发展的新问题，并对物流费用管理、物流信息系统、物流绩效管理、国际物流等专题进行了剖析。由于物流管理是一门内容极其庞杂的学科，在充分考虑本科和专科学生的知识面与接受能力的基础上，在本次修订过程中，力求在内容取舍方面做到覆盖面广，切合学生的兴趣点；在行文方面做到言简意赅，文笔流畅。

第二，理论联系实际，反映学科前沿。物流管理是一门动态发展的学科，新的物流管理方法和技术不断涌现，本版教材尽可能反映这一学科的动态变化，将绿色物流、供应链管理、ECR战略、QR战略、精益生产、大规模定制、电子商务物流等内容纳入教学体系中，特别是对第15章"物流信息系统"的内容进行了较大幅度的增补、完善，以便更好地反映物流信息技术的发展现状与趋势；同时，更新了各章节中反映物流行业及物流管理发展现状的数据，替换了8个案例，修订、完善了22个案例。

第三，倡导以人为本，方便学生学习。本版教材以物流管理领域的名人名言开篇，使学生对该章内容有更加感性的认识。为了便于学生预习，本教材设置了"学习导航"栏目，对该章内容进行简要的梳理和概括。本教材通过在每一章的开头部分新增"引例"栏目，以案例的形式直观、生动地切入本章内容的学习。与此对应，在每一章的末尾，增加了“课后案例讨论”栏目，便于学生在学习本章内容之后对所学知识进行灵活运用。同时，每一章都列出了相关的复习思考题，以启发学生积极思考。“广角镜”栏目穿插于相关章节中，介绍了一些与本学科的发展密切相关的理论、知识及趣闻，以拓宽学生的视野，激发学生的学习兴趣。

第四，重视素养提升，政策导向鲜明。本版教材将党和国家与物流及供应链相关的方针、政策有机融入相关章节中，以便让学生更好地把握物流行业发展的政策动向。

参与本版教材修订的人员除李波（山东政法学院商学院）、于晓东（中央财经大学商学院）、程熙鎔（北京工商大学经济学院）、梁晗（首都经济贸易大学工商管理学院）、郑云坚（闽江学院新华都商学院）、唐坚（中共上海市浦东新区党校）、刘禹轩（浙江工商大学工商管理学院）、王丹（中国电子科技集团有限公司）、殷建瓴（中国国新基金管理有限公司）外，其余均来自中国人民大学商学院，具体分工如下：刘刚编写第 1 章，刘刚、于晓东编写第 2、3 章，刘刚、李波、马姗子编写第 4 章，付彦、刘刚、刘禹轩编写第 5、6 章，刘刚、李波、马姗子编写第 7 章，刘刚、郑云坚编写第 8 章，成栋、刘刚、唐寅编写第 9 章，刘刚、唐寅、成栋编写第 10 章，刘刚、马姗子、殷建瓴编写第 11 章，刘刚、程熙鎔编写第 12、13 章，刘刚、唐坚编写第 14 章，刘刚、李波、王丹编写第 15 章，朱春玲、刘刚、殷建瓴编写第 16 章，梁晗、刘刚、朱春玲编写第 17 章。刘刚负责本次修订的统稿，李波参与了部分统稿工作。

在本版教材的修订过程中，中国人民大学出版社的编辑们给予了我们很大的帮助，对于他们的辛勤劳动，我们表示由衷的感谢！

刘　刚
于中国人民大学商学院

目 录

第 1 章　物流与物流管理

物流是企业的革命。

——张瑞敏（海尔集团原董事局主席）

学习导航

- ◆ 掌握物流与物流管理的概念。
- ◆ 了解物流与商流的关系。
- ◆ 了解物流的类型。
- ◆ 掌握物流活动的构成要素。
- ◆ 熟悉现代物流管理的特征。
- ◆ 了解物流管理在企业及国民经济中的作用。
- ◆ 熟悉企业物流管理组织结构的类型。

引例

沃尔玛：建立在物流管理上的帝国

庞大帝国

2023 年，当《财富》杂志世界 500 强企业排名出炉时，人们对沃尔玛公司位列榜首早已习以为常，这已经是这家零售业企业连续 10 年占据世界 500 强企业第一名的宝座。然而，出乎很多人意料的是，这家在全球拥有 1 万多家分店和约 210 万名员工的企业成立只有 60 多年的时间，而其进入人们视线之中也不过是最近 30 年的事情。在企业成立之初，这家日后零售界的“巨无霸”更多的是处于凯马特等零售业巨头的阴影下，其自身的发展潜力并不被人看好。究竟是什么使得沃尔玛一鸣惊人，不仅快速超过零售业同行，而且在强手如云的世界 500 强企业的竞争中把持着第一把交椅呢？

物流为王

如果抛出上述问题，不论是理论界还是实践界都会在第一时间回答道：成功的物流管理。的确，在物流管理方面，沃尔玛可以得满分。沃尔玛公司不仅拥有庞大的物流配送设施，而且引入了信息化的物流配送系统，建立了严格的物流配送制度，在物流效率和物流成本上都极具竞争优势。沃尔玛公司前CEO大卫·格拉斯曾自豪地表示：如果沃尔玛有什么比其他零售企业做得好的，那一定是物流中心。根据格拉斯的观点，物流配送的能力，直接决定和体现了沃尔玛这样的连锁企业的经营能力，而沃尔玛正是凭借高效率、低成本的物流管理，驶入了发展的快车道，在激烈的市场竞争中获得了生存和发展的空间。

三管齐下

为了构建强大的物流配送网络，沃尔玛的种种举措可以归结为建立自有的配送中心、不断完善配送流程和建设物流管理系统这几个方面。

沃尔玛建立自有的配送中心，成为公司获得强大配送能力的基石。沃尔玛公司始终认为，对于零售业企业而言，物流配送能力直接决定着公司的运营效率和运营成本，而这两方面又直接关乎着公司的成败。因此，为了提炼出公司的核心竞争能力，沃尔玛公司决定跳出传统的第三方物流模式，建立自己的配送中心。沃尔玛公司配送中心的平均占地面积为10万平方米，相当于23个足球场那么大。配送中心的布局是精心安排的，运输汽车从任何一个配送中心出发，都能够在一天时间内到达覆盖区域内的所有商店。每个配送中心都实施了电子化和自动化的运营流程，能够将数以万计种类的商品按照订单的要求进行组合和装配，并能时刻对物流情况进行监督。因此，有人形象地将沃尔玛的物流配送中心比作电脑的CPU。配送中心的建立，使得沃尔玛能够按经营的需要快速、准确地组织货物运输活动，极大地提升了公司的配送能力，进而为公司的发展奠定了基础。

沃尔玛公司优化并完善配送流程，充分发挥了公司在物流配送方面的优势。沃尔玛的物流大多用于配送大宗商品，对此，公司充分发挥铁路运输规模大、成本低、可靠性强的特点，经由铁路将商品送达目的地，再组织卡车运输队，将商品进行“点对点”运送。在运营过程中，沃尔玛公司发现大多数卡车在运送完毕之后，都是空车返回。为了提升效率，沃尔玛公司经过系统性设计，对每一辆卡车的使用都进行了精密的筹划，保证至少60%的车辆在回程中仍然能够运送商品，以此减少运送的批次和成本。

沃尔玛公司注重物流管理系统的建设。随着IT技术的迅猛发展，沃尔玛公司逐渐意识到IT对于公司物流管理的价值，并率先引入了信息化的物流管理系统。为了推动物流管理系统的信息化建设，沃尔玛公司投资7亿美元建立了美国最大的民用电子信息系统，该系统的数据处理能力仅次于美国国防部的相关系统。在此基础上，沃尔玛公司还发射了商业卫星，以提高企业物流管理的覆盖范围，保证公司的物流管理“无死角”。此外，沃尔玛公司还建设了物流管理信息收集和处理中心，对公司物流管理的过程进行监督，由此不断发现公司物流管理方面的不足。

资料来源：马超．由沃尔玛看我国连锁超市的物流管理．中国商贸，2009（17）；贾世伟．浅析沃尔玛物流配送信息系统对连锁超市发展的启示．商场现代化，2017（10）；唐顺利．单元化物流在供应链管理中的应用．中国自动识别技术，2019（3）；沃尔玛公司官网．

党的二十大确定了全面建成社会主义现代化强国、实现第二个百年奋斗目标、以中国式现代化全面推进中华民族伟大复兴的中心任务。具体到物流领域而言，国务院印发的

《“十四五”现代物流发展规划》提出了到 2025 年基本建成供需适配、内外联通、安全高效、智慧绿色的现代物流体系的主要目标，描绘出中国式现代物流体系建设的阶段性蓝图。

“物流”作为一个现代概念，体现着一种新的企业思维模式和运营方式。随着传统的企业利润源泉逐渐枯竭，被视为“第三利润源泉”的物流日益成为企业界、学术界和政府关注的焦点。物流管理的实施对于提高企业的竞争力具有重要的作用。在现代社会中，物流成为国民经济中一个非常重要的领域。

第 1 节　物流的概念及分类

一、物流的概念

物流（Logistics）是指以最低的成本，按照顾客的要求，将物质资料从供应地向需要地转移的过程，以创造物质资料的空间效用、时间效用及形质效用，具体包括运输、存货管理、装卸搬运、配送、包装加工、信息管理等构成要素。

这一定义，突出了以下几个特征：

第一，具有鲜明的顾客导向。满足顾客需要是市场经济条件下一切企业经营活动的出发点，物流活动也不例外。物流网络的设计、物流作业的实施、物流组织的建立、物流信息系统的优化等都必须围绕顾客需求这一核心展开。

第二，强调在物流费用和顾客服务水平之间求得平衡。在物流活动中，存在物流费用与顾客服务水平的替代关系，即追求一方，必须以舍弃另一方为代价。对顾客服务水平的提高，意味着必须增加相应的物流费用；而要降低物流费用，则必须以顾客服务水平的下降为代价。因此，物流活动的优化，要求在物流费用和顾客服务水平之间求得有效的平衡。

第三，物流属于一个全过程的活动。物流活动不仅包括从原材料采购到最终顾客消费的采购物流、生产物流、销售物流，而且包括产品的回收物流、废弃物物流。

第四，物流活动由一系列的要素构成。物流活动不仅是对运输、存货管理、装卸搬运、配送、包装加工、信息管理等要素的简单集合，而且是对这些要素的整体设计和一体化管理，实现物流诸要素的整体最优。以存货费用和运输费用为例，在图 1－1 中，企业每一单位原材料年存货费用随着订货批量的增加而增加，每一单位原材料年运输费用则随着订货批量的增加而减少，最优订货批量是每一单位原材料年存货费用与年运输费用之和最小的订货批量，即由总费用曲线的最低点决定。

第五，强调了物流服务的基本功能，即空间效用、时间效用以及形质效用。其中，空间效用是指通过改变物质资料的场所而创造的价值，有助于解决集中生产与分散需求的矛盾、分散生产与集中需求的矛盾；时间效用是指通过加快物质资料的转移速度或者延长物质资料的保管时间而创造的价值，有助于解决季节生产与常年消费的矛盾、常年生产与季

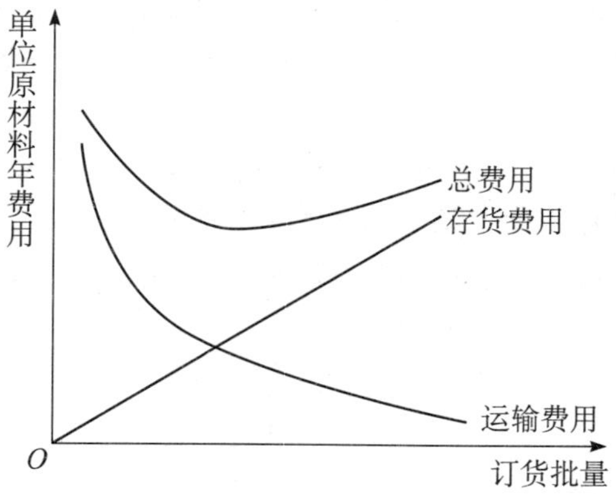

图 1－1　最优订货批量的确定

节消费的矛盾；形质效用则是指通过物流过程中的包装加工增加产品的附加价值。

二、物流概念的沿革

“Physical Distribution”（PD）是“物流”的英文名称，最早出现在 20 世纪 20 年代的美国。“Physical Distribution”又被译成“实物分配”，是指将生产企业生产出来的产品向顾客转移的过程。美国营销专家弗莱德 · E. 克拉克（Fred E. Clark）在他所著的《市场营销的原则》一书中，将物流纳入对企业日常经营行为的研究之中。

中文的“物流”一词最初引自日本人对 PD 的翻译。1956 年，日本一个由专家学者组成的流通技术专业考察团在美国各地进行了实地考察，首次接触物流这一新鲜事物，PD 的概念从美国引入日本。当时，人们直接使用英文原词，在后来相当长的一段时间内，“Physical Distribution”一直没有被译成日语，只是用缩写的 PD 表示其含义。直到 1964 年，日本人才将它翻译成“物的流通”。20 世纪 70 年代初，日本著名学者平原直将之改为“物流”。1979 年，我国代表团赴日本参加国际物流会议，“物流”一词从日本引入我国，首先在我国的物资流通领域中被采用。

目前，我国所指的物流是指英文的“Logistics”，直译为“后勤”。第二次世界大战期间，美国军队中广泛使用“Logistics”一词，指军队维持战争所需物资的后勤保障系统。“Logistics”的概念后来被引入工商业部门，包括原材料、零部件的流通，生产过程中对原材料、零部件等的储运，产成品分配以及废旧物品回收与废弃等。

在 20 世纪 80 年代中期以前，物流研究的对象主要是 PD，即与产成品销售有关的物流活动。这种狭义的物流概念忽视了与生产有关的原材料和零部件的采购物流，忽视了物流对生产和销售的能动作用。到 1984 年，美国物流管理协会（1963 年成立）正式将物流的概念由“Physical Distribution”改为“Logistics”；1986 年，美国物流管理协会的名称由 National Council of Physical Distribution Management（NCPDM）变更为 The Council of Logistics Management（CLM），其理由是 PD 的领域较狭窄，“Logistics”的概念则较宽泛、完整。

20 世纪 90 年代初，“Logistics”的概念直接从欧美传到我国，但仍沿用以前的译法。2001 年 4 月正式颁布实施的国家标准《物流术语》（GB/T18354—2001）将“物流”的概念确定为物品从供应地向接收地的实体流动过程。

三、商流和物流的关系

所谓商流，是指商品的买卖过程，即商品所有权的转移过程。商流和物流都是流通的组成部分。在简单的商品交易中，商流和物流是紧密结合在一起的，开展一次商品交易，商品便转手一次，商品实体便发生一次转移。从这个意义上来说，商流是物流的先导，物流是商流的物质基础，二者密切配合，共同促成商品流通过程的实现。

但是，随着社会分工的发展，逐渐出现了商流和物流分离的现象，表现为商品所有权的转移过程与商品实体的转移路线并非完全一致。之所以出现这种分离，主要原因在于这样做可以减少物流费用，提高物流效率。例如，某种产品的地方总代理与某一特许连锁店签订了供货协议，连锁店总部逐日汇总各门店的订单，向该地方总代理统一订货，由该代理商分别向各门店配送，而不是由该代理商先向连锁店的配送中心送货，再由连锁店的配送中心分别向各门店配送，有效地避免了迂回运输、二次配送的现象，大大地提高了物流效率，节约了物流费用。

商流与物流分离的情况，可以概括为以下一些情形：

（1）有商流而无物流，如产权交易。

（2）有物流而无商流，如企业的内部物流。

（3）有商流和输入物流（即采购物流）而无输出物流（即销售物流），如房地产开发企业和一些服务企业。

（4）有商流也有物流，但时间上不同步。如在赊销中，转移的是商品实体，而不是商品的所有权，只有在买方向卖方结算货款之后，才发生所有权的转移。赊销表现为物流在先，商流在后。

（5）有商流也有物流，但流转路径不同。如第三方物流的出现，使得在商品的买卖双方之间出现了专门的物流服务企业，导致商流与物流的分离。

当然，商流与物流的分离必须具备一定的条件，如商品的标准化、合同的标准化、完善的信息系统等。

四、物流的类型

按照所涉及的领域及发挥的作用进行分类，物流主要包括以下几种类型。

（一）采购物流

生产企业购入原材料、零部件以及流通企业购入产成品的物流过程称为采购物流。对于生产企业而言，原材料及零部件的购入费用在生产成本中具有最重要的地位，而其中的直接运输费用又占相当大的比例，采购物流合理化为企业创造的效益十分可观。

（二）生产物流

从原材料、零部件购进入库起，直到产成品发送出去为止，物质资料在生产企业内的整个物流过程称为生产物流。生产物流的合理化直接影响生产效率。准时制（Just In Time，JIT）生产是高效率生产物流的集中表现。

（三）销售物流

生产企业、流通企业出售产成品的物流过程称为销售物流。销售物流的效率直接影响着企业对市场的反应速度及产成品的最终市场销售价格。

（四）回收物流

生产、流通、消费活动中所产生的废弃物若具有再利用的价值，对这些废弃物进行加工、拣选、分解、净化等，使其成为有用的资源或转化为能源而重新投入生产或生活循环系统的物流过程就称为回收物流。

（五）废弃物物流

对于生产、流通、消费活动中所产生的不能再加以利用的废弃物，如果不妥善处理，就会污染环境。对这些废弃物的处理过程，称为废弃物物流。

第 2 节 物流活动的构成要素

物流活动由一系列的要素构成，通常而言，主要包括以下内容。

一、运输

这里所说的运输是指干线运输、核心运输，包括企业为开展生产所进行的原材料、零部件的调达运输以及产成品从企业仓库向各配送中心的大规模运输。对于运输而言，速度、成本和一致性这三个因素至关重要。运输速度和成本的关系表现在：一方面，能够提供快速服务的运输商需要收取更高的运费；另一方面，运输速度越快，运输中所占用的存货以及仓库中所需要的储备存货就越少，资金占压就越少。在选择运输方式时，需要平衡这两方面的关系。运输的一致性是指每次运输到达的时间是否总与承诺的时间保持一致，既不早到，也不晚到，它是运输可靠性的表现。如果运输缺乏一致性，就需要额外的安全储备存货，会影响整个物流系统的效率。

运输合理化的内容包括：工厂和配送中心的合理选址；水路、铁路、汽车、航空、管道等运输方式的合理选择或组织不同运输方式的联合运输；选择信誉可靠、服务到位的具体承运人。就汽车运输而言，为提高运输效率和服务质量，载货汽车的发展方向是大型化、专用化和集装化。随着计算机技术以及光纤通信技术等的普遍采用，全球定位系统（Global Positioning System，GPS）等先进的运输管理技术逐渐受到人们的重视。

二、存货管理

存货管理主要包括两方面的内容：其一，确定原材料、零部件、产成品的存货水平；其二，确保所有存货得到良好的保管，并提高仓储面积、容积的利用效率。

合理确定存货水平的目标在于：在满足一定要求或服务水平的前提条件下，以尽可能少的资金占用维持存货。存货水平的确定需要考虑多方面的因素：第一，采购批量影响存货决策，采购批量大，价格折扣高，但存货水平提高，增加资金占压；采购批量小，价格折扣低，存货水平下降，减少资金占压。第二，运输批量影响存货决策，运输批量大，单位运费低，但存货增加；运输批量小，单位运费高，但存货水平下降。第三，生产批量影响存货决策，生产批量大，单位产品的固定生产费用下降，但产成品库存数量增加；生产批量小，单位产品的固定生产费用提高，但产成品库存数量下降。第四，客户服务水平影响存货决策，客户服务水平要求高，为避免缺货，产成品存货水平必然提高；客户服务水平要求低，避免缺货的要求下降，产成品的存货水平必然下降。因此，在确定存货水平时，需要综合考虑各方面因素，以实现整体最优。

为确保存货完好无损，提高仓储效率，需要在合理分析投入产出的情况下积极采用先进的仓储设备。立体仓库（又称高层货架仓库）是当前越来越多被采用的一种先进仓储形式，由立体货架、巷道式堆垛机、仓储管理与控制系统等组成。立体仓库高度一般在 5 米以上，最高能达到 40 多米，常见的立体仓库高度在 7 米～25 米。货架的最大高度与立体库相当，根据货架高度不同，立体仓库可细分为高层立体仓库（15 米以上）、中层立体仓库（5 米～15 米）及低层立体仓库（5 米以下）等。

近年来，随着装卸搬运机械的发展，各种专用仓库和综合仓库都向着保管和装卸结合为一体的高层自动化货架仓库发展。一些新的存货管理方法，如供货方管理库存等开始为企业所重视和采用。

三、装卸搬运

物流活动的各要素，如运输和仓储等是靠装卸搬运活动连接起来的。装卸搬运是确保高效率物流的重要环节。在物流系统中，装卸搬运不仅频繁而且作业内容复杂，因此，装卸搬运技术和相应的设备呈现出多样化的趋势，包括叉车、传送带、吊车、电动平板车、自动升降机等，其中使用最为普遍的是各式各样的叉车。为提高装卸和搬运的效率，通常使用单元化装载（Unit Load），将许多分立的小货箱集中到一个大托盘上或集装箱内。

四、配送

配送是按照零售商或最终顾客等的订单对产品品种、数量和时间等方面的要求，在配送中心完成配货之后，从配送中心到零售商或最终顾客所在地的一种特殊的送货形式。与单纯的运输相比，配送不仅多出了“配”的环节，它所包含的运输在整个运送过程中处于二次运输、支线运输、终端运输的地位，强调“门对门”的服务。配送作业环节包括的内容主要有：选择配货作业方法、选择车辆配装方法、确定配送路线等。

配货作业方法主要有两种：其一，“播种”方式。对于需求量较大的商品，从配送中心的仓库将商品先集中搬运到发货场地，再根据不同客户的不同需求量进行二次分配。其二，“摘果”方式。针对商品种类多但每种商品需求量少的情况，用分拣车分别为不同的客户拣选其所订购的商品。配装商品时，既要考虑商品的重量，又要考虑商品的体积，合理提高车辆的利用率。配送路线的优化与配送中心的选址密切相关，在较为复杂的情况下，需要借助计算机来合理确定配送路线。

五、包装加工

包装按照其功能主要分为两类，即销售包装和运输包装。前者是直接针对产品的小包装，主要目的在于便利销售和使用；后者是若干个小包装的集合，主要目的在于便利运输、装卸搬运及仓储。在物流系统中，主要针对的是运输包装，包括包装材料、包装设备和包装方法的选择等内容。对包装材料的要求是：比重轻，机械适应性好；质量稳定，不易腐蚀和生锈，包装物本身清洁；能大量生产，便于加工；价格低廉。目前常用的包装材料有纸与纸制品、纤维制品、塑料制品、金属制品以及防震材料等。在包装设备方面，传统的包装方法以人工为主，目前出现了各种包装机械及包装容器的自动生产线。包装方法涉及防震、防潮、防水、防锈、防虫等技术。

在物流系统中，还涉及加工或销售包装的延迟化（Postponement）。为了节约运输成本，同时为了更好地满足多样化、个性化的需求，生产企业在完成产品的基本加工或组装程序之后，并不对产品做最后的组装或包装，而是将这一过程延迟到物流环节来完成。待物流中心接到客户的订货要求之后，再按照客户的具体要求开展定制化的组装或包装。这种延迟化的加工或包装是物流系统中重要的增值环节。

六、信息管理

信息管理在物流活动中起着神经系统的作用，只有及时收集和传输有关信息，才能使物流通畅化、高效化。在物流运作中，信息技术（Information Technology，IT）提供了对物流中大量的、多变的数据进行快速、准确、及时的采集、分析和处理的能力，它大大提高了信息反应速度，增强了对物流活动的控制能力，提高了整个物流系统的效益和顾客服务水平。销售时点（Point of Sales，POS）技术、条码技术和扫描技术等大大提高了信息采集的效率，互联网、物联网等技术对于信息的高效传递和处理发挥着重要的作用，将计算机技术用于运输管理、配送管理、存货管理以及工厂和配送中心的选址分析，大大提高了决策的正确性。

第3节 物流管理的特征与作用

一、现代物流管理的特征

所谓物流管理（Logistics Management），是指对整个物流活动进行计划、组织、指挥、协调与控制，以不断提高物流的经济效果。物流管理的最基本目标就是以最低的费用向顾客提供满意的物流服务。在现代社会中，物流管理呈现出以下发展特征。

（一）供应链管理趋势

供应链管理的基本思想是：通过构建包括从原材料采购开始，到制成中间产品，再到制成最终产品，最后到销售给最终顾客的所有参与者，即供应商、制造商、经销商、最终顾客、物流服务提供商乃至供应商的供应商、经销商的经销商等的网链结构，从系统观点、合作观点出发，最大限度地减少供应链节点企业之间的内耗与浪费，通过整体最优来实现全体节点企业的共赢。供应链管理强调的是：未来的竞争更多的是供应链与供应链之间的竞争，而不是企业与企业之间的竞争。自20世纪90年代以来，国际上的一些著名企业，如惠普、IBM、戴尔、沃尔玛等纷纷导入供应链管理，显著提高了企业的运行效率。

在物流管理中，对企业内部各物流要素的有效整合很重要，是企业取得成功的必要条件。但为了更有效地利用企业外部的资源，企业还必须强化与供应链节点企业之间在物流方面的合作，以便快速响应复杂多变的市场需求，实现企业之间的优势互补，降低经营风险。供应链管理将物流管理的资源整合范围从企业内部扩展到整条供应链，将大幅度提高物流管理的竞争力。

（二）全球化趋势

经过多年的不懈努力，我国终于在 2001 年 12 月 11 日正式成为 WTO 的一名成员。加入 WTO 以后，一方面，外商投资企业可获得国民待遇，国际竞争国内化的格局加剧；另一方面，我国可以享有包括美国在内的各 WTO 成员方提供的最惠国待遇，国内竞争国际化的程度也加剧了。随着全球化进程的加快，跨国采购、跨国生产、跨国销售成为许多企业的基本策略。企业从世界市场上获得质优价廉的原材料或零部件，在世界各地的工厂组织生产，然后将产品运送到世界各地的顾客手中。在这种情况下，物流管理的全球化趋势必愈演愈烈。

（三）信息化趋势

信息技术、互联网技术的发展，使得物流质量和物流效率的提高更多依靠的是建立在信息技术基础之上的物流管理信息系统。自 20 世纪 80 年代以来，电子数据交换（Electronic Data Interchange，EDI）得以迅速发展，它简化了企业之间的交易过程，提高了交易的效率，使得生产企业可以按照经销商的订单安排生产，供应商能够准确掌握生产企业的原材料或零部件的需求情况。但由于利用 EDI 传输数据需要架设专用的增值网，前期投入门槛较高，限制了中小企业与最终顾客对 EDI 的使用。而 20 世纪 90 年代以来飞速发展的互联网则是一个开放的公共网络，信息传输成本很低，中小企业、最终顾客与大企业在信息获取、处理上处于同等地位，为降低物流管理的费用、提高物流管理的效率创造了有利条件。

（四）精益物流趋势

所谓精益物流，是指运用精益思想对企业物流活动进行管理，以不断消除各种形式的物流浪费，创造无中断、无绕道、无等待、无回流的物流活动，达到至善至美的目的。随着企业竞争激烈程度的加剧，为了提高产品的价格竞争力，压缩一些可以压缩的费用，零库存逐渐成为企业努力的方向。而精益物流则有助于企业达到这一目标。因此，在物流管理领域，精益思想越来越受到人们的重视。

（五）第三方物流趋势

第三方物流（Third Party Logistics，TPL）企业是专门承担物流职能的企业。由于第三方物流企业在物流领域专门从事物流活动，容易在这一领域形成并强化自己的核心竞争力，往往比企业自营物流具有更大的竞争优势，因此受到越来越多的企业的欢迎。

（六）绿色物流趋势

20 世纪 50 年代以来，人类的生产力以空前的速度发展，但也因此付出了沉重的代价，随之而来的是全球环境的不断恶化、地球资源的锐减、“三废”污染的加剧。环保意识在世界范围内逐步觉醒，自 20 世纪 70 年代以来，全球开始掀起了一场空前壮阔的绿色革命，将可持续发展作为人类社会发展的总目标。这场绿色革命在生产中表现为清洁生产，在营销上表现为绿色营销，在消费上表现为绿色消费，在物流上则表现为绿色物流。绿色物流的思想强调在物流过程中抑制物流对环境造成的危害，强化对回收物流和废弃物物流的管理，以提高资源的利用效率。

党的十八大以来，以习近平同志为核心的党中央站在坚持和发展中国特色社会主义、实现中华民族伟大复兴中国梦的战略高度，把生态文明建设摆在全局工作的突出位置，将碳达峰、碳中和纳入生态文明建设整体布局和经济社会发展全局，推动形成节约资源和保护环境的空间格局、产业结构、生产方式、生活方式。党的二十大报告提出，推动经济社会发展绿色化、低碳化是实现高质量发展的关键环节。在这样的大背景下，我国应实施全面节约战略，推进各类资源节约集约利用，加快构建废弃物循环利用体系。

二、物流管理在企业中的作用

对于企业而言，加强物流管理具有如下作用。

（一）确保顾客服务水平

物流服务水平主要取决于可得性及服务可靠性。

所谓可得性，意味着当顾客对原材料、零部件或产成品有需求的时候，能够立即满足顾客的这种需求。加强物流管理，可以在不增加甚至降低存货水平的前提条件下提高可得性。

所谓服务可靠性，是指物流服务的质量，如运输过程中的破损率、仓储过程中的损耗率、订单履行期限的可靠性等。例如，如果企业对顾客承诺：在顾客订货后的第三天，顾客可以收到订货，则订单履行期限具有可靠性就意味着顾客恰好在订货后的第三天收到货物，如果订货延迟送达，则可能发生缺货现象；而如果订货提前送达，则可能发生仓储场所紧张现象，都没有达到服务可靠性的要求。

按照市场营销学的理论，完整的产品概念包括核心产品、形式产品与扩大产品。在这个完整的产品概念中，核心产品为顾客提供最基本的效用，如电冰箱的制冷功能；形式产品是指顾客对某一基本需求的特定满足形式，如电冰箱的质量、款式、品牌、颜色、容积等；扩大产品是指与产品相关的各种附加服务，如说明书、质量保证、送货、维修、技术培训、安装等。其中，扩大产品最容易被企业所忽视，而物流服务则是扩大产品中重要的组成部分。企业一旦重视附加服务，则很容易形成产品的差别化优势，在市场上脱颖而出，在竞争中获胜。在传统的观念中，物流被看作纯粹的费用支出。随着社会经济的发展，顾客对服务水平的期望越来越高。一些企业通过加强物流管理，形成了独特的物流服务能力，赢得了顾客的青睐。

（二）节约物流费用

在不同类型的产品的售价中，物流费用所占的比重大相径庭。例如，在石化产品中，物流费用占售价的 30%～40%，而在服装产品中，物流费用只占售价的 5%～10%。但无论如何，任何一个企业在致力于最大限度地降低产品售价时，都必须将降低物流费用作为其有机组成部分。

案　例

安利：向物流管理要利润

对于直销企业而言，物流费用是公司经营成本中的重要部分。然而，出乎大多数人意料的是，物流成本在安利公司总成本中的比重仅为4.6%，远远低于其他同类公司。那么，安利公司在控制物流成本方面有什么秘诀呢？

非核心业务外包

对于一家生产工厂遍布全国的大型企业而言，物流配送方面一般的流程是将企业生产的产品、供应商的原材料和半成品统一运输到各个生产大区的仓库内进行统一管理，然后再根据大区内的生产计划和销售需求，将生产物资和产品运送到各个省市内的店铺、工厂。这一流程模式的关键在于企业物流部门的统一筹划和协调，为此，不少企业选择自建物流配送队伍，以充分保证物流配送的有效性。

相比于其他同类企业，安利公司的物流部门同样需要保证生产工厂的原材料和半成品的有效供应以及对销售店铺的各类产品进行及时补充。但是，安利公司在对公司物流管理任务和物流市场现状进行分析后提出，公司在物流管理中的核心作用体现在筹划和协调相关资源的调配和运输方面，而基础的配送运输过程不仅不能创造价值，反而会直接导致物流成本上升。因此，安利公司决定将基础的物资运输环节向其他专业的物流企业外包，引入专业的第三方物流运输队伍。同时，也保留了自有的部分运输能力，从而形成了“自有团队＋第三方物流”的运作模式。

在此基础上，安利公司实施了“动态合作”的运作模式，保证了公司的利益。安利公司选择了多家物流运输企业，作为其“自有团队＋第三方物流”运作模式的合作方。同时，安利公司还确定了多家企业作为备选合作伙伴。安利公司派专人定期对合作伙伴的运营情况和双方的合作情况进行监督和评价，重点关注合作企业的服务质量和价格。如果双方的合作平稳且高效，安利公司将适当地增加双方的合作业务量；而如果合作方出现质量不合格、价格背离市场水平等情况，安利公司则可以根据备选名单重新确定合作企业。由此，安利公司能够充分地享受到合作伙伴优质的服务和优惠的价格。

控制建设费用

在物流管理的各项成本中，仓储费用是重要的一部分。在美国，安利公司一贯采取“自建仓库”的做法，但是在中国，出于降低成本方面的考虑，安利公司实行了“半租半建”的仓库建设模式。

安利公司常规大小的物流中心通常占地4万平方米，建筑面积为1.6万平方米。如果安利公司采取“自建仓库”的做法，那么建设费用将会在3 000万元～6 000万元。为了节省这笔开支，安利公司独辟蹊径，设计了“半租半建”的仓库建设模式。安利公司选择与仓库物业所有者进行合作经营，该物业所有者负责提供土地和仓库库房，安利公司租用仓库库房，并负责库房内部相关物流设施的引进和维护。

在这一合作框架下，安利公司只需要投资不到1 200万元，就可以建成同等规模和水平的物流中心。此外，采用“半租半建”的做法，可以缩减工期，使物流中心能够更快地投入使用，间接地减少费用。相比于其他公司花费大量人力、物力、财力建设公司自有的仓储物流中心，安利公司的做法不仅能形成同等水平的物流能力，而且不耗费财务资源。

提高物流运营效率

安利公司的另一个降低成本的方法是提高物流运营效率，实现“从效率中要利润”。为了达成这一目标，安利公司将实现管理的信息化作为突破点，通过加大对核心系统的投入，提高公司的物流运营效率，进而降低物流运输成本。

在这一方面，安利公司最有代表性的行动是投资近1亿元，在全公司范围内安装了管理信息系统。该系统覆盖物流管理的各个环节，涉及配送、仓储等多个方面。总体而言，该系统的上马使得公司的物流管理水平有了明显的提高。借助该系统的信息化支持，安利公司能够详细地了解每一批货物、每一箱产品的生产日期、销售数量、库存状态、有效日期、存放位置、销售价值、成本等。同时，该系统作为安利公司全球管理信息系统的一部分，一方面，能够及时地将安利公司在中国的每个物流中心的配送、仓储情况上报给公司总部，并能从公司得到相应的信息反馈和支持；另一方面，通过该系统，安利公司能够快速地将数据下发给各地分公司和各家店铺，便于各分支机构据此组织生产或者补货，保证生产和销售工作的平稳进行，降低了由于信息沟通不畅而导致的缺货成本。

除此之外，安利公司每年至少投入1 000万元，用于提高公司的信息化物流效率，降低物流成本。从表面上看，安利公司进行了额外的投入，与降低费用和成本的初衷背道而驰，但从整体上而言，由于信息化物流在全公司范围内的推广，公司大幅度提高了运营效率，间接地降低了成本，形成了公司与其他公司竞争的优势。

资料来源：李旭东．基于“外包＋自营”组合模式的企业物流管理优势分析．现代商业，2008（6）；王莉，杨键，陈彩祥．基于供应链体系的物流管理创新．福建论坛（社科教育版），2011（4）；安利与京东、苏宁物流达成合作．知识经济，2017（8）；陈杰．安利推行中国优先战略．知识经济，2020（Z1）.

（三）实现快速反应

一方面，伴随着卖方市场向买方市场的转变，消费者的需求呈现出多样化、个性化的特点；另一方面，科学技术的进步使得企业的产品生命周期不断缩短，更新换代的速度越来越快。企业的经营环境表现出越来越强的不确定性。

面对不确定性日益增强的经营环境，如果企业基于对市场需求的预测开展生产活动，不可避免地会出现因为预测不准而导致产品缺货或者积压的问题。同时，事先将产品生产出来，资金占压也很大。而按照顾客的订单进行生产，则使问题迎刃而解。此时，关键的问题是如何快速对顾客的订单进行响应，否则，顾客可能转向企业的竞争者。

因此，市场竞争的游戏规则不再是单纯的“大鱼吃小鱼”，“快鱼吃慢鱼”成为市场竞争的新特点，这使得企业开始重视围绕时间展开竞争，提前期（Lead Time）成为一个重要的考察变量。

所谓提前期，是指顾客为了确保在某个时间收到订货，而必须提前下达订单的时间期限。例如，如果某企业为了确保在每周六收到某种产品，必须在上周六之前下达订单，则该产品的订货提前期为7天。显然，提前期越短，表明企业对顾客需求的反应速度越快；提前期越长，表明企业对顾客需求的反应速度越慢。

企业通过加强物流管理，可以加快原材料、零部件采购和最终产品向顾客传输的速度，大大缩短顾客订货所需的提前期，迅速响应市场的需要，做大“蛋糕”，赢得更多的市场份额。

（四）改善企业管理水平

对物流系统的任何改善都有助于提高企业的管理水平。以库存为例，传统的观点认为，为了应对原材料或零部件的供应不及时、消费需求的异常变化，必须保有适当数量的原材料、零部件、产成品库存，以缓冲各个生产环节之间的矛盾，保证生产连续进行，提高对顾客的服务水平。而现代观点则认为，一个库存过量的生产系统会掩盖生产中的各种问题，诸如设备故障造成停机、工作质量低造成废品或返修、横向扯皮造成工期延误、计划不周造成生产脱节等，都可以动用各种库存，使矛盾钝化、问题被淹没，一旦矛盾累积到一定程度，就容易造成大危机。因此，许多专家认为，只要看物流状况，就能判断出企业的管理水平。

三、物流管理在国民经济中的作用

对于整个国民经济而言，加强物流管理具有如下作用。

（一）降低物流费用的消耗

关于物流费用，曾经出现过一系列的学说。从这些学说中我们可以看出，加强物流管理对于提高国民经济的运行效果具有极其重要的作用。

1. “黑暗大陆说”

1962 年，美国管理学泰斗彼得·德鲁克（Peter Drucker）在《财富》杂志上发表一篇题为“经济的黑暗大陆”的文章，指出流通是经济领域里的“黑暗大陆”。德鲁克所强调的是流通领域，但在流通领域中，物流活动的模糊性尤其突出。因此，“黑暗大陆”的说法目前主要针对物流而言。

“黑暗大陆说”认为，在消费者所支出的商品价格中，大约 50%是与商品流通有关的费用。由于当时企业物流以外的活动已经得到明显的改善，生产方面的机械化、自动化取得了较大的进展，销售方面采用了科学的营销方法，因此，物流被视为降低成本的最后领域。

广角镜

各行业的物流费用率

物流费用率是指物流成本占产品价格的比例，可以体现物流环节对产品价格的重要影响。相关研究表明，我国工业、批发和零售业企业物流费用率延续近年来的回落走势，但回落幅度有所趋缓。工业、批发和零售业企业物流费用率平均为 8.1%，其中，工业企业物流费用率为 8.6%，批发和零售业企业物流费用率为 7.4%。

2. “物流冰山说”

“物流冰山说”是由日本早稻田大学西泽修教授在《主要社会的物流战》一书中提出来的。通过对物流费用的专门研究，西泽修教授发现，现行的财务会计制度和会计核算方法不可能掌握物流费用的实际情况，人们对物流费用的了解是一片空白的，甚至有很大的虚假性，他把这种情况形象地比作“物流冰山”，即物流费用是大部分沉在水面以下的我们看不到的区域，而我们看到的物流费用不过是冰山的一角。

3. “第三利润源泉说”

“第三利润源泉说”同样出自西泽修之口。从历史发展的角度来看，人类历史上曾经有过两个大量提供利润源泉的领域：其一是资源领域，其二是人力领域。20 世纪 70 年代初，第一次石油危机爆发，石油价格的上涨造成了一系列的连锁反应，能源、原材料、劳动力的价格全面上涨，传统的两个利润源泉的潜力越来越小。在利润开拓越来越困难的情况下，物流领域的潜力日益为人们所重视，被称为“第三利润源泉”。

在人力成本、原材料成本不断上涨的大背景下，物流成本的节约似乎成为企业提升利润的“救命稻草”。有关资料显示，我国不少商品的总成本中，物流费用占到 20%～40%，节约潜力巨大。2022 年，中国社会物流总费用为 17.8 万亿元，与 GDP 的比率为 14.7%，比美国、日本等发达国家高 5%～7%，物流效率有所提升。但与美国、日本、英国等发达国家 10%以下的物流总费用相比，仍有较大的差距。作为战略性、基础性产业，物流行业的发展和壮大无疑将促进整个国民经济的发展。

（二）发展、壮大新兴的产业部门

在现代社会中，物流是第三产业的重要组成部分。随着整个社会物流管理能力的提高，必将造就一批具有现代化水平的物流企业，促进物流业自身的发展与繁荣。对于物流业中的运输、仓储等产业部门而言，必将加快现代化的步伐，实现新的业务增长点；而对于配送、包装加工等物流业中的新兴产业部门而言，必将迈出可喜的发展步伐。

（三）促进电子商务的发展

随着信息技术的发展，电子商务在整个社会商品交易中的比重逐渐攀升。与传统的交易方式相比，电子商务能够减少交易的中间环节，节约文件的制作费用和处理费用，实现无店铺经营以及买卖双方的即时沟通，从而大幅度降低交易费用、提高交易效率。从本质上而言，电子商务是对商流的现代化，而商流的现代化必须以物流的现代化为基础，由于买卖双方不见面，因此电子商务的蓬勃发展必须以高效的物流系统为基础。从我国近些年的实践看，物流发展滞后是制约电子商务发展的重要瓶颈之一，尤其是 B2C（企业对消费者）型电子商务，由于配送时间长、成本高，使得电子商务交易时间短、交易费用低的优势几乎丧失殆尽。因此，加强物流管理对于促进电子商务的健康发展至关重要。

第 4 节　企业物流管理组织结构的类型

对于不同的企业而言，可以根据自身不同的特点，建立不同的物流管理组织结构，以发挥并强化自己的竞争优势。

一、要素分割型物流管理组织结构

所谓要素分割型物流管理组织结构，是指物流的不同要素由企业不同的职能部门分别进行管理的组织结构。如图 1－2 所示，采购部门的物料订货及物料仓储决定原材料、零部件的存货水平，运输计划决定原材料、零部件的运输效率；生产部门的工业工程决定企业生产线的布局，影响企业生产物流的效率，工厂仓储、生产计划安排、物料管理计划决定原材料、零部件及产成品的存货水平；营销部门的预测、订单处理、产成品库存控制、顾客订货服务决定库存水平，运输决策影响产成品的运输效率。

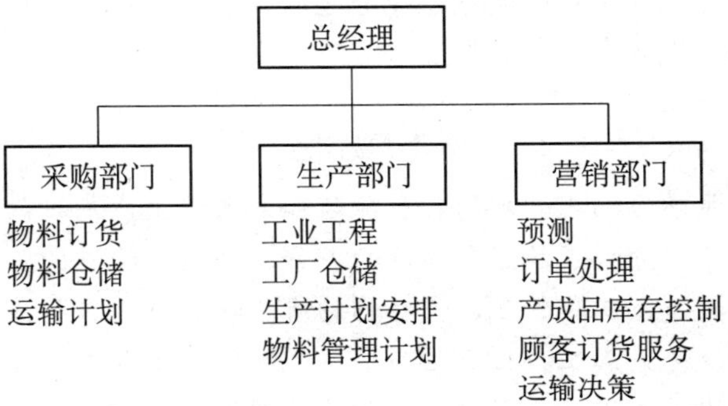

图 1－2　要素分割型物流管理组织结构

对于规模不大、各职能部门之间联系较为密切的企业而言，这种物流管理组织结构具有较强的适用性，由于它不改变原有各职能部门的权力结构，因此容易为各部门所接受。但这种组织结构不利于物流管理的总体优化，部门追求利益最大化的结果并非导致企业整体利益最大化，反而容易导致部门之间的利益冲突。如采购部门为降低单位采购成本而大批量采购，造成生产部门原材料、零部件的大量积压；生产部门为降低产成品的库存费用，压缩生产规模，导致营销部门不能满足预测期内正常的订单需求。

二、一体化物流管理组织结构

所谓一体化物流管理组织结构，是指将原来分属于不同职能部门的物流管理职能集中到物流部门进行管理的组织结构（如图 1－3 所示）。将所有的物流要素都集中在一个部门内进行管理，可以减少不同部门之间的扯皮与冲突，实现物流活动的整体最优。

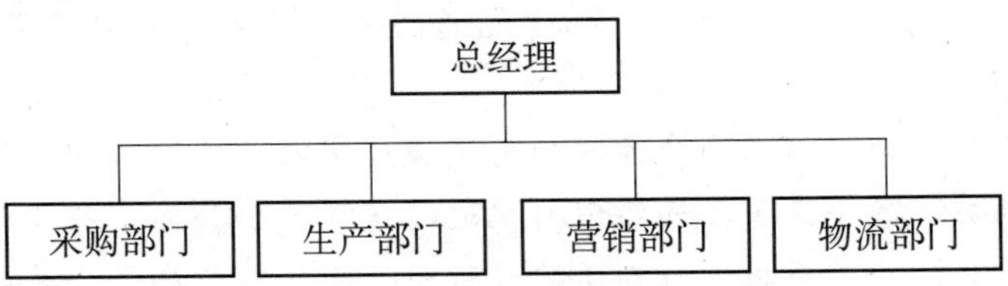

图 1－3　一体化物流管理组织结构

三、物流子公司

所谓物流子公司，是指让企业的物流部门独立出来，成为由企业控股或参股的独立子公司。物流子公司不仅可以为本集团企业承担物流服务，而且可以为集团以外的其他企业承担物流服务。由于物流子公司是独立的利润中心，因而有利于充分调动其业务开拓的积极性。与第三方物流企业相比，让物流子公司承担物流服务对企业而言具有更大的可控制性。当企业的规模较大且在物流方面形成了较大的竞争优势时，可以选择这种物流管理组织结构。

四、战略合作型第三方物流企业

如果企业的核心竞争力不在物流方面，企业与其分散资源建立自己的物流机构，还不如与第三方物流企业建立战略合作伙伴关系，让第三方物流企业为自己承担各项物流职能，而企业则集中资源专注于自己的核心业务领域，以便在这些领域内做大、做强，实现与第三方物流企业的强强联合、共同发展。

本章小结

本章旨在为进一步学习物流管理的各种原理和方法提供最基础的知识介绍，概述了物流的概念及其历史沿革，分析了物流和商流的关系，介绍了物流的五种基本类型（采购物流、生产物流、销售物流、回收物流、废弃物物流）和六个基本构成要素（运输、存货管理、装卸搬运、配送、包装加工、信息管理），讨论了现代物流管理的特征、物流管理在企业和整个国民经济中的作用、不同的企业物流管理组织结构各自的优缺点。

课后案例讨论

让消费者喝上最新鲜的青岛啤酒

在啤酒行业，有一项指标能够直接反映企业的竞争力水平，那就是啤酒的“新鲜度”，即啤酒从下生产线到送达终端市场的时间。通常来讲，送达速度越快，啤酒的“新鲜度”越高，啤酒的口感、味道也就越好，因而众多啤酒企业将提高产品“新鲜度”作为获取核心竞争力的关键因素。企业间的竞争是“新鲜度”的竞争，而“新鲜度”的竞争实际上是企业物流能力的竞争。作为行业龙头，青岛啤酒集团（以下简称青啤）是如何赢得这场物流大战，让消费者喝上最新鲜的啤酒的呢？

建设信息沟通渠道

按照传统的物流流程，啤酒在下线后首先要被送入仓库，然后再被送往各个配送站进行装配、运输，而要到达消费者手中，最快也要半个月的时间。作为强调“新鲜度”的产品，如此长的流通时间不仅会极大地影响啤酒的品质，而且严重占用了公司的周转资金，增加了运营成本。

经过研究，青啤发现信息沟通渠道的缺失是造成啤酒“在途时间”过长的主要原因之一。由于信息的缺失，各个环节之间难以有机地衔接成一个整体，关于货物预计什么时候到达、最迟什么时候发出、每批货物在运输过程中处于什么状态等一系列问题的沟通缺乏必要的机制。对此，青啤决心引入信息化物流管理信息平台，重构物流管理流程。在建设物流管理信息平台时，青啤将公司总部、各级销售子公司、各大型销售网点都纳入了平台的覆盖范围，将上述销售机构所形成的物流、资金流、信息流系统地、高效地纳入物流管理信息平台，及时收集各个机构的物流信息，并依照每个机构的权限和需要，与各个机构分享信息。

整合物流流程

除了物流信息沟通不畅外，物流流程不科学也是造成青啤物流效率不高的原因之一。青啤在物流运输过程中存在两个比较突出的问题，一是产品库存率过高，二是重复装卸现象严重。对此，青啤分别开出了“药方”。

对于公司产品库存率过高的问题，青啤通过重视市场信息反馈，制订详细的供货计划，逐步予以解决。2008 年，青岛啤酒年产量约为 650 万吨，而库存数量就超过了 70 万吨，居高不下的库存不仅占据了大量的财务资源，而且弱化了青啤在产品“新鲜度”方面的竞争力。对此，青啤多管齐下，全面、系统地提出了解决方案。销售部门不仅需要推动产品在销售渠道的流动速度，而且要及时收集客户和销售终端对于产品的需求情况；仓储部门需要平衡销售计划和当前库存水平两方面的信息，及时向生产企业进行传递；生产工厂应根据收到的信息，有针对性地组织生产；物流公司则应及时配合各部门的工作，确保交货质量和交货日期。为了更好地指导物流调度工作，青啤还成立了仓储调度中心，对全国市场区域的仓储活动进行重新规划，对产品的仓储、转库实行统一管理和控制。从提供单一的仓储服务，到对产成品的市场区域分布、流通时间等进行全面的调整、平衡和控制。

对于物流运输过程中存在的重复装卸现象，青啤从流程优化入手，通过流程再造寻找物流过程的最优解。青啤最重要的改变是建立了现代物流系统，对流程的各个环节进行改良和重新安排。根据重新设计的物流运输流程，公司在接到省内客户订单之后，立即组织附近的生产厂商将货物送至客户的仓库；如果客户不在省内，便安排相关生产厂商联系物流港站。青啤始终强调“一站式运输”的物流理念，重视对物流运输环节的优化和精简，通过修正流程中存在的“弯路”，减少不必要的流转环节。

利用外部资源

“青啤的优势是酿造啤酒，而在物流运输方面，青啤则是外行。”青啤的一位管理人员曾这样说过。对于外行而言，引入专业的物流企业及合作经营，是解决物流领域相关问题的一个捷径，而青啤也正是这样做的。

2002 年，青啤就与香港招商局共同组建了物流公司，负责青岛啤酒的物流运输工作。在双方的合作关系中，青啤更像是指挥官，将自己在物流方面的构想、疑惑、困难告知对方，听取合作伙伴的意见和建议；而香港招商局则发挥自己在物流运输方面的能力、知识和经验，深入一线解决实际操作中的种种具体问题，帮助青啤应对物流运输环节的各种挑战。青啤与香港招商局的合作取得了明显的成效，形成了“工厂—区域仓—客户”的高效物流配送体系，青啤货物的运输效率提高了至少三分之一，直接的结果就是山东省内的消费者能够买到当天生产的啤酒，尽情地享受“绝对新鲜”的醇美。

加速数字化转型

随着信息技术的不断发展，十几年来，青啤在原材料供应、库存、物流等环节持续开展数字化转型工作。在青岛啤酒智能生产基地，配备了智能生产流水线、智能包装生产线，安装了集中控制、生产线监控系统对整个流程进行把控，打造无人值守的自动化立体仓库以及智能物流体系，AGV（自动导引）无人叉车可以在包装生产线与成品仓库之间进行自动运输，啤酒的灌装、贴标、包装等工作也更加智能化，实现自动化流水线生产。

在销售和服务环节，青啤建立了完善的电商系统和终端系统，可触达全国近 400 万个销售终端。青啤不仅应用了天猫、京东等大型电商平台及美团、饿了么等大型外卖平台，还抓住零售新趋势，拓展社区团购平台，跨越最后100米，让产品进入各社区小店，直接触达消费者。

资料来源：张艳．企业物流自营与外包的比较分析——以青岛啤酒股份有限公司为例．中国集体经济，2014（15）；孙婧．互联网“＋”出百年青啤新味．商周刊，2015（11）；钱丽娜．青岛啤酒，用数字化重构产业生态．商学院，2020（5）.

结合案例内容，试回答下列问题：

1．对于啤酒企业而言，物流管理的重要性体现在哪些方面？

2．青岛啤酒在物流管理方面取得了哪些成绩？

3．青岛啤酒如何进一步强化物流管理方面的能力？

复习思考

1．当前物流管理呈现出哪些显著的发展趋势？

2．物流管理在企业和国民经济中的地位和作用怎样？

第 2 章　运输

运输是电子商务销售过程最重要的一环，也是电商公司能够与用户接触的唯一环节。

——刘强东（京东商城创始人）

学习导航

◆ 熟悉铁路运输、公路运输、水路运输、航空运输和管道运输等不同运输方式的特点。

◆ 掌握运输不合理的表现。

◆ 掌握运输合理化的措施。

◆ 了解联合运输与集装化的相关知识。

引例

透视宝洁物流运输系统：灵活运用多种运输方式

作为国内日化消费品行业的领导者，宝洁最为人所津津乐道的是其市场营销能力。但在宝洁强大的营销能力背后，是物流运输系统的全力支持。宝洁物流运输系统结构化和层次化的特点突出，这也成为宝洁提升自身竞争力的一个法宝。

宝洁的中国总部位于广州，最主要的生产基地也在广州黄埔地区。为了保证南方的生产基地能够有效地覆盖全中国的市场，宝洁选择与第三方物流公司，如宝供物流、招商局物流合作，并为其分销网络设计了相应的配套物流网络，运输系统则是该物流网络的重点建设环节。对于物流运输而言，保证销售和降低成本是两个永恒的目标，因而，宝洁需要在原有基础上对各种运输方式进行进一步的筛选和安排。

以北京市场的货物运输为例，宝洁选择了铁路、公路和航空三种主要运输方式。在宝洁看来，铁路运输作为大宗货物最主要的运输方式，能够满足宝洁大批量货物运输的要求，保证宝洁销售网络的平稳运行。同时，铁路运输有着“距离越长，单价越低”的特点，因而对于从广州到北京的长途货物运输而言，铁路有着不可比拟的价格优势。但是，铁路运输也有明显的缺陷，灵活性不足便是其中之一，因此，宝洁不得不在铁路运输始末两端额外组织货物的运输和装卸活动。另外，由于资源有限，铁路运输的申请机制复杂，在一定程度上影响运输效率，因而不能完全依赖铁路运输。而对于公路运输，宝洁认为，公路运输成本更高，而且广州到北京的路程将近 2 000 千米，组织货运车队进行公路运输存在很大的风险，如货运汽车发生故障、交通拥堵、天气恶劣等情况都会成为影响运输速度和效果的因素。另外，对于日化用品而言，公路运输的商品破损率更高。当然，公路运输也有其自身的优势：一是灵活机动；二是资源易获取。如果组织得当，在运输速度上也有一定的优势。航空运输的特点则更加鲜明，航空运输速度最快，可以为宝洁增强时间方面的竞争优势；但航空运输成本高、体量小的特点，也决定了该运输方式不能大范围使用。

各种运输方式都有其自身的优势与劣势，需要宝洁因地制宜地进行选择。为了保证北京的分销网络正常运营，实现"高质低价"的运输目标，宝洁的现行方案是采用"铁路运输为主、公路运输为辅"的方式，从而实现规模化、灵活性及稳定性的兼顾；而对于急需商品和贵重物品，宝洁会选择航空运输的方式，以快速地完成货物运输，保证销售活动不因货物运输方面的原因而受到影响。

资料来源：全春光．供应商管理库存研究现状及展望．技术经济与管理研究，2010（4）；安心．宝洁撬动第三方物流．物流时代，2012（7）．李宝新．宝洁公司物流优化策略研究．企业导报，2015（1）；丁美美．宝洁公司物流管理优化策略研究．劳动保障世界，2018（2）．

运输是物流的中心环节之一，是物流最重要的构成要素。随着现代化大生产的发展，社会分工越来越细，产品种类越来越丰富，不同国家、地区之间的商品交易也更加频繁，使得运输在国民经济中具有重要的地位，是国民经济的大动脉。

第 1 节　不同的运输方式及其特点

为适应当前构建以国内大循环为主体、国内国际双循环相互促进的新发展格局，需要构建顺畅联通的市场设施，实施一批交通、能源等重大工程项目，建设信息网络等新型基础设施，完善国家综合立体交通网，推进多层次一体化综合交通枢纽建设。①

一、运输的概念及地位

运输（Transportation）是指对物质资料或旅客进行较长距离的空间移动。在物流管理中，运输专门针对的是物质资料的运输，包括企业为开展生产所进行的原材料、零部件的调达运输，以及产成品从企业仓库向各配送中心的大规模运输。

在物流中，运输主要有以下两个职能：其一，实现物质资料的移动，这是运输的基本职能；其二，对物质资料进行短期存储，即运输工具成为物质资料的短期存储场所。

---

① 政府工作报告．北京：人民出版社，2021.

在物流活动中，运输是形成空间效用的主要手段。对运输辅以装卸搬运及配送活动，就能圆满地完成改变物质资料的空间状态的全部任务。离开了运输，企业生产所需要的庞大的原材料、零部件供应不上，企业生产出来的产品无法到达市场，就会使企业的生产经营乃至整个国民经济处于停顿状态。美国、加拿大等发达国家的运输费用大约占 GDP 的 6%。由于运输在物流中占有极其重要的地位，时至今日，仍有不少人将物流等同于运输。

在全部的物流费用中，运输费用占近 50%的比例，有些产品的运输费用甚至高于产品的生产成本。因此，作为"第三利润源泉"，运输费用在整个物流费用中具有巨大的节约潜力。

通常情况下，有五种基本的运输方式，分别是铁路运输、公路运输、水路运输、航空运输和管道运输。这些运输方式各有特点，它们相互协调、相互配合，同时也展开竞争，共同构成整个国民经济的运输系统。2022 年，我国铁路、公路、水路、航空和管道五种运输方式的合计货运量约为 506 亿吨，其中，铁路运输 49.3 亿吨，公路运输 371.2 亿吨，水路运输 85.5 亿吨，航空运输 0.061 亿吨。各种运输方式的货物周转量分别为：铁路运输 35 906.5 亿吨千米，公路运输 68 968 亿吨千米，水路运输 121 003.1 亿吨千米，航空运输 599.28 亿吨千米。

二、铁路运输及其特点

铁路运输（Rail Transportation）是指使用铁路列车运送货物的一种运输方式。从 1825 年第一条铁路在英国诞生起，到 19 世纪后半期，全球各大洲都大量建设铁路。铁路运输主要承担中长距离、大批量的货运。在缺乏水路运输条件的地区，几乎所有大批量货物的长距离运输都依靠铁路。目前，在发达国家，铁路运输成为陆上货物运输的主力军。

（一）铁路运输的优点

（1）运输能力强，能承运大宗货物。

（2）运输速度快，能较好地满足货物运输的时限要求。部分国家高速列车的最高速度见表 2-1。

表 2-1　部分国家高速列车的最高速度

国家	速度（千米/小时）
日本	320
法国	350
美国	260
西班牙	300～350
意大利	300
中国	350

（3）运费适中，铁路运输的单位费用要低于公路运输和航空运输，但一般高于水路运输。

（4）铁路运输较安全，事故率较低。

（5）连续性好，受自然因素影响小。列车在固定轨道线路上行驶，可以自成体系，不受其他运输条件的影响，能够按时刻表运行，同时受天气、季节和昼夜等自然条件的影响很小。

（二）铁路运输的缺点

（1）铺设铁路的初始投资很大，建设周期长，大多需要国家进行投资。

（2）机动性差，装卸搬运费用较高。由于列车必须在铁路专用线上行驶，而且车站之间的距离比较远，因此缺乏机动性，往往需要汽车进行转运，增加了装卸搬运次数，也可能增加货物的损耗。

（3）短途运输成本高，铁路运输的经济里程一般在 200 千米以上。

一般而言，铁路适宜散装货物（如煤炭、金属、矿石、粮食等）和罐装货物（如石油、化工产品等）的中长距离运输。铁路列车车厢随用途而异，可以有不同的类型，如油罐车、集装箱车等。

三、公路运输及其特点

公路运输（Road Transportation）是指主要使用汽车在公路上运送货物的运输方式。随着汽车工业的发展、公路里程的增长，公路运输逐渐成为最普及的运输方式。2022 年部分国家的高速公路里程数见表 2-2。

表 2-2　2022 年部分国家的高速公路里程数

国家	高速公路（万千米）
美国	10.6
墨西哥	0.62
中国	13.6
日本	0.78
西班牙	1.5
加拿大	1.7
法国	1.11
德国	1.28
意大利	0.67
英国	0.38

（一）公路运输的优点

（1）灵活性好，不受路线和停车站的约束，只要没有特别的障碍，汽车都可以通达。

（2）公路建设周期较短，初始投资较小。

（3）可实现“门对门”的运输，不需要反复转运及装卸搬运。

（4）运输速度较快，由于运输途中无须中转，在中短途运输中，公路运输比铁路运输快四至六倍，比水路运输快十倍。

（5）由于减少了转运环节，货物包装可以简化，货物误送的可能性很小。

（6）汽车购置费用较低，一般企业都能支付得起，自营车队的可控性较强。

（二）公路运输的缺点

（1）每次的运输批量小，不适合大宗商品的运输。

（2）运费高，单位运费高于水路运输、铁路运输，仅低于航空运输。

（3）公路运输的经济半径一般在 200 千米以内，主要适合中短途运输，不适合远距离运输。

（4）能耗大，对环境构成较大的污染。

（5）由于在运行过程中司机的意志起主要作用，容易发生交通事故，对人身、货物、汽车本身造成损失。

一般而言，公路运输主要承担近距离、小批量的货运。它既可以自成体系，也可以成为其他运输方式的接运形式，完成其他运输方式所到达不了的地区的运输任务。

四、水路运输及其特点

水路运输（Waterway Transportation）是指使用船舶运送货物的一种运输方式，具体包括海洋运输和内河运输两种不同的类型。

海洋运输又有远洋运输、近洋运输、沿海运输之分。远洋运输涉及跨越大洋的运输，如我国与美国之间的运输需要跨越整个太平洋；近洋运输涉及某一大洋的部分水域，如我国与日本之间的运输只涉及太平洋的部分水域；沿海运输指的是同一个国家不同港口之间的运输，如从天津到上海的水路运输。

所谓内河运输，是使用船舶在陆地内的江、河、湖、川等水道进行运输的一种方式。2022 年末，全国内河航道通航里程 12.80 万千米，比上年增加 0.032 6 万千米，其中，等级航道达到 6.75 万千米，占总里程的 52.7%。各等级内河航道通航里程分别为：一级航道 2 196 千米，二级航道 4 046 千米，三级航道 8 543 千米，四级航道 11 423 千米，五级航道 7 764 千米，六级航道 16 602 千米，七级航道 16 900 千米，等外航道 6.05 万千米。各水系内河航道通航里程分别为：长江水系 64 818 千米，珠江水系 16 880 千米，黄河水系3 533 千米，黑龙江水系 8 211 千米，京杭运河 1 423 千米，闽江水系 1 973 千米，淮河水系 17 610 千米。

（一）水路运输的优点

（1）运输批量大，适合运输大宗货物。

（2）运输费用远远低于航空运输、铁路运输、公路运输。

（3）投资小。水路运输的通道主要是天然形成的，只需稍加人工改造，如建设码头、安装导航设备等就可通航，因此，所需投资较小。

（二）水路运输的缺点

（1）与其他运输方式相比，水路运输速度较慢。

（2）受自然条件的影响较大，如台风、洪水、干旱等气候变化都会影响通航能力，导致运输的中断，造成航运能力的较大波动。

（3）灵活性差，必须以码头为上下货点。

水路运输适合对时间要求不强的大宗、廉价货物的中长距离运输。船舶按用途分类有专用船（如油轮、矿石船、冷冻船等），以及混装船、集装箱船；按装卸货物的方式分类有载货车辆可以直接开到船上的滚装船，还有无自行能力的船舶等。

五、航空运输及其特点

航空运输（Air Transportation）是指使用飞机运送货物的运输方式。近几十年来，航空技术发展迅速，大型喷气式飞机的开发使用使得航空运输能力大幅度提高，运输成本大为下降，航空运输的范围不断扩大。20 世纪 80 年代以来，我国的航空运输发展迅速。目前，航空运输已经成为我国运输行业的重要力量。2018—2022 年我国民航运输周转量的变化如图 2-1 所示。

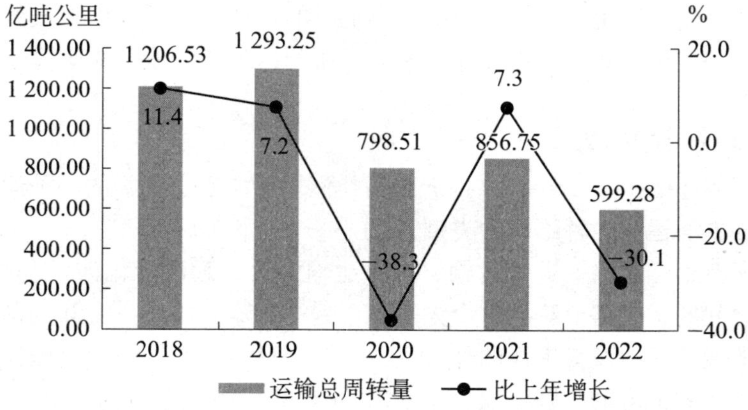

图 2-1　2018—2022 年我国民航运输周转量的变化

资料来源：中国民用航空局网站．

习近平总书记指出：“建设内外部联通的综合交通体系，是提高机场运行效率的关键。”①近年来，我国枢纽机场联通轨道交通在实践中不断探索融合，逐步从以城市轨道为主的单一模式向多层次轨道交通系统转变，部分枢纽机场已经建设或规划联通了干线铁路、城际铁路、市域（郊）铁路、城市轨道交通等集疏运系统，通达性进一步提高。

（一）航空运输的优点

（1）运输速度快，是目前最快的运输方式。

（2）不受地形条件的限制，火车、汽车、船舶都到达不了的地区可依靠航空运输。

（二）航空运输的缺点

（1）运输费用高，是目前最贵的运输方式。

（2）受天气条件的限制大。

（3）机动性、灵活性差，必须与公路运输相配合。

航空运输最适宜运输急需物资、鲜活商品、精密仪器和贵重物品。客运飞机可以利用下部货仓运送少部分货物。随着空运货物的不断增加，出现了专用货运机，采用单元装载

① 旷思思，章丹．新时代新征程新伟业（六）：长江岸边打开“空中出海口”．求是，2023（4）.

系统，缩短了装卸时间，保证了航空运输“快”的特色。

案 例

联邦快递：唯快不破

曾几何时，当联邦快递登陆中国时，国人对这个物流运输业的巨无霸知之甚少。就是在这样一个陌生的市场中，联邦快递以其独有的快速运输模式，为自己在中国市场争取到了一席之地。有人曾形象地做过这样一个比喻：物流企业的竞争就像剑客比武，剑客们的招式各异，但胜利者往往是出招最快的人。“高手过招，唯快不破”，这一道理在物流运输行业中得到了充分的印证。

保证准时，否则退款

作为全球规模最大的物流公司，联邦快递有着竞争对手难以匹敌的优势——快速。联邦快递的服务范围覆盖全球 220 多个国家和地区，在繁忙且艰巨的国际物流活动中，联邦快递提出，所有的货物将会在 24～48 小时内被送至目的地。为此，联邦快递响亮地喊出了自己的口号：保证准时，否则退款。

发达的运输网络

在联邦快递自信满满的口号背后，是公司发达的运输网络的支持。联邦快递的运输网络连接了各个国家将近 4.5 万家分支机构，约 50 万名员工以该网络为依托，围绕运输目标进行工作。在该运输网络的指挥下，657 架不同规格、不同型号的货运飞机和 5 万辆货运汽车有序运行。这个全球最为庞大的运输队伍，每天运送货物多达 1 200 万件，如果按重量计算，每天的货运量达到 1.15 万吨。正是由于掌握着稀缺的航空线路权和良好的基础设施，联邦快递才能够实现货物的快速运输，从而建立起竞争优势，在行业竞争中处于领先地位。

完善的配套服务

如果有人觉得发达的运输网络是联邦快递的全部竞争优势，那么联邦快递的物流服务系统将会改变人们的这一观念。联邦快递在保证快速运输的同时，也没有忽视来自客户的声音。为了保证每一位顾客的每一件包裹都能够被准确地送往目的地，联邦快递在全球设立了 1 200 个快递服务中心，接收来自客户的建议、要求和投诉。联邦快递平均每天要处理 50 万个客户电话，回复 7 500 万条客户留言。通过完善的物流配套服务，联邦快递避免了因“快”而出现疏漏、乱了方寸；通过维护最重要的资源——客户的重点关注，联邦快递“快”而有方向。

资料来源：梁锷．联邦快递的时效服务．企业管理，2016（6）；王旭，贾润新．联邦快递多措并举提升服务竞争力．邮政研究，2019（3）；杨云飞．联邦快递：加速向可持续发展商业转型．中国物流与采购，2023（9）；联邦快递公司官网．

六、管道运输及其特点

管道运输（Pipeline Transportation）是指货物在管道内借助高压气泵的压力向目的地输送的一种运输方式，主要用于输送气体、液体及粉状固体。管道运输起源于美国，宾夕法尼亚州最初使用木制油槽输送原油。由于木制油槽阻力大，且易渗漏，因此后来改用铁制管道。到 20 世纪初，管道运输得到了迅速发展。为了增加运输量，管道直径和气压泵功率都有所增加，管道里程最长达数千千米。

（一）管道运输的优点

（1）可以每天 24 小时连续不断地运输，运输量大，运输效率高。

（2）管道一般埋在地下，不受地理、气候等外界条件的限制。

（3）管道铺设好以后，运行的变动成本小。

（4）货物无须包装，不仅节省了包装费用，而且货损小。

（5）管道运输较安全，事故少，不排放废气、粉尘，不产生噪声，有利于保护环境。

（二）管道运输的缺点

（1）铺设管道的初始投资非常大。

（2）运输货物过于专门化，品种有限。

（3）运输的灵活性差，只能单向运输，且运输范围严格受管道铺设范围的限制。

目前，管道运输主要用于输送石油、天然气、矿砂、碎煤浆等。随着技术的进步，管道运输对象的范围不断扩大，邮件、垃圾等都可能进入管道运输的范围。

广角镜

西气东输工程

为了将新疆的天然气资源转化为现实的经济资源，改善我国的能源结构，减少大气污染，我国在 2000 年启动了西气东输工程，这是我国进入新千年后的第一个重大工程，被誉为西部大开发的标志性工程。

新疆具有丰富的天然气资源，西气东输工程西起新疆塔里木盆地的轮南，终点站是上海，途经甘肃、青海、宁夏、陕西、河南、安徽、江苏等省、自治区，全长 4 000 多千米，总投资达 1 200 亿元。

西气东输工程的建成，可以充分发挥西部天然气的功效，实现东部沿海地区能源供应的平衡，是一项东、西部双赢的工程。

第 2 节 运输合理化

一、影响运输费用的因素

一般而言，影响运输费用的因素如下所述。

（一）装载量

在运输工具未达到核定的载重量之前，单位运输费用与装载量成反比。即在达到核定的载重量之前，随着装运规模的增加，单位货物的运输费用下降。这表明，运输中存在很强的规模经济性。运输中的规模经济性之所以存在，与运输工具的运行费用有关，因为即便运输工具空驶，驾驶人员的工资、运输工具折旧、燃料费、运输企业的行政管理费等费用也同样发生。虽然随着装载量的增加，运输工具折旧、燃料费等费用会有一定幅度的增加，但增长幅度远远小于装载量的增长幅度，况且，驾驶人员的工资、行政管理费等仍保持不变，因此，在达到核定载重量之前，运输工具的规模经济性很明显。正因为如此，对于货主而言，托运量大往往可以获得一定的价格折扣。

（二）距离

在运输中，还存在着距离经济性。随着运输距离的增加，每单位距离的运输费用呈现出下降的趋势。距离经济性之所以出现，与装卸搬运费用有关，随着距离的增加，每单位距离所分摊的装卸搬运费用则越来越少。

（三）货物密度

运输工具的运载能力，不仅受重量的限制，还受到容间的限制。因此，货物密度也是影响运输费用的一个重要因素。如果货物密度很小，虽然运输工具的载重量还有很大的富余，但其容间已经占满了，用单位重量所计算的运输费用就比较高。

（四）搬运装卸

运输企业在核算费用的时候，会考虑货物搬上和卸离运输工具的相关费用。此时，如果货物采用了集装化技术，将大大便利装卸搬运，有利于降低整体运输费用。

（五）时限要求

如果货主对货物运输的时间要求很严格，要求很快的速度，则运输费用较高；反之，运输费用较低。

（六）风险承担

如果由运输企业承担产品在运输途中的损毁责任，则运输费用就较高。相反，如果货主已经就运输途中的货物进行投保，则运输费用就可以相应地降低。在由运输企业承担货物损毁风险的情况下，如果产品具有易毁性、易腐性、易被偷盗性、易自燃性、易爆性等特征，则运输企业必然要求收取较高的运输费用。

（七）市场因素

运输费用还受到运输市场竞争状况和待发运货物状况的影响。如果运输市场上的运输企业众多，它们相互之间竞争激烈，则运输企业所收取的运输费用必然下调；相反，如果运能供应不足，而待发运的货物众多，则运输费用必然上调。另外，在地区之间不同流向的运输需求严重不平衡的情况下，运输费用也存在较大的差距。例如，在 A、B 两地之间，需要由 A 地运往 B 地的货物很多，而需要由 B 地运往 A 地的货物较少，则从 A 地到 B 地所索取的运输费用较高；而回程运输所索取的运输费用则较低。

二、运输不合理的表现

在组织物质资料的运输过程中，如果不顾物质资料的区域分布特点，忽视运输工具的充分利用和合理分工，造成运力浪费、费用增加，就会导致运输不合理现象的出现。运输不合理现象具体表现在以下方面。

（一）空驶运输

空驶运输是指运输工具不载货的运输。运输计划不周或者未能有效地利用社会车辆，就可能造成起程或返程空驶现象。

（二）运能利用不充分

运输工具装载不合理或者运输计划不到位，可能造成运输工具的有效运能利用不充分的现象。例如，在运输过程中，由于较轻的货物未能和较重的货物搭配装载，导致在运输工具容间已经用完的情况下，运输工具的载重能力还有很大的富余。

（三）相向运输

相向运输指的是同种货物或替代性非常强的货物在同一线路或平行线路上作相对方向的运输而发生一定程度的交错重叠的现象。相向运输的交错重叠部分，对企业而言是一种无谓的浪费。

（四）迂回运输

迂回运输是一种舍近求远的运输方式，即货物运输本可以选择一种较近的运输路线，却绕道而行，选择了一种较远的运输路线，导致运输费用不必要的增加。

（五）倒流运输

倒流运输是指货物从销地流回产地或起运地的一种运输现象。这种双程运输都是不必要的，是对运力的一种浪费。

（六）过远运输

过远运输是指在调运货物时舍近求远，放弃从较近的货物供应地调运，而从较远的货物供应地调运的一种运输现象。

（七）重复运输

重复运输是指本来可以直接将货物运到目的地，却在到达目的地之前将货物卸下，再重复装运送达目的地的运输方式。重复运输虽未增加运输里程，却增加了装卸搬运次数，导致装卸搬运费用和货损的增加，降低了货物流转的速度。

（八）运输工具选择不当

运输工具选择不当，会导致运输费用增加，或者货物运输不及时。如在近距离运输中选择铁路运输，由于不能形成“门对门”运输，需要增加装卸搬运环节，造成运输费用的增加。

（九）超限运输

超限运输是指超过运输工具规定的长度、宽度、高度或承载重量装载货物的运输现象。超限运输容易造成货物及运输工具的损坏，甚至可能引发交通事故，危及人身安全。

三、运输合理化的措施

所谓运输合理化，是指合理地组织货物的运输，节省运力，缩短运输时间，节约运输费用，提高运输效率。为实现运输合理化，可以采取以下措施。

（一）合理设计运输网络

首先，企业应合理地进行生产工厂及各配送中心的选址，为运输合理化打下基础。对于生产工厂的选址而言，原材料消耗大的工厂应尽可能靠近原材料的产地或重要的交通枢纽；对于产成品运输费用高的工厂而言，应尽可能靠近主要的消费地。配送中心的覆盖范围应适当，辐射半径应适中。在工厂和配送中心已经确定的情况下，企业应合理规划运输路线，实现总运输里程的最小化。

（二）选择合适的运输方式

企业应根据所运货物的特点、时限要求、运输距离、企业的承受力等在铁路、公路、水路、航空等不同的运输方式中作出选择。例如，对于某种国外生产的价值高、重量轻的精密零部件，如电脑芯片，企业为了及时满足生产的需要，采用航空运输无疑是最好的选择。同时，由于电脑芯片的重量轻，单位运输费用也不会很高。再例如，经过认真的技术经济论证发现，就山西煤炭外运而言，用公路代替铁路将煤炭运至河北、天津、北京等地更为经济、合理。

（三）提高运输工具的装载率

装载率是指运输工具的实际载重量和运输距离的乘积与核定的载重量和行驶里程的乘积之比。提高装载率，有助于减少运输工具的空驶现象以及运能利用不充分的现象。例如，实施配载运输，在以重质货物（如矿石）运输为主的情况下，同时搭载一些轻泡货物（如农副产品），在基本不减少重质货物运输的情况下，解决了轻泡货物的搭运，效果显著。再例如，在装运货物时，通过利用集装化技术，可以提高运输工具容间的利用率。

（四）开展联合运输

不同运输方式之间的联合运输，可以实现各种运输方式的优势互补，提高整体的运输效率。

（五）开展流通加工

开展流通加工，可以有效地减少货物的重量或体积，从而更合理地开展运输。如将轻泡产品预先捆紧，包装成规定尺寸，再进行装车，就容易提高装载量；对水产品及肉类预先冷冻，可提高车辆装载率并降低运输损耗。

（六）推进共同运输

企业内部各部门之间、各子公司或分公司之间以及不同的企业之间通过在运输方面开展合作，可以提高运输工作效率，降低运输费用。例如，海尔集团实现业务流程再造，建立物流推进本部之后，原来分属冰箱、冷柜、空调和洗衣机等事业本部的物流职能统一到物流推进本部，大大提高了运输效率。

（七）充分利用社会化运输力量

不同的企业都建立自营车队，开展自我服务，往往不能形成规模，容易造成运力忙闲不均的现象，在旺季时运力紧张，不能满足需求；在淡季时运力富余，处于闲置状态，浪费很大。实行运输社会化，可以有效地利用各种运输工具，提高运输工具的利用效率。

第3节 联合运输与集装化

一、联合运输

联合运输简称联运，是指采用两种或两种以上的运输方式将同一批货物从发运地运往目的地的运输形式。联合运输可以有多种组合，包括：铁路与公路联运；铁路与水路联运；公路与水路联运；公路与航空联运；铁路、公路与水路联运；等等。随着国际贸易的发展以及集装化技术在运输中的使用，联合运输得到了极大的发展。

联运企业主要以提供服务的方式为承运、托运双方提供代理业务，对于运输企业而言，它代表货主；对于货主而言，它代表运输企业。货主通过函电或亲自前往联运企业办理货物托运手续，填写联运货物托运单；联运企业办理货物票据手续，核收运杂费（包括运费、杂费、服务费等）；根据货主的要求，联运企业向不同的运输企业办理托运手续，将货物送达目的地，并负责结算运杂费。

通过整合多种运输方式，联合运输能够提供单一的运输方式所不能提供的服务价格比，同时为货主带来了极大的方便。尽管联合运输需要由多个运输企业承运，但托运人只需要与联运企业打交道即可。当然，为了提高联合运输的效率，联运企业需要与不同的运输企业建立有效的信息沟通系统。

二、集装化

集装化又称组合化或单元化，是指将一定数量的散装或零星成件物资组合在一起，以便在运输、搬运装卸、仓储等物流环节中作为一个整体进行技术和业务处理的运输方式。集装箱和托盘是最常见的两种集装化方法。

（一）集装化的好处

（1）提高运输工具的装载效率。

（2）便于装卸搬运的机械化操作，减轻劳动强度，提高劳动效率。

（3）节省物品的包装费用。

（4）防止运输、装卸搬运、仓储过程中货物的损毁和丢失现象。

（5）便于在不同的运输工具之间开展联合运输。

（6）有利于实现“门对门”运输。

（二）集装箱

集装箱（Container）又称货箱、货柜（Box），根据国际标准化组织（International Standard Organization，ISO）对集装箱所给出的定义与技术要求，我国最新修订的国家标准《系列1集装箱　分类、尺寸和额定质量》（GB/T1413—2023）确定集装箱应具有如下特点及技术要求：第一，具有足够的强度，在有效使用期内能反复使用；第二，适于一种或多种运输方式运送货物，途中无须倒装；第三，设有供快速装卸的装置，便于从一种运输方式转到另一种运输方式；第四，便于箱内货物装满和卸空；第五，内容积大于或等于 1 立方米。

《系列 1 集装箱　分类、尺寸和额定质量》(GB/T1413—2023）确定了各种型号的集装箱的外部尺寸及额定重量，见表 2－3。

表 2－3　我国现行国家标准对集装箱的外部尺寸及额定重量的规定

型号	高度（mm）	宽度（mm）	长度（mm）	额定重量（kg）
1EEE	2 896	2 438	13 716	30 480
1EE	2 591	2 438	13 716	30 480
1AAA	2 896	2 438	12 192	30 480
1AA	2 591	2 438	12 192	30 480
1A	2 438	2 438	12 192	30 480
1AX	<2 438	2 438	12 192	30 480
1BBB	2 896	2 438	9 125	30 480
1BB	2 591	2 438	9 125	30 480
1B	2 438	2 438	9 125	30 480
1BX	<2 438	2 438	9 125	30 480
1CCC	2 896	2 438	6 058	30 480
1CC	2 591	2 438	6 058	30 480
1C	2 438	2 438	6 058	30 480
1CX	<2 438	2 438	6 058	30 480
1D	2 438	2 438	2 991	10 160
1DX	<2 438	2 438	2 991	10 160

按照用途分类，集装箱可以分为通用集装箱、敞顶集装箱、台架式集装箱、台式集装箱、冷藏集装箱、牲畜集装箱、罐式集装箱、汽车集装箱、散料集装箱等。按照制作材质分类，集装箱可以分为钢制集装箱、铝制集装箱、不锈钢制集装箱、玻璃钢制集装箱等。

（三）托盘

托盘（Pallet）是指按照一定规格制成的用于集装货物的平板载货装置。在托盘上集装一定数量的单件货物，并按一定的要求捆扎加固，组成一个运输单位，以便在运输过程中使用机械进行装卸搬运和堆放。从托盘的材质来看，木制托盘的使用量最大，此外还有钢制托盘、树脂制托盘、纸制托盘等。为便于高效地开展“门对门”的连贯运输，需要实现托盘规格的标准化。我国国家标准规定的联运托盘的标准有 800mm×1 000mm、800mm×1 200mm 和 1 000mm×1 200mm 三种。

与集装箱相比，托盘自重小，因此，在装卸搬运过程中所消耗的劳动量小，返空时所消耗的运力小，但装载量也比集装箱小得多，保护性也没有集装箱好，通常不能露天存放。

本章小结

本章集中讨论了物流活动最重要的构成要素——运输。在对运输的概念及地位进行分析的基础上，比较了铁路运输、公路运输、水路运输、航空运输、管道运输等不同运输方式各自的优缺点，讨论了影响运输费用的因素、运输不合理的各种表现形式（包括空驶运输、运能利用不充分、相向运输、迂回运输、倒流运输、过远运输、重复运输、运输工具选择不当、超限运输等）、运输合理化的措施。最后，简要介绍了联合运输的具体形式、竞争优势，以及集装化的好处和两种最常见的集装化方法——集装箱和托盘。

课后案例讨论

ZARA：与时尚竞速

时尚的风潮变幻莫测，时尚的元素稍纵即逝，作为一家与时尚紧密相连的企业，ZARA 的经营模式确实与众不同。ZARA 不强调引领潮流，却专注跟随时尚；不强调设计的精美别致，却强调物流运输的快捷高效。是的，时尚行业的竞争居然和物流运输息息相关，为了读懂这一命题，我们首先要从 ZARA 的经营模式开始研究。

时尚跟随者

在各种时装发布会上，我们总能看到 ZARA 设计师们的身影。他们参加时装发布会的目的不是来倾听自己设计的产品的市场反响，而是要亲身感受时尚的气息。作为时尚的跟随者，ZARA 不尝试去引导市场潮流的发展趋势，而是在第一时间准确地把握当前的时尚脉搏，根据时尚市场的流行现状设计产品。但是，时尚的潮流瞬息万变，为了避免产品在上市之初就变成“过季品”，ZARA 尽可能地加快产品的上市速度，当然，也包括产品的运输速度。

流程构建者

ZARA 要求每件产品从设计、生产到运送至零售终端的整个流程用时不得超过两个星期，而物流运输方面的用时不得超过 3 天。在短短 72 小时内，如何确保产品能够被送至遍布世界的 ZARA 店，成为摆在 ZARA 物流部门面前的一道难题。

经过严谨的设计和精密的筹划，ZARA 成功地解决了这一问题。在西班牙，ZARA 将其工厂与 400 多家代工工厂的地下挖空，架设了 200 英里（1 英里＝1 609.34 米）的地下传送带网络，极大地提升了物流效率。

在物流中心的选址上，ZARA 也颇费心思。为了提高物流运输的效率，ZARA 的物流中心都选在连接机场的高速公路旁边。对于位于欧洲的 ZARA 店，ZARA 直接用卡车进行运送，对每辆卡车的运送目的地、出发时间、到达时间都有严格的规定。而对于欧洲以外的 ZARA 店的供货，ZARA 不惜成本，采用航空运输的方式将产品直接运往目的地，并在第三方物流的协助下，将产品送往 ZARA 店内。据统计，位于欧洲的 ZARA 专卖店可在 24 小时内收到从西班牙总部运出的产品；美国的 ZARA 专卖店可在 48 小时内收到产品，而路程最遥远的日本专卖店，也能够确保在 72 小时之内收到产品。

行业领导者

虽然 ZARA 庞大的物流配送中心的实际使用率不足 50%，但在此情况下，ZARA 仍然在考虑建设新的物流配送中心，这一做法受到了一定的质疑和批评。虽然 ZARA 的单位运送成本远远高于其他同行业竞争者，而且在一定程度上弱化了 ZARA 的市场竞争力，但毋庸置疑的是，ZARA 已是当前世界上最成功的服装生产企业之一。截至 2023 年，ZARA 在全球多个国家拥有 5 745 家专卖店。ZARA 凭借其“平价、时尚”的市场定位，使自己赢得了顾客的认可和青睐；在这场与时尚的速度较量中，ZARA 凭借其快速、高效的物流运输系统取得了胜利。

资料来源：林翔．基于 ZARA 极速供应链模式对比 GAP 模式的深度分析．物流科技，2011（3）；高明明．快时尚服装企业供应链协同对供应链柔性的影响——基于 ZARA 的案例分析．经营与管理，2018（4）；尹静文．中国服装行业供应链管理模式优化——以 ZARA 为例．商场现代化，2019（13）；尹泓，刘悦，孙粲然．基于价值链和供应链管理的 ZARA 品牌运营模式研究．中国商论，2021（8）；Inditex 公司 2022 年年报．Inditex 公司官网．

结合案例内容，试回答下列问题：

1. ZARA 采用了哪些运输方式？哪一种运输方式处于核心地位？

2. 为什么 ZARA 物流配送中心的实际使用率不足 50%，而 ZARA 却仍然考虑建设新的物流中心？

3. 你认为 ZARA 的运营模式能推广到哪些行业或企业中？为什么？

复习思考

1. 结合我国的国情，综合考虑各种运输方式的优缺点，你认为当前我国应该重点发展哪些运输方式？

2. 如果你是一个汽车货运企业的经理，你会采取哪些措施来提高企业的运营效率？

第 3 章　存货管理

库存是万恶之源。

——大野耐一（丰田公司前董事）

学习导航

- 熟悉存货的类型与功能。
- 明确存货管理的任务。
- 了解定期订货、定量订货、ABC 分类法等订货决策方式。
- 了解不同类型的仓库及高层货架仓库的优点与缺点。
- 掌握仓库作业环节及仓库管理技术。

引例

美的集团：双向挤压，降低存货成本

作为白色家电行业的龙头企业，2016 年美的集团首次荣登全球财富 500 强榜单，至 2023 年连续八年入选，位列第 278 位。美的集团的经营范围涉及空调、洗衣机、热水器、厨用电器以及家用小电器等多个细分行业。在各个细分行业的竞争中，美的集团始终坚持“成本领先”的竞争战略。为了实现可持续性竞争，美的集团实施了供应商管理库存和经销商管理库存等方法，从上游、下游两个方向出发，降低集团的存货成本。

“成本领先”的竞争战略

家电行业一直是“价格战”的多发地带，为了抵御竞争对手的“价格攻势”，建立美的集团的价格优势，美的集团一直贯彻“成本领先”的竞争战略。美的集团一直认为，集团所采用的竞争手段并不是一味地降低价格，发动“价格战”，而是强调建立在总体成本优势上的、不挤压利润空间的低价竞争战略。为此，美的集团尝试通过多种途径来降低集团的各项成本，保持产品在价格方面的活力和弹性，从而为实施可持续性的低价竞争奠定基础。

控制后端的供应商管理库存

为了获取战略资源，美的集团实施了供应商管理库存。美的集团的供应商共有300多家，其规模、行业影响力均不及美的集团，因而，在与众多供应商的关系之中，美的集团处于核心位置。在300多家供应商中，将近2/3的供应商位于美的集团总部周边，而距离集团总部超过3天车程的供应商不足总量的15%。因而，美的集团认为，集团实施供应商管理库存的条件已成熟。

按照美的集团和供应商之间的供应商管理库存协议，供应商在接到美的集团的供货通知后，组织发货工作。在货物到达美的集团并经过验收合格之后，美的集团才付给供应商货款。对于距离美的集团总部较远的供应商，美的集团在总部生产基地旁边建设了供应商仓库，将其租赁给这部分供应商。这部分供应商提前将货物运到仓库内，接到供货通知后，组织运输发货。在美的集团接受货物之前，所有的商品库存成本都由供应商承担，通过转嫁库存成本，美的集团进一步巩固了“成本领先”竞争战略的优势。

理顺前端的客户管理库存

在对业务链后端实施供应商管理库存的同时，美的集团也注重对前端销售渠道的管理优化。在此之前，空调、风扇等季节性很强的商品经常出现产品脱销和产品积压的情况。此外，美的集团实施多元化的经营战略，各类各式产品总计将近1 000个型号，分散储存在全国各地的120个仓库里，产品在仓库之间的调动就会形成一项巨大的成本开支。因为缺乏市场信息的有效反馈，美的集团难以有效地估计市场需求及有针对性地组织生产，从而加剧了生产过剩或产品紧缺的情况。

为了解决这一问题，美的集团提出了客户管理库存计划。在该计划中，一方面，作为销售渠道，经销商向美的集团及时反馈市场信息，帮助美的集团有计划、有组织地进行生产活动；另一方面，美的集团通过运用这些信息，合理地预测市场需求，据此制订供货计划，组织配送活动，实现各级分销渠道“不用备货，美的自动补货”的理想模式。通过这一计划，美的集团和各级分销商实现了存货管理的前移，可以有效地削减和精准地控制销售渠道上昂贵的存货，而不是任其堵塞在渠道中，让其占用大量资金。

资料来源：郭惠民．美的集团的成本领先战略．企业改革与管理，2013（7）；曹其珺，刘怡婷．基于价值链视角的企业战略成本管理分析：以美的集团为例．广西质量监督导报，2020（6）；王琦．基于数字化转型的价值链成本管理研究：以美的集团为例．商场现代化，2022（11）．

第1节 存货的类型与功能

一、存货及其类型

存货（Inventory）是指为今后预定目的的使用而储备的物质资料。在生产企业中，存货的形态包括原材料或零部件、产成品、备件、低值易耗品、在制品等；在流通企业中，存货的形态主要表现为用于销售的各种商品以及各种低值易耗品。

按照其功能的不同，存货可以分为以下几种不同的类型。

（一）周转存货

周转存货（Cycle Stock）是指在正常的生产经营状态下，为满足日常的生产和经营需要而建立的存货。由于两次订货之间有一定的周期，周转存货的目的就在于满足两次订货周期之间的正常需求。

（二）安全存货

安全存货（Safety Stock）是指为了避免和减少生产和市场供应、需求过程中所存在的各种不确定性因素造成的损失而在周转存货的基础上所额外增加的一定数量的存货。

（三）中转存货

中转存货（Transit Stock）是指已经订货但所订货物尚未到达企业而形成的存货。加快企业运输的速度，提高运输的效率，就可以减少中转存货的数量，减少中转存货对资金的占压。

（四）在制存货

在制存货（Work-in-Process Stock）是指处于加工状态的原材料、零部件、半成品而形成的存货。加快生产线的运转速度，有助于减少在制存货的资金占压。

（五）积压存货

积压存货（Deal Stock）是指产品不适合市场销售的需要或产品因超过其保质期而失去使用价值所形成的存货。积压存货是一种纯粹的浪费，应坚决予以杜绝。

（六）促销存货

促销存货（Promotional Stock）是指企业为了满足促销可能形成的产品销售增长而提前储备一定数量的产品所形成的存货。

（七）季节性存货

季节性存货（Seasonal Stock）是指企业为应付原材料或零部件供应的季节性短缺以及产成品的季节性旺销而储存的原材料、零部件及产成品。例如，在元旦到来之前，各大百货商店会提前储备大量的元旦礼品，以满足人们采购的需要。

（八）投机性存货

投机性存货（Speculative Stock）是指在预测原材料、零部件或产成品的价格可能因短缺而上涨的情况下，出于投机获利的动机，预先囤积一定数量的货物而形成的存货。

二、存货的功能

对于任何企业而言，理想的情况都是在接到客户订单之后再进行采购、生产，将存货水平降为零。若要实现完全按订单进行生产，就要求企业具有较强的快速反应能力，且能够消除各种不确定性因素。但要满足这些条件，具有很大的难度。在这种情况下，保持一定的存货数量就具有经济合理性。存货的功能具体体现在以下几个方面。

（一）提高顾客服务水平

为了节约生产成本，有些产品的生产需要靠近原材料或能源的产地，有些产品的生产需要选择劳动力资源丰富的地方。而且，很多行业的生产具有很强的规模经济性，这样，生产非常集中，而顾客则分布在各地。为了有效地提高对分散的顾客的服务水平，避免缺货现象的发生，企业需要在各地备货。在生产工厂，也有必要储备一定的产成品，以备不时之需。

（二）平衡供求关系

对于任何企业而言，根据季节性高峰需求来设计生产能力都是不科学的，因为会导致淡季时生产能力的严重闲置。较好的办法是在全年实现平衡的生产，这样，淡季生产出来的产品的一部分可以储备下来，以满足旺季的消费需求。

（三）实现物流合理化

物流合理化是一个系统工程，涉及不同物流构成要素之间的密切配合，不能从孤立的角度看待物流优化问题。为了在保证既定的物流服务水平的前提条件下实现物流总费用的最小化，需要在存货费用与其他物流费用之间求得平衡。例如，大批量的原材料采购固然会增加原材料的存货资金占用，导致利息支出增加、仓储费用增加，但可以大幅度降低单位原材料的运输费用，同时，单位订货费用也会下降，并且可以获得一定的数量折扣，只要节约的运输费用、订货费用、价格折扣大于因此增加的利息、仓储费用支出，原材料存货的增加就具有经济合理性。

（四）降低生产成本

保持生产线的长期、稳定运转有助于降低单位生产成本，这就意味着在需求存在波动的情况下必然会形成一定的产成品存货。对于企业而言，需要权衡因此降低的生产成本与增加的存货费用之间的关系，只要前者大于后者，保持生产线的稳定就是合理的。当然，对于技术含量高、产品生命周期短的产品要特别谨慎，否则可能会由于更新换代产品的出现而使产品的价格出现大幅度下降，使企业蒙受巨大的损失。

（五）规避经营风险

原材料、零部件的适当库存，可以避免由于紧急情况的出现（如由于供应商延迟交货或发生重大事故而导致原材料、零部件供应不及时）而造成企业停产的现象。对于潜藏着涨价因素的原材料或零部件，企业如果能够提前购进，进行一定数量的储备，则能够获得较大的利益。例如，在国际豆类价格大幅度上涨之前，以豆类为主要原材料的食品生产企业如果能够预测到这一点，提前储备一定数量的存货，就能减少原材料涨价的损失。

三、存货管理的任务

（一）存货费用的种类

虽然存货具有以上一系列功能，但存货也会导致一系列费用的发生，因此，应在充分发挥存货功能的基础上，尽可能降低存货费用的支出。存货费用包括以下 7 个基本类型。

1. 订货费用

订货费用包括与订货有关的管理、物料、通信等费用。订货费用与订货批量成反比，即订货批量越大，单位订货费用越低；订货批量越小，单位订货费用越高。

2. 价格折扣损失

在订货批量较小的情况下，企业不能获得价格折扣，或者所获得的价格折扣很低，形成价格折扣损失。

3. 资金占用费用

在企业存货所需资金来源于贷款的情况下，资金占用费用表现为银行贷款利息支出。如果企业存货所需资金来源于自有资金，则需要考察资金的机会成本，即至少应该以银行存款利息作为资金占用费用。

4. 仓储保管费用

在仓库为企业自有仓库的情况下，仓储保管费用包括仓库及相关设备的折旧费、仓库保管人员的工资、仓库保管的物料消耗以及水电费、取暖费等费用。在租赁仓库的情况下，无须核算仓库及相关设备的折旧费，而需要考虑租金。

5. 货物损耗

货物损耗是指物质资料在仓储的过程中由于受自然条件影响、保管不善等而对其使用价值构成的危害。

6. 变价损失

上面所说的货物损耗属于实实在在的物质损耗，而变价损失是一种精神损耗，即虽然货物的使用价值仍然存在，但由于性能价格比更为优越的替代品的出现，货物的价值大为下降。因此，企业在进行订货决策时，务必要考察变价损失的影响。尤其是在IT产业中，计算机及相关设备的零部件、整机更新换代的速度非常快，如果保有大量的存货，变价损失的风险非常大。

7. 缺货损失

缺货损失是指企业在生产需要时由于原材料、零部件的缺乏或在顾客订货时由于产成品的缺乏而造成的损失。

案　例

宝洁：削减库存，控制成本

作为世界上最大的日化用品生产商，削减库存、控制成本已经被宝洁公司融入日常经营活动中，成为建造宝洁帝国的重要基石。

快速响应，快速分销

宝洁公司所涉足的日用品、化妆品行业，其潮流发展瞬息万变，今天还在热销的产品，明天就有可能无人问津。因而，公司必须努力避免产品因过时而积压，快速响应市场需求、快速分销热卖产品就成为解决该问题的一剂良药。对此，宝洁公司进行了以下尝试：一方面，广泛收集市场信息，对于当前和之后一段时间内消费者的购买需求、购买偏好、价格敏感性等诸多要素进行系统的调查和研究，有的放矢地进行产品开发和市场推广；另一方面，针对市场需求，系统地组织配送活动。为此，宝洁公司提出了“3个99%”的目标，即分销商的满意度要在99%以上，产品运输准确率要在99%以上，货物的按时交付比例要在99%以上；并集中整个物流系统的力量，保证该目标的实现。基于上述两个方面的努力，宝洁公司显著地减少了产品的积压，进而降低了公司的存货成本。

优化安全库存水平

为了保证销售，宝洁公司设定了安全库存，但是，多余的库存也同样会增加公司的存货成本。起初，这一部分库存并没有引起宝洁公司的重视，因为在宝洁公司看来，保证销售有效性的实际意义要远远大于控制存货成本。然而，当宝洁公司对库存成本进行核算后，得出的结论却让其吃惊不已：只要降低 7%的库存，就会额外获得 20%的利润。因此，宝洁公司下定决心，要挖掘这座隐藏在库存中的巨大"金矿"。

宝洁公司优化安全库存水平的基础是公司强大的物流运输能力。在削减安全库存水平之后，宝洁公司的销售网络遭遇缺货风险的可能性则更大，如何保证货物能快速地从生产基地运至目的地，如何实现货物在不同地区之间的快速调配，成为宝洁公司需要解决的难题。对此，宝洁公司给出了以下解决方案：一是注重信息的沟通和反馈，对于各种产品在各个地区的销售情况，公司需要在第一时间内了解和掌握，并据此提前安排生产，组织货物运输；二是提高货物的运输效率，宝洁公司重新设计了物流运输流程，重构的流程减少了货物装卸次数，控制了中间环节的数量，尽可能地缩短浪费的时间，同时，宝洁公司积极与国内第三方物流公司合作，共同设计了物流系统网络，在提升效率的同时降低了产品成本；三是设计缺货紧急调度预案，保证缺货之后公司各个部门能够统一协调地应对挑战，临危不乱。

建立合作联盟

除了遍布世界的供应商、分销商之外，宝洁公司还高度重视和强化与市场分析专家、规划专家、开发投资商以及律师等各种潜在合作伙伴的联系，听取他们有关降低库存成本的建议，与其共同探究降低库存成本的新方法。这一看似平凡的举动在很大程度上帮助了宝洁公司更好地控制库存、降低成本，同时推动了整条供应链上的存货数量的合理精简。

资料来源：贺婧．快速消费品行业的渠道管理：基于宝洁公司针对大客户的渠道管理模式分析．湖南工业大学学报（社会科学版），2009（4）；安心．宝洁撬动第三方物流．物流时代，2012（7）；晏凡．基于消费者购物需求点分析品类管理的重要性：以宝洁（P&G）公司洗发水为例．现代营销（下旬刊），2018（11）；李小娜，刘晓彤，毕卜心，等．管理信息系统在多品牌战略中的应用：以宝洁公司为例．企业科技与发展，2019（11）.

（二）存货管理的内容

基于以上的讨论，我们可以将存货管理的任务确定为：在满足存货各项功能的前提条件下，尽可能降低存货费用，以提高存货管理的效率。具体而言，存货管理包括以下两个方面的内容。

1. 开展订货决策

开展订货决策即合理确定原材料、零部件、产成品的存货水平，以实现订货费用、价格折扣损失、资金占用费用、变价损失、缺货损失等存货费用的最小化。

2. 开展仓储管理

开展仓储管理即确保所有存货得到良好、安全的保管，充分利用仓储面积、容积，以降低仓储保管费用，减少货物损耗。

第 2 节 订货决策

一、定期订货

所谓定期订货（Fixed-Interval Order），是指按照预先确定的订货间隔期进行补充订货的一种订货决策方式。

定期订货方式的关键是确定订货间隔期（订货周期）。在采用定期订货方式时，每次订货间隔期不变，订货量则发生变化。订货量可以通过以下公式计算得出：

订货量＝最高库存量－现有库存量－订货未到量＋顾客延期购买量

定期订货的优点是：在订货间隔期确定后，可以同时订购多种货物，降低单位订货费用和运输费用。定期订货的缺点是：遇到预料之外的大量需求时，容易造成缺货损失。

二、定量订货

所谓定量订货（Fixed-Quantity Order），是指当库存量下降到预定的最低库存量（订货点）时，按照事先确定的数量（通常以经济订货批量为标准）进行补充订货的一种订货决策方式。

订货点可以通过以下公式计算得出：

订货点＝存货日平均消耗量×平均到货天数＋安全存货量

其中：存货日平均消耗量可以依据过去的实际消耗值计算得出；平均到货天数是指从发出订单到收到货物的全部时间；安全存货量是由各种不确定性因素所决定的。

经济订货批量（Economic Order Quantity，EOQ）是指年总存货成本最小时的每次订货批量。假定 TC 表示年总存货成本，C_0 表示每次订货费用，D 表示货物年需求量，C_i 表示每单位货物年存储费用（含资金占用费用、仓储保管费用、货物损耗）占其订货价格的比例，U 表示单位货物订货价格，Q 表示每次订货量，年总存货成本可以通过将年货物购入成本、年订货费用以及年存储费用加总求得。此时年平均存货量为 $Q/2$。年总存货成本可以通过以下公式计算得出：

$$TC=DU+DC_0/Q+QC_iU/2$$

为了使年总存货成本最小，可以对上式求导数并令求导后的方程式等于零，即：

$$\frac{dTC}{dQ}=\frac{C_iU}{2}-\frac{DC_0}{Q^2}=0$$

解上述方程，可以得出年总存货成本最小时的 Q 值，即 EOQ 值：

$$EOQ=\sqrt{\frac{2C_0D}{C_iU}}$$

假设某企业某种原材料的年需求量是 120 000 单位，每单位价格为 100 元。年存储费用为 20%，每次订货费用为 3 000 元，则经济订货批量为：

$$EOQ=\sqrt{\frac{2\times 3\ 000\times 120\ 000}{100\times 20\%}}=6\ 000$$

定量订货方式的优点是：订货时间和订货量不受人们随机判断的影响，客观性较强；按照经济订货批量订货，有助于节约年总存货成本。同时，每次订货量固定，便于安排仓储面积。其不足之处在于按照 EOQ 实施订货，虽然力图实现订货费用和存储费用总和的最小化，但存储费用只考虑资金占用费用、仓储保管费用、货物损耗，而忽略了货物的变价损失，因此，必然影响存货量确定的科学性，容易造成存货量过大的现象。

三、ABC 分类法

所谓 ABC 分类法（ABC Analysis），是指将存货按照其重要程度分为特别重要的存货（A 类存货）、一般重要的存货（B 类存货）、不重要的存货（C 类存货）三个等级，再针对不同等级的存货实施不同的订货决策和存货控制政策。

A 类存货属高价值的存货，一般而言，大约占存货品种总数的 10%，但其占用的资金金额却达到存货占用资金总额的 70%左右；C 类存货属低价值的存货，大约占存货品种总数的 70%，但其占用的资金金额只是存货占用资金总额的 10%左右；价值位于 A 类存货和 C 类存货之间的 B 类存货，大约占存货品种总数的 20%，其占用的资金金额大约也是存货占用资金总额的 20%（如图 3 - 1 所示）。由于不同类型的存货对于企业的重要性不同，因此，应分别予以管理。

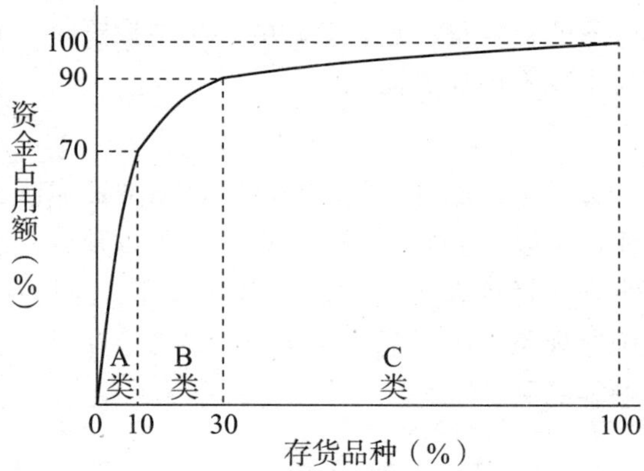

图 3 - 1　ABC 存货分类管理

（一）A 类存货

对于 A 类存货，应进行严格的管理和控制。对于这类存货，由于资金占用的利息费用很高，因此，应尽可能缩短订货周期，选择最优的订货批量，在满足企业内部需要或顾客需要的前提条件下尽可能降低库存数量。同时，应做到每月盘点，以确保仓库中存货的实际数量与账面数量相符。

（二）B 类存货

对于 B 类存货，管理和控制的强度处于 A 类存货和 C 类存货之间，进行正常的例行管理和控制，可以一个季度或半年盘点一次。

（三）C类存货

对于C类存货，由于品种繁多，资金占用较小，频繁订货在经济上并没有多大好处，只会增加工作量。此时，针对这些存货品种，可以制定较高的最高存货量，一次性订最高存货量，通过大量采购、大量存货的方式，延长存货的使用期限，以减少不必要的订货工作量。对于C类存货，年终盘点即可。

第3节 仓库与仓库管理

一、仓库的分类

仓库（Warehouse）是专门用于存储货物，以防止货物丢失和损坏的建筑物。按照所有权的不同，仓库可以分为以下几个类型。

（一）自有仓库

自有仓库是企业出于存储原材料、零部件、中间产品、产成品的需要而自己投资建立的仓库。自有仓库的优点是：第一，企业对货物的存储活动拥有更多的控制权，可以根据企业的要求和产品的特点对仓库进行设计和布局，提高顾客服务水平；第二，仓库可以靠近企业就近建立。自有仓库的缺点是：建设仓库的一次性投资很大，占压大量的资金。同时，仓库的空间利用容易出现不饱和的情况。

（二）营业仓库

营业仓库是通过向社会性客户提供专门的货物存储服务而实现营利目的的仓库。对于企业而言，租用营业仓库，可以获得如下好处：第一，可以减少一次性建设仓库所需的大量投资；第二，可以减少仓库管理人员的工资支出，还可以得到专业化的仓库管理服务；第三，避免自有仓库的闲置现象。租用营业仓库的不足之处在于：企业对仓储活动失去了直接控制，可能影响对顾客的服务水平。

（三）公共仓库

公共仓库是政府部门、公用事业部门等修建的为社会提供存储服务的仓库，如政府修建的粮食仓库以及火车站、码头等的仓库。对于企业而言，公共仓库主要用作货物暂时性的中转存放。

二、仓库的作业环节

一般而言，仓库作业可以分为以下三个基本环节。

（一）入库管理

货物入库的依据是仓库与货主企业签订的仓储合同或者仓库所属企业的相关管理部门下达的入库通知。在货物入库之前，仓库应在人员、检验工具、装卸搬运工具等方面做好准备，并预先安排货位。仓库管理人员应严格按照仓储合同或入库通知所列的货物品名、规格、数量对入库货物进行逐一验收，检查货物是否与仓储合同或入库通知相符，质量、包装是否完好。在入库验收中，如果发现单证不齐、数量短缺、质量不符、包装损坏等问题，应做好经交货人确认的记录，及时通知有关部门或人员进行处理。

货物验收合格或发现问题处理完毕之后，应立即办理货物入库手续，将货物登记入账，放置到指定位置，并建立相应的货物标识卡。

（二）存储管理

在货物入库之后，对货物所进行的存储管理包括以下主要内容。

1. 对货物进行分区分类储存

依据仓库的建筑、设备，将仓库划分为若干个存储区，并对不同的货位进行编号，以适应不同货物的存储需要，提高仓库的利用效用，保证货物的品质不受损害。对于贵重物品、易燃易爆物品等特殊货物，要进行专区存储。

2. 对货物进行有效的堆码和苫垫

货物堆码的基本要求是：坚实牢靠，不易倒塌；合理利用空间；有利于清点数量；有利于货物的先进先出；包装标志朝外，便于查找。对于露天存放的货物要注意选择合适的苫盖物，避免日晒雨淋。为了避免货物受地面潮气的侵蚀，要预先铺好垫垛物。

3. 对货物进行维护保养

注重调节仓库的温湿度，做好防潮、防霉变、防锈、防虫鼠害等工作。对于易腐品，要采用冷藏、冷冻、保鲜技术。

4. 加强仓库的安全防护

提高消防意识，建立、健全消防制度。同时，做好货物的防盗工作。

5. 定期对货物进行盘点

力求做到仓库内所有货物的账、卡、物一致，达到万无一失的目的。

（三）出库管理

货物出库的依据是仓库与货主企业签订的仓储合同或者仓库所属企业的相关管理部门下达的出库通知。在出库时，仓库管理人员应仔细核对出库凭证，经审核无误后方允许出库。

在出库管理中，要坚决杜绝凭信誉或无正式手续的发货。出库的货物如果缺乏运输方式所要求的包装，应根据货物的特点选用合适的包装材料进行包装。如果是本企业内部领料，需要与领料人办理交接手续；如果货物是向外调出，需与提货单位的人员或运输部门办理交接手续。货物出库后，应办理登账手续，并对货物原来所占用的货位进行清理。

三、仓库管理技术

（一）仓库布局技术

仓库布局取决于货物的装卸搬运设备。例如，仓库如果主要使用叉车进行装卸搬运，则货架之间的通道必须足够宽，以容纳叉车的自由运行。同时，货架应采用垂直或平行式的布局方式，避免采用倾斜式的布局，以利于叉车的作业。仓库布局还应考虑货物的进出频率，根据货物进出频率的不同对它们进行排序，将进出频率高的货物安排在靠近仓库进出口的位置，而将进出频率低的货物安排在远离进出口的位置。

（二）堆码技术

货物的堆码应注重以下基本原则：第一，面对通道原则，即货架的摆放、货物的码放应面对通道。第二，高层堆码原则，以尽可能提高存储效率。第三，先进先出原则，防止货物过期变质。第四，同一性原则，同种货物应尽可能堆码在一起，或堆码的场所靠近。第五，重量对应原则，即较重的货物码放在货架的下面，较轻的货物码放在货架的上面。

（三）苫垫技术

在露天的货场，为了对货物进行有效的苫盖，应将货物堆码成容易苫盖的垛形，如屋脊形、方形等。常见的苫盖物包括篷布、油毡布、芦席、塑料布等。为了节约苫盖费用，可以制作一些通用型的苫瓦，以便重复使用。垫垛物包括枕木、垫板、水泥条、石块、防潮纸等。根据不同货物的特点，可采用不同的垫垛材料。只有当货物直接放置在地面上时，才有必要进行垫垛，将货物存放在货架上时，无须垫垛。

（四）温湿度控制技术

控制温湿度有助于防止货物发生霉变、锈蚀、虫蛀、熔化、挥发等现象。密封、通风与吸潮相结合的方法是调节与控制仓库温湿度的有效方法。密封的对象可以是整个仓库，也可以是整垛或整件货物，以达到防潮、防干燥、防热、防冻的目的。通风是利用仓库内外气温不同而形成的气压差使室内外空气形成对流，以调节室内的温湿度，达到通风降温、通风升温、通风散湿的目的。除了自然通风之外，也可以采用机械通风。在密封的情况下，采用生石灰、氯化钙、硅胶等吸潮剂，可以有效地降低仓库内的湿度，也可以采用去潮机除湿。

四、高层货架仓库

高层货架仓库又称自动化立体仓库、自动化仓库，是指用货架-托盘系统储存单元化的货物，并配以巷道式起重机或其他机械化设备取送货物的一种新型仓库。

（一）高层货架仓库的产生与发展

第二次世界大战以后，土地价格上涨迅速，人们提出了“向空间要货位”的要求。为了提高仓库的利用率，促进仓库向高空发展，20 世纪 50 年代末 60 年代初，在美国出现了由司机操作的巷道式堆垛起重机，解决了向高层货架送取货物的难题，为高层货架仓库的发展铺平了道路。1963 年，美国建立了第一座计算机控制的高层货架仓库。从 20 世纪 60 年代中期开始，日本大量兴建这种仓库，成为当今世界上拥有高层货架仓库数量最多的国家。1980 年，中国第一座自行研制的高层货架仓库投产，此后高层货架仓库得到了迅速发展。目前，高层货架仓库能够做到完全由计算机进行控制，在无人操作的情况下就可以实现货物的自动入库和出库。

（二）高层货架仓库的优点与缺点

高层货架仓库具有如下优点：

（1）可以减少仓库的占地面积，提高仓库的利用率。用人工取货的仓库，货架高度只有 2 米多；用叉车取货的仓库，货架高度也只有 3 米～4 米，而货架之间的通道则需要 3 米多宽；而高层货架仓库的货架最高可达 40 多米，一般都在 15 米以上。

(2) 由于采用了自动化的机械设备，可以节省大量的劳动力成本。

(3) 做到出入库作业的迅速、准确，缩短了作业时间，提高了作业效率。

(4) 由于实现了计算机集中控制，可以提高仓库的管理水平，有效地保证货物的先进先出，避免过期变质。

(5) 利用托盘等储存货物，货物在装卸搬运过程中的破损率较低。

(6) 采用自动化作业以后，便于黑暗、低温、有毒等特殊环境的作业。

当然，高层货架仓库也存在一些缺点，主要表现在以下三个方面：

(1) 初始的基建和设备投资要求高。

(2) 由于货格的限制，因此对于所存放的货物的品种也有一定的限制，不适合存放长、大、粗笨的货物。

(3) 设备的维护保养具有较高的难度，对仓库管理人员的素质要求较高。

本章小结

本章介绍了存货的概念、功能及类型，指出保持一定的存货数量具有经济合理性，存货管理的任务在于合理开展订货决策及仓储管理，在考察存货费用时，应综合考察存货费用的各个方面，尤其应重视存货的资金占用费用、变价损失和缺货损失。本章还介绍了定期订货、定量订货、ABC 分类法等订货决策方式，探讨了仓库的几个类型、仓库的作业环节、仓库管理技术等问题，同时对高层货架仓库作了简要介绍。

课后案例讨论

京东无人仓：智能、快速、高效

京东物流在全国范围内拥有华北、华东、华南、西南、华中、东北和西北 7 大物流中心。自 2014 年京东“亚洲一号”全自动化仓库建成起，至今已有数十座“亚洲一号”遍布全国 20 余个省市，组成了亚洲规模最大的智能仓群。其中，昆山亚一整体园区面积 50 万平方米，足有 70 个足球场大，是全球规模最大的仓拣一体智能物流园区。其自动分拣中心拥有 80 多条自动分拣线，1 万个智能分拣机器人，分拣准确率达到 99.99%。在京东“618”期间，分拣中心全天 24 小时不间断作业，具备日均分拣超 450 万件包裹的能力。

物流仓储作业根据发展历程可划分为三个发展阶段：第一个阶段，仓储作业流程围绕人工进行，当今物流行业依然是以该模式为主；第二个阶段，实现了部分流程自动化，如京东 2014 年在上海建成的“亚洲一号”，只是在仓储作业过程中的一些关键环节应用了自动化旋转 360°的分拣机器人；第三个阶段，基于无人仓技术的作业模式，仓储的智能覆盖率达到 100%。

具体来说，无人仓技术主要由以下几个方面组成。

自动化立体库

自动化立体仓库系统是基于大数据、控制技术及计算机通信技术等发展起来的综合应用系统，是现代物流观念与现代计算机及自动控制技术相结合的产物，主要由货物、货架、穿梭车、输送系统和控制系统等部分所组成，使用立体仓库可实现高效、智能的自动存储、分拣等功能。

机器人

机器人作业是无人仓的最大特征，物流仓储依靠各种各样的机器人来支撑，如 AGV 搬运机器人、shuttle 货架穿梭车、DELTA 分拣机器人、六轴机器人等，这些机器人不分日夜地完成相关作业。入库、码垛、分拣等每一个环节都根据机器人的功能和特性进行了分工，务求实现高效率、高准确率。

输送系统

相对于自动化立体库和机器人系统等新兴技术，输送系统应用的历史更加悠久、更加广泛，技术也更加完善，其主要功能是把机器人、自动化立体库连接起来。无人仓扩展了原有的输送系统，借助自动检测、自动感知识别技术等，使输送系统更加有效地与机器人配合。在京东无人仓的输送系统中，还在输送线的末端、拣选机器人的前端安装了视觉检测工作站。

人工智能算法与自动感知识别技术

机器人在智能算法与自动感知识别技术的支持下获取所有商品、设备的信息，并加以采集和识别。同时，系统根据传送回来的信息生成决策和指令，机器人再根据这些决策和指令分别对货物的入库、上架、拣选、补货、出库等各个环节进行自动化作业。

京东无人仓使用机器设备替代人工，物流作业成本大幅降低，并且随着无人仓技术的成熟和广泛应用，企业成本也将得到有效降低，投资回报率不断提高。此外，无人仓践行了绿色物流理念，过度包装、纸箱破损等问题在京东无人仓作业中得到有效缓解，提高了纸箱、包装袋的利用率。

资料来源：郭纪廷．自动化立体仓库货位分配系统的分析与设计．电子科技大学硕士学位论文，2011；孙璨，梁沁，王姝婷．京东仓储智能化体系调查研究：以上海“亚洲一号”仓库为例．中国物流与采购，2017（18）；吴爱萍．无人仓技术的研究分析：以京东无人仓为例．电子商务，2018（10）；焦健．自动化立体仓库运行中 AGV 小车的应用研究．中国储运，2023（8）.

结合案例内容，试回答下列问题：

1. 京东无人仓是如何改造传统仓储过程的？

2. 你认为无人仓的优势体现在哪些方面？在实施中需关注哪些问题？

复习思考

1. 你对存货功能的认识是怎样的？

2. 在当前企业经营环境的不确定性越来越强的情况下，企业应如何致力于节约存货费用？

第 4 章　装卸搬运

现在平均每件商品在整个中国搬运 7 次，京东能降到 2 次，这才有巨大的社会价值。

——刘强东（京东商城创始人）

学习导航

- 掌握装卸搬运的概念。
- 掌握装卸搬运不同的分类方法。
- 了解装卸搬运合理化的途径。
- 了解常见的装卸搬运机械。

引例

沃尔玛配送中心的装卸搬运模式

沃尔玛是全世界零售业的龙头，其成功源于对市场的精确掌握和对商品的快速传递。在沃尔玛出色的物流配送系统中，配送中心扮演着十分重要的角色。位于班顿威尔的配送中心占地 81 万平方米，建筑面积 11 万平方米。配送中心室内净高 12.5 米，共有 264 个进货和发货用的汽车装卸口，各种传送带绵延数千米，24 小时连续作业。配送中心的货物从牙膏、卫生纸、玩具到电视机、自行车等应有尽有，且停留时间不会超过 48 小时。配送中心的主要任务是商品的进货、分装、储存和配送，能够为半径在 500 千米内的沃尔玛折扣店和购物广场提供服务。配送中心每年处理的商品达数亿件，而且 99%的订单都是正确无误的。由于配送中心任务的特殊性，沃尔玛的配送中心采用的是装卸分开、交叉配送模式，在提高商品配送效率的同时，又能够降低各方面成本，为沃尔玛的低价战略作出了极大的贡献。

配送中心的一端是卸货平台，可以同时停放 135 辆卡车；另一端是装货平台，可供 130 辆卡车同时装货。在卸货平台，运输卡车将从供应商那里购买的商品送至配送中心，通过卸货、传送带运送等流程，将商品放在不同货架的不同位置。在装货平台，货物经传送带运送、打包等流程后，由送货卡车运送到不同门店，其中60%的卡车在返回配送中心的途中会沿途运送购买的商品。在每辆卡车上沃尔玛都安装了GPS，以进行远程监控、路线规划、沟通调度。这种装货平台和卸货平台分开作业的模式，看似与装卸一起模式没有区别，但是其运作的效率却比装卸一起模式的效率高很多。一方面，这种分开作业的模式能够避免装卸一起模式所带来的混乱，一端只负责进货，另一端只负责出货，方便管理；另一方面，这种作业模式将进货和出货的卡车进行分流，能够避免装卸一起模式所带来的交通拥堵。这种大型的、集中的配送模式为公司节约了大量的物流成本。

配送中心表面上看是一个大型的仓库，但是概念上又与仓库有着本质的区别，区别在于配送中心不负责货物的存储，一般货物在配送中心停留的时间不会超过48小时。这样一来，一方面能够减少货物的停留时间、提高货物的周转率，另一方面能够增强商品的使用效果。货物在进出配送中心时采取交叉配送的作业方式，没有入（出）库的存储和分拣作业，在大幅度降低相关成本的同时，又能够加速货物的流通。同时，在配送中心，有800名员工24小时倒班进行货物的装卸、搬运和配送。沃尔玛在传送带上安装了不同颜色的信号灯，以表示商品的不同搬运状态，便于员工做出正确处理。

资料来源：王洲．浅谈现代工业建筑美学：深圳沃尔玛配送中心周转库建筑设计．现代物业（上旬刊），2012(3)；黄硕．国内连锁超市与沃尔玛的配送系统比较分析．企业导报，2014(13)；贾世伟．浅析沃尔玛物流配送信息系统对连锁超市发展的启示．商场现代化，2017(10)；陈阳，胡永铨．新零售环境下无边界企业的经营与管理：以沃尔玛公司为例．现代商业，2022(18).

在物流活动的全过程中，装卸搬运活动是频繁发生的，也是节约物流费用、获得较好的经济效益的重要环节。对装卸搬运的管理，旨在选择恰当的装卸搬运方法，使用合适的装卸搬运机械，促进装卸搬运的合理化。

第1节 装卸搬运合理化

一、装卸搬运的概念及地位

装卸（Loading and Unloading）指的是货物在同一场所内进行的以垂直移动为主的物流作业，搬运（Handling）则是指货物在同一场所内进行的以水平移动为主的物流作业。装卸搬运与运输的主要区别是，运输活动是指货物在不同物流节点之间的长距离的移动，而装卸搬运则是指货物在某一物流节点范围内进行的短距离的移动。

装卸搬运活动介于物流各环节，如运输与储存之间，将货物运动的各个阶段连接成连续的“流”，使“物流”这一概念名副其实。装卸搬运是物流各项活动中发生频率最高的作业活动，在整个物流过程中占用的时间很长，是影响物流速度和物流费用的关键因素之一。有关统计资料显示，我国铁路运输中的装卸作业费用占整个运输费用的 20%左右；我国机械工业每生产 1 吨产品，平均需要进行 252 吨次的装卸搬运，其费用占加工成本的 15.5%；美国与日本之间的远洋运输往返时间约为 25 天，其中运输时间约占 13 天，装卸搬运时间约占 12 天。

此外，由于装卸搬运活动频繁发生、作业繁多是导致货物损毁的重要原因之一，所以，提高装卸搬运的效率，将大大降低货物的损耗率。

二、装卸搬运的种类

按照不同的分类标准，可以将装卸搬运划分为不同的类型。

（一）按照作业对象进行分类

1. 单件作业法

单件作业法即逐件装卸搬运货物。在由人力完成装卸搬运任务的情况下，这种作业方法非常普遍。即便采用机械作业，长、大、粗笨货物的装卸搬运也采用单件作业法。

2. 集装作业法

集装作业法即将货物集零为整后再进行装卸搬运，包括集装箱作业法、托盘作业法、货捆作业法、网袋作业法、挂车作业法等。前两种方法在第 2 章中已经讨论过。所谓货捆作业法，是指用捆装工具将散件货物组合成一个单元再进行装卸搬运，木材、建材等的装卸搬运常采用这种作业法。网袋作业法则是指将各种单件货物装入用钢丝绳结成的网袋内，统一进行装卸搬运。挂车作业法是指先将货物装在挂车内，而后将挂车吊上或拖上铁路平板车的装卸搬运作业法。

3. 散装作业法

散装作业法是针对煤炭、矿石、粮食等块、粒、粉状散装货物的装卸搬运方法，通常包括重力作业法、倾翻作业法、气力输送法、机械作业法等。重力作业法是指将散装货物先行提升到一定的高度后，利用其本身的重力作用进行下一步的装卸搬运活动。倾翻作业法是指将运输工具，如铁路敞车、翻斗汽车的载货部分倾翻而卸出货物的方法。在管道运输中，所使用的是气力输送法。利用挖掘机、装船机、单斗或多斗装载机、带式输送机等装卸搬运散装货物，采用的就是机械作业法。

案　例

中粮粮油散装作业法

一般而言，建材、煤炭、矿石等大宗物资都采用散装作业法装卸。近些年来，随着作业量的逐渐增加，以及为了提高物流的装卸效率，水泥、化肥、谷物、食糖、原盐等也逐渐开始采用散装作业法装卸。通常情况下，散装作业需采用机械化方式，如利用各种挖掘机、铲车、输送机等机械进行装卸。

中粮粮油公司需要调运一批玉米，运输工具为自卸运输车，运输要求为装卸小组配合装载。装卸的大致流程如下：第一，装卸物流员接受任务；第二，装卸物流员选择装卸工人；第三，由装卸物流员和装卸工人利用仓库的带式运输机将仓库里的玉米直接装载到自卸运输车上；第四，任务完成。

一般情况下的散装作业程序如下：第一步，选择合适的设备。根据本公司的实际情况和装卸对象的性质，合理选择合适的设备。第二步，组装、调试和检查设备。为了使设备具有良好的工作状态，应对所选定的设备进行组装和调试。同时，为了检查不安全因素并将其及时消除，还应在组装、调试完设备后对整个场地、设备、设施进行综合检查。第三步，进行人员分工，并交代注意事项。明确工作任务后，需对参与作业的人员进行明确的分工，并交代和强调操作事项和安全事项，在这个过程中实行分工负责制。第四步，装卸作业。在装卸作业过程中，负责装卸的物流人员要对作业的操作和安全情况进行随时检查和监督，以及时发现并纠正问题。第五步，归还设备，清理现场，并进行总结和讲评。在装卸作业完成后，相关负责人员不仅要及时归还或者妥善保管所使用的设备，整理作业现场，而且要对整个装卸作业过程进行评估，目的在于批评和检讨作业过程中存在的问题，表扬和肯定作业过程作出的成绩，以不断优化整个作业流程。在以上操作流程中可能运用到的作业方法有重力作业法和倾翻作业法，尤其是前者。重力作业法可以用于卸车过程，如果使用的运输车为底开门车或者漏斗车，在卸车过程中运输车在高架线或者卸车坑道上自动开启车门，散装的玉米就可以依靠自身的重力，自行流出运输车。运输车的选择可以参照本章第 2 节的内容。

为保证员工可以按标准作业流程装卸货物，中粮粮油定期举办技术培训班，交流相关经验。同时，中粮粮油也将触角伸向国外，在乌克兰建立了最先进的中转码头，在传播先进技术的同时，也积累了宝贵的经验。

资料来源：于燕萍，王剑．物流装卸搬运实务．北京：北京师范大学出版社，2011；尹加斌，葛海波．大型粮油码头设备管理问题探讨．设备管理与维修，2012（S1）；中粮集团在乌克兰投资建成当地最先进粮油中转码头．粮食与饲料工业，2016（6）；中粮集团举办粮油仓储企业安全管理培训班．粮食流通技术，2013（3）.

（二）按照作业场所进行分类

按照作业场所进行分类，可以将装卸搬运分为仓库装卸搬运、铁路装卸搬运、港口装卸搬运、汽车装卸搬运、飞机装卸搬运等。仓库装卸搬运配合货物的出入库及维护保养活动进行，包括移位、堆垛、上架、取货等。铁路装卸搬运包括对火车车厢的装进与卸出以及在铁路货场内的装卸搬运活动。港口装卸搬运既包括码头前沿的装卸船作业，也包括后方支持性的装卸搬运活动，有些港口需要利用小船在码头和大船之间过驳，只有经过几次装卸搬运作业才能完成船舶与陆地之间的货物转移的过程。汽车装卸搬运能够实现“门对门”的运输，可以有效地减少装卸搬运的次数和距离，且一次性装卸搬运批量不大。为确保航空运输的高效率，对飞机装卸搬运的时限要求较高。

（三）按照作业特点进行分类

按照作业特点进行分类，可以将装卸搬运分为连续性装卸搬运与间歇性装卸搬运。前者的装卸搬运过程是连续不断的，中间不停顿，在装卸量大、装卸对象固定、货物不易形成大包装的情况下适于采取连续性装卸搬运方式。后者的装卸搬运过程中会出现停顿，主要适用于包装货物、大件货物，具有较强的机动性。

（四）按照作业手段进行分类

按照作业手段进行分类，可以将装卸搬运分为人工作业法、机械化作业法、综合机械化作业法和自动化作业法。

三、装卸搬运合理化的途径

（一）消除无效的装卸搬运

消除无效的装卸搬运不仅可以节省不必要的人力、物力消耗，而且可以减少货物的损耗。具体包括以下措施：

第一，实现装卸搬运次数的最小化。通过合理的设计，尽可能实现货物运输与装卸搬运的合理化，尽量减少二次装卸搬运和临时停放。

第二，提高装卸搬运的纯度。有些货物要在去除水分、杂质之后再进行搬运，货物的纯度越高，装卸搬运效率越高。

第三，包装适度。在有效保护货物质量的前提条件下，货物要避免过度包装，尽可能提高货物净重占装卸搬运毛重的比例。

（二）装卸搬运路线的合理化

装卸搬运路线的长短与作业效率直接相关，因此，应合理确定车辆的停放位置，确定货物的存放场所，设计出入库作业程序，以减少货物移动的距离，避免迂回装卸搬运。

（三）装卸搬运作业的文明化

野蛮装卸搬运容易造成货物的破损、丢失现象，同时对搬运机械、运输工具造成损伤，导致破损费用居高不下。因此，在装卸搬运过程中应提倡文明操作、科学运营，按照不同货物的要求及运输包装所提供的指示进行合理的作业，保证货物、设备的安全。

（四）提高装卸搬运的活性

装卸搬运的活性指的是货物的码放状态是否适合装卸搬运。不同的物品码放状态形成了不同的活性指数（见表 4－1），零散地放置在地面上的物品活性指数最低，而码放在传送带上的物品活性指数最高。在放置物品时一定要考虑装卸搬运的活性，以利于今后的装卸搬运活动。

表 4－1　装卸搬运的活性指数

物品码放状态	活性指数
零散地放置在地面上	0
放在箱内	1
装码在托盘、送货小车上	2
装载在台车上	3
码放在传送带上	4

（五）装卸搬运的省力化

在货物的装卸搬运过程中，应尽可能地利用货物本身的重量，消除重力的不利影响，以减轻劳动强度和能量的消耗。例如，从汽车或火车车厢卸货时，可以利用车厢与地面之间的高度差，使用溜槽、溜板之类的简单工具，依靠货物的自重，从高处自动滑到地面，达到省力的目的。

人力的负重行走要持续抵抗货物重力的影响，同时还要行进，因此会消耗大量的体力，此时，如果能够配合以简单的工具，如将货物放在台车上，货物的重力由台车承担，人们只要克服移动的阻力就行了，可以大大节省体力的消耗。

（六）装卸搬运的机械化

机械化不但能够完成人力所难以完成的超大、超重货物的装卸搬运作业，将人从繁重的体力劳动中解放出来，而且能够大幅度提高物流装卸搬运的效率，提高装卸搬运的经济效果，尤其对于危险品的装卸搬运而言，机械化能够保证人和货物的安全。根据不同的货物种类及数量，合理选择装卸搬运机械，有利于降低单位装卸搬运费用。随着科技的发展，在装卸搬运机械领域，自动分拣系统、无人仓、无人码头、无人配送车、物流机器人、智能快件箱等技术装备得到加快应用，高铁快运动车组、大型货运无人机、无人驾驶卡车等起步发展。①

（七）装卸搬运的集装化

集装化是实现装卸搬运合理化的重要途径，可以充分利用机械进行操作。在装卸搬运作业中，通过叉车与托盘的结合可以有效提高装卸搬运的效率、节约作业时间并提高作业的灵活性。同时，由于不直接接触及货物本身，可以达到保护货物的效果，防止货物缺失，数量的确认也变得更容易。例如，我国出口日本的金鱼缸和其他瓷器，按照传统方式进行装卸搬运的破损率高达50%，采用集装箱进行装卸搬运和运输后，破损率仅为0.5%。

第 2 节 装卸搬运机械

一、装卸搬运机械的选择依据

合理选择装卸搬运机械，有利于提高装卸搬运的效率，降低装卸搬运的费用，取得事半功倍的效果。通常而言，在选择装卸搬运机械时，需要考虑以下因素。

（一）货物特性及流量

装卸搬运机械的选择应考虑货物特性，例如，对于散装货物而言，利用带式输送机进行装卸搬运比较方便；对于托盘等包装货物而言，利用叉车进行装卸搬运比较合算。

俗话说，“杀鸡焉用宰牛刀”，为完成某项轻量级的装卸搬运任务而购买某种价格高昂的重量级机械设备显然是不合算的，在购买设备之前一定要确认设备能够得到充分的运用。例如，由于邮件周转量有限，我国一些邮区中心局的自动信函分拣机每天的有效工作时间只有一两个小时，其他时间都处于停机状态，造成很大的浪费。

（二）成本因素

装卸搬运机械的选择要考虑成本因素。在效率相同的情况下，应尽可能选择性能价格比优越、日常维护费用较低的设备。有些企业片面追求设备的先进性，而不考虑成本因

① 国务院办公厅关于印发“十四五”现代物流发展规划的通知．人民日报，2022-12-16.

素，造成效率低下。在选择设备时，不但要考察设备的一次性购置成本，还要考察设备的使用寿命、性能及日常维护费用。日常维护费用包括：操作及维修人员工资、燃料及动力费用、配件费用、润滑剂费用等。有些设备虽然购置成本不高，使用寿命也较长，但由于日常维护费用高昂，也不宜选择。

（三）设备之间的配套

企业为开展装卸搬运活动而选用的各种设备，应注意系统性原则，确保各种设备之间的有效衔接和配套，提高运行的综合效果。有些装卸搬运机械虽然独立运行的效率较高，但难以和其他设备进行有效的配套，也不宜选用。为了强化设备之间的配套，应尽量选择标准化的设备。

（四）工作环境

工作场所是露天还是室内，通道是否宽敞，是否存在对人体有害的污染及其他特殊要求，都关系到设备的选择。例如，在污染较严重的作业环境下，采用自动化的装卸搬运设备是有利的。

（五）设备的可操作性

有些设备的操作需要由经过复杂培训的专门人员来完成，而这些人员又是企业所缺乏的，引进也存在一定的困难，因而也不宜选择这类设备。

二、起重机

起重机是指主要用于升降货物的机械。主要包括以下基本类型：

（1）轻小起重机械，如电动葫芦起重机、绞车等，一般由人力操作。

（2）载货电梯及各种升降机。

（3）通用起重机，如桥式起重机、门式起重机、固定旋转式起重机、行动旋转式起重机（如汽车起重机）等。

（4）特种起重机，专门用于某些专业性的工作，结构较为复杂，如港口专用起重机、建筑专用起重机、冶金专用起重机等。

三、输送机

输送机是一种使货物能够在一定的线路上形成连续流动的机械。输送机被广泛运用于短距离的出入库运输，适合沿同一方向运送散料或重量不大的单件物品，它也是流水生产线和自动分拣机的基本组成部分。输送机的优点是：连续输送，操作简便，效率很高。其缺点是：不适合搬运不规则的物品，且只能沿固定路线进行单向输送。

常见的输送机有辊道输送机、带式输送机、悬挂式输送机等。辊道输送机由一系列排列规则的辊子组成，用以输送包装成件的货物或托盘。辊道既可以由电力驱动，也可以由人工推动。在由人工推动时，最好有一定的倾斜度，以便充分利用重力的作用。带式输送机的皮带用以输送物料或零部件。悬挂式输送机运送的物品悬挂在输送机的各种附件上，如钩盘、斗、桶，适于运送各种尺寸的货物，运送货物的种类较为广泛。

四、叉车

叉车又名铲车，是应用广泛、操作灵活的装卸搬运机械，在仓库、码头、车站、工厂车间等场所的使用非常普遍。叉车具有一对水平伸出的货叉，该货叉可以上下移动。通过叉车的运动和货叉的升降，可以将货物的水平移动和垂直升降有效地结合起来。叉车造价不高，性能可靠，但轮压较高，对场地的承载力要求较高。同时，作业时回转半径较大，需要较大的作业场地。

按照其使用的动力不同，叉车可以分为电瓶式叉车和内燃机式叉车。电瓶式叉车依靠蓄电池提供能量，由电动机驱动；内燃机式叉车依靠内燃机提供动力，又可以分为依靠汽油、柴油和石油液化气提供动力的叉车。

按照其结构的不同，叉车可以分为平衡重式叉车、前移式叉车、侧面式叉车等。平衡重式叉车的货叉在叉车的前方，为使货叉载货后整个车辆能保持平衡，车体后部专门装有平衡重块，这种叉车的使用范围最广；前移式叉车在货叉将货物举升到高出前支腿的高度时，货叉带着货物与门架一起后退，使货物的重心后移，待车辆的稳定性提高后再进行装卸搬运，这种叉车虽然稳定性较好，但结构较为复杂；侧面式叉车的门架、货叉及升降机构都在叉车的侧面，其行驶稳定性好，驾驶员的视野也较好。

五、自动导引车

自动导引车（Automated Guided Vehicle，AGV）又称无人搬运车，是在电磁或光学等导引装置的引导下，按照预定的线路行走，在无人操作的情况下实施装卸搬运任务的车辆。自动导引车拥有控制与通信系统、自动导向系统、动力系统、安全系统。

自动导引车通过采用无线通信的方式与主控计算机交换信息，接受主控计算机的集中控制。由于装有自动导向系统，自动导引车在没有人工引航的情况下，就能够沿预定的路线自动行驶，将货物从起始点运送到目的地。它由电机驱动，以蓄电池作为动力源，拥有电源状况自动报告机制，在电源耗尽之前由主控计算机指定到维修区充电或更换电源。自动导引车前面设有红外光非接触式防碰传感器和接触式防碰传感器（保险杠），当非接触式防碰传感器在预定范围内检测到障碍物时，自动导引车会立即刹车；如果非接触式防碰传感器没有检测到障碍物，保险杠在感受到一定压力之后，会立即报警，自动导引车也会立即刹车。

自动导引车在装卸搬运中的优点是：第一，自动化程度高，可以节省大量的劳动成本支出。在钢铁厂，自动导引车用于炉料运送，大大减轻了工人的劳动强度。第二，适合在噪声、空气污染、放射性元素等对人体构成极大威胁的环境下作业。在核电站和利用核辐射进行保鲜储存的场所，自动导引车用于运送物品，避免了辐射对人体的伤害。第三，适合黑暗场所的作业。在胶卷和胶片仓库，自动导引车可以在黑暗的环境下准确可靠地运送物料和半成品。第四，有利于保持货物的清洁。

六、自动分拣机

自动分拣机指的是按照预先设定的计算机指令对物品进行分拣，并将分拣出的物品送达指定位置的机械。随着激光扫描、条形码及计算机控制技术等的发展，自动分拣机在物流中的使用日益普遍。在邮政部门，自动信函分拣机以及自动包裹分拣机已使用多年。

被拣物品经由各种方式，如人工搬运、机械搬运、自动化搬运等送入分拣系统，经合流后汇集到一条输送机上。物品接受激光扫描器对其条形码的扫描，或通过其他自动识别方式，如光学文字读取装置、声音识别输入装置等方式将分拣信息输入计算机中央控制器中。计算机通过将所获得的物品信息与预先设定的信息进行比较，将不同的被拣物品送到特定的分拣道口位置上，完成物品的分拣工作。分拣道口可暂时存放未被取走的物品，当分拣道口满载时，由光电管控制，阻止分拣物品再进入分拣道口。

在面对多品种、少批量的订货时，自动分拣机可以发挥巨大的作用。近些年来，随着连锁超市和便利店的迅速发展，拣货、拆零作业的劳动力已占配送中心劳动力的 80%。通过采用自动分拣机，只要将各门店的订单输入计算机，存放各种商品的货位的指示灯和品种显示器会立刻显示出所需商品的具体位置及数量，作业人员便可从货架上取出商品，放入带式输送机上的周转箱内，直接送达自动分拣机进行配货，可以大幅度提高装卸搬运作业的效率，减轻作业强度，差错率也大为下降。

七、其他装卸搬运机械

（一）机器人

机器人是一种能实现自动定位控制、可重复编程、多功能、多自由度的操作机械。20 世纪 80 年代以来，机器人代替人工被广泛应用于自动化工业中。在装卸搬运中，机器人主要用于货物分类、成组载荷。在高噪声、冷藏库等对人体不利的环境下，机器人能够发挥人工所无法发挥的作用。

（二）牵引车及挂车

牵引车本身没有承载能力，用于提供动力。而挂车本身没有动力装置，仅用于装载货物，需要由牵引车拖带才能移动。装载货物的若干挂车连成一列后，由牵引车拖带，完成移动货物的任务。这种装卸搬运机械的特点是机动灵活，挂车数量可以自由决定、任意组合，但需要大量人员的参与。在货物周转量较大的场所，如车站、码头、大型配送中心等，牵引车和挂车的使用较为普遍。

（三）活动货架

活动货架又叫重力移动式货架，其每层货格都装有辊子，有一定的倾斜度，后部高于前部，货物从后部装入，从前部取出。当货物取出后，在重力的作用下，货物自动从后部向前部移动，实现装卸搬运的目的。活动货架有助于确保货物的先进先出，避免货物出现过期变质的现象。活动货架在配送中心、大型仓储式超市中的使用很普遍。

（四）人工装卸搬运机械

人工装卸搬运机械种类繁多，如手推车、手动托盘搬运车、手动叉车等，具有操作灵活、使用轻便等特点，用途较广泛。

本章小结

本章介绍了装卸搬运的概念及装卸搬运在物流活动中的地位，按照作业对象、作业场所、作业特点、作业手段对装卸搬运进行了分类，探讨了实现装卸搬运合理化的具体途径。在对装卸搬运机械的选择依据进行分析的基础上，对起重机、输送机、叉车、自动导引车、自动分拣机、机器人、牵引车及挂车、活动货架、人工装卸搬运机械等逐一作了简要的介绍。

课后案例讨论

联华超市物流中心装卸搬运系统

联华超市创建于1991年5月，是上海首家以发展连锁经营为特色的超市公司。目前联华超市已成为中国最大的商业零售企业，形成了大型综合超市（大卖场）、超级市场、便利店等多元业态联动互补的竞争优势。截至2022年，联华超市共有门店3 352家，遍布全国29个省份及直辖市，营业额达135.85亿元。联华超市的高速发展与其高效便捷的物流配送中心是分不开的。

联华超市的便利物流中心于2002年4月30日正式启用，由日本株式会社冈村制作所设计并制造。该物流中心的总面积为8 000平方米，由4层楼的复式结构组成。物流中心的库存商品可达10万箱（2 200种），库存商品的周转速度为3.5天，可配送800多家门店，每天最多配送450家门店，全年24小时运行。物流中心的流水线具有较高的技术含量和较强的分拣能力，每天拆零商品可达3万箱，单店商品拆零配置时间在2分钟以内，拆零差错率在万分之一以下。

物流中心为了实现货物的装卸和搬运，设置了3个进货口，货架为3层结构。配置的主要装卸搬运设备有：2辆垂直升降机、5辆辊道输送机、8辆电动叉车、12台无线手持终端、20辆手动托盘搬运车、23辆配送车辆、1 000辆笼车、2 400套数字拣选设备、4 000个塑料周转箱和5 000个塑料托盘。物流中心每天的最大出货量可达1 800笼车，平均每笼车16箱～17箱，即每天30 000箱左右。分拣方式采用DPS拣选方式，每层分17个区域进行拣选，共有2 400个拣选点。其中，每个拣选点配有一个数码显示器，每个显示器有3种以上的拣选功能。便利物流中心先进而实用的装卸搬运系统不仅提高了联华超市物流的运作能力和效率，还为其便利店的发展提供了强大的支持。

物流中心货物的装卸搬运流程如下：货物从货车上卸下来后，会被装在托盘上，然后由手动叉车将其搬运至入库运载处，随着入库运载装置的上升，货物被送上入库输送带。托盘在经过升降机平台时，当接到向第1层搬送的指示后便不再需要上下搬运，货物会被直接从当前的位置由第1层的入库输送带自动分配到第1层入库区等待入库；当接到向第2层～第4层搬送的指示后，货物会被升降机自动传输至所需楼层。在升降机到达指定的楼层后，货物会被每层的入库输送带搬送至入库区。入库过程则是在货物下平台时，由叉车从输送带上取下托盘，然后完成入库。出库时，货物的拣选和配货则是完全根据订单进行，完成拣选过程后的出库货物会由笼车装载，通过各层的笼车垂直输送机送至一层的出货区，在装入相应的运输车上后完成出货过程。

资料来源：王玉．联华江桥物流中心：全温带多业态共同配送典范．物流技术与应用，2017（10）；联华超市股份有限公司2023年中期业绩报告．联华超市公司官网．

结合案例内容，试回答下列问题：

1. 联华超市物流中心装卸搬运系统装卸搬运作业的具体内容是什么？该系统是如何实现装卸搬运作业的？

2. 联华超市物流中心的装卸搬运系统设计对各平台间的搬送自动化作了哪些方面的考虑？

3. 你认为联华超市物流中心的装卸搬运系统有改进的余地吗？如果有，你认为应该如何改进？

复习思考

1. 如果你是某家食品生产企业的物流经理，你会采取哪些措施来提高企业的装卸搬运效率？

2. 对于企业而言，在选择装卸搬运机械时，应考虑哪些因素？在这些因素中，你认为最重要的因素是什么？

第5章　配送

电商的发展需要物流配送网络的建设。

——董明伦（Doug McMillon，沃尔玛国际业务总裁兼CEO）

学习导航

- ◆ 掌握配送的概念及特点。
- ◆ 熟知配送的类型。
- ◆ 掌握配送中心的概念与功能。
- ◆ 熟知配送中心的类型。
- ◆ 了解配送中心设计的基本内容。
- ◆ 掌握配送优化的具体措施。

引例

德邦物流：中国零担物流配送的领头羊

创始于1996年的德邦物流从航空货运起家，是国家“AAAAA”级物流企业，主营国内公路运输业务。截至2022年，公司已开设直营网点5 901个，服务网络遍布全国34个省份，分拨中心总面积232万平方米，员工人数71 773名。

德邦被称为中国零担物流配送的领头羊。所谓零担物流，指的是当一批货物的重量或容积不满一辆货车时，可与其他几批甚至上百批货物共用一辆货车装运，即零担货物运输。从模式上看，零担物流是仓到仓，服务对象以企业客户为主，在城市中设置货物集散点，客户将货物送往集散地待发货，收货也要自行到收货地领取。快递则实行门到门服务，且以小件货物为主，服务对象以个人为主。随着互联网及物流产业的不断发展，德邦于2012年取得快递业务经营资格，开始涉足电商配送领域，这意味着德邦从B2B向B2C延伸，向综合物流、供应链提供商转型。

德邦物流实行全流程精细化管理，对客户的要求力求100%满足。作业流程标准化、客户服务人性化，以及极致的细节管理、高效的执行力、完备的人才梯度培养模式，构建了德邦的核心竞争优势。具体来说，表现在以下方面。

自买车辆，培训司机

运输车队对零担物流企业来说是非常重要的资源。在很多企业看来，运输车队是企业的负担，即会给企业带来很大的成本负担，所以大多数企业一般都选择将运输车辆挂靠在社会车辆上或者采取运输车辆外包的方式。而德邦则恰好相反，把车队看成自身的竞争力所在。因此，德邦致力于建立自己的运输车队。

车辆外包虽然能为企业节省一些成本，但也存在很多弊端，最明显的是车队的管理问题。如果司机不服从管理，则无法满足运输的有效、精确、快捷等服务要求，也势必会对物流企业的服务质量产生不利的影响。此外，车辆挂靠或者外包也违背了管理上的统一领导、权责对等、个人服从集体等诸多原则，会产生管理混乱、权责不清等问题。运输是物流企业的命脉，无法管理好企业的运输，就无法确立企业的竞争优势。

而德邦自建车队，则可以避免权责不清、管理混乱的问题。在这种管理模式下，作为德邦员工的司机，就必须服从公司的统一管理，因为司机的利益与公司的利益密切相关。自建车队也能方便公司对整个物流服务过程的控制。作为公司的重要资产，车队还能提升公司的品牌形象。

自建营业网点

大部分的物流企业都是采用加盟连锁的方式来建立自己的营业网点，因为这样可以减少资金投入，减少财务风险。而德邦则是采取自建营业网点的方式来实现拓展，其建设模式是逐步设点、不加盟、不合作、不兼并，进行自我管理，打造自己的服务流水线。德邦的这些网点均实行统一的服务标准及统一的公司形象，实现物流全过程的自我控制。

此外，德邦采取的直营方式有另外一个好处，那就是能避免各自为政、相互竞争、自负盈亏的发展弊端。而且直营的各个地区的经理的绩效与工资挂钩，能很好地激励员工的工作积极性，提升德邦的物流服务质量，打造品牌。

完善的人才培养机制

德邦建立了自己的两极人才培养机制：一是大力培养高素质的管理型人才，为公司的发展提供优质的人才资源；二是实施蓝领人才的保留计划，即对基层员工进行培养。在这个“二元文化”的人才培养机制下，真正实现不同层次员工的融合，为公司的发展提供人才支持。

对于高素质管理型人才的培养，德邦主要是采取招聘应届毕业生，从头培养的方式。这与大部分企业看重有经验的人才不同，德邦看重人才的学习能力和发展空间，只要符合要求，公司便会大力培养，为公司未来的管理层储备人才。对于这些大学生的管理，德邦非常善于用企业文化来影响他们，使他们成为真正的德邦人。

蓝领人才的保留计划也是德邦非常看重的一个部分。蓝领人才对企业的发展起着非常重要的作用，蓝领人才对工作强度非常敏感。为解决这个问题，德邦采取信息化手段来提高生产效率，降低劳动强度，同时增加员工的福利，使员工真正感受到公司对他们的关怀。同时，公司也有专门针对非文职人员的职业培养计划，对工作中的具体问题及时给予解决。这些措施有效地减少了蓝领人才的离职率。

资料来源：关雪菁．德邦暗渡陈仓．中国企业家，2013（22）；曹飞雪．德邦物流公司发展战略研究．哈尔滨理工大学硕士学位论文，2017；张小桃．基于共享经济的零担物流网点发展研究．环渤海经济瞭望，2020（1）．

配送的出现是现代社会化大分工的产物，有助于满足客户多品种、小批量、高频率的订货需求，使物流服务更加贴近市场，更加贴近消费者。合理地进行配送中心的选址与规划，组织配货作业，开展车辆配装，设计配送路线，有助于提高配送作业效率，降低配送费用。国务院办公厅印发的《"十四五"现代物流发展规划》提出，"十四五"期间应实现促进商贸物流提档升级、完善城乡商贸物流设施的目标。为此，一方面，需要优化以综合物流园区、专业配送中心、末端配送网点为支撑的商贸物流设施网络；另一方面，需要结合老旧小区、老旧厂区、老旧街区和城中村改造以及新城新区建设，新建和改造升级一批集运输、仓储、加工、包装、分拨等功能于一体的公共配送中心。

第 1 节　配送的概念及类型

一、配送的概念及特点

所谓配送（Delivery or Distribution），是指按照客户对货物品种、数量的要求，对货物进行拣选、组配等作业，并按照客户所要求的时间将配好的货物送达客户的物流活动。

与运输相比较而言，配送具有以下特点（见表 5－1）：

第一，从货物的移动距离来看，运输的距离较长，而配送的距离较短。虽然二者都包括"运"的环节，但运输所指的是干线运输，主要针对不同区域（城市）之间的货物移动而言；而配送则位于物流系统的末端，具有支线运输、二次运输和末端运输的特点，主要针对同一区域（城市）内的货物移动而言。

第二，从服务功能来看，除了"送"的功能外，配送还具有"配"的功能，将"配"与"送"有机地结合在一起，能够根据不同客户的个性化需求进行配货服务，这种功能是运输所不具备的。

第三，从交通工具来看，运输涉及铁路、水运、公路、航空、管道等多种运输方式，使用多种交通工具，而配送强调的是"门对门"的服务，只涉及公路运输，主要采用汽车作为交通工具。

第四，从货物特性来看，运输主要针对的是少品种、大批量的货物，而配送主要针对的是多品种、小批量的货物，以满足客户多样化、个性化的需求。

第五，从价值取向来看，运输主要强调效率优先，即尽可能降低货物转移的单位运输费用，而配送强调的是服务优先，配送的品种、数量、时间都必须严格按照客户的要求进行，以客户满意为最高目标。

表 5-1 配送与运输的比较

比较项目	配送	运输
货物的移动距离	局限在同一区域（城市）内，距离较短，属于支线运输、二次运输和末端运输	来往于不同区域（城市）之间，距离较长，属于干线运输
服务功能	“配”与“送”的结合	纯粹是“送”
交通工具	只涉及公路运输，主要以汽车作为交通工具	使用多种交通工具
货物特性	主要针对的是多品种、小批量的货物	主要针对的是少品种、大批量的货物
价值取向	服务优先	效率优先

随着卖方市场向买方市场的转变，企业之间为了有效地开展竞争，推出了各种各样的促销手段，送货便是其中一种重要的促销手段。尤其是随着超级市场、便民店的发展，配送的用武之地越来越大。这些零售店大多选址于居民区，为满足顾客的多样化需求，所经营的商品种类很多，但每种商品的数量较少，为了降低经营成本，要求有强有力的配送服务作为后盾，以减少库存资金占压。

二、配送的类型

按照不同的分类标准，可以将配送划分为不同的类型。

（一）按照配送主体进行分类

1. 生产企业配送

生产企业配送即以生产企业的成品库或设在各地的配送中心为据点，由生产企业自己组织的配送活动。在以下一些条件下，生产企业配送经常得到采用：第一，产品的产销量非常大；第二，产品的销售地较为集中，地产地销的消费资料企业（如一些地方性的啤酒企业）以及客户相对集中的生产资料供应商就经常自己组织配送；第三，产品的保质期非常短，如许多酸奶生产企业就建立了自己的配送车队，直接向各大零售网点供货。

采用生产企业配送的方式，由于减少了货物的中转环节，可以缩短物流时间，提高物流速度，物流费用也相应减少。但这种配送方式必须以一定的规模经济性为前提，即生产企业应确保由自己组织配送具有较大的规模经济性。

2. 分销商配送

许多产品的生产具有很强的集中生产、分散消费的特点，在实现生产的规模经济性的同时，可将产品的市场拓展到全国乃至全世界。为了不断扩充自己的市场，许多生产企业在各地发展了自己的产品地方代理，作为自己的分销商，并委托这些分销商实施对零售网点的配送任务。

分销商配送有助于将商流与物流有机地结合在一起，提高对零售网点的服务水平，同时，可以让生产企业集中精力搞好产品的生产与研发工作。分销商配送的不足之处在于，一些地区由于市场规模的限制，使得分销商配送的经济性较差。

3. 连锁店集中配送

统一采购、集中配送、分散销售是连锁店的基本特点，建立自己的配送中心、强化集中配送的能力是连锁店提高竞争力的重要途径。尤其是当连锁店在某一地区建立的门店较为密集时，集中配送具有很大的竞争优势，有助于集成采购批量、降低采购成本、节约配送费用，而且可以使各门店的商品存货降到很低的水平，乃至实现零库存。同时，由连锁店总部的配送中心进行集中配送，也使配送服务质量具有很强的可控性。

当然，如果连锁店各门店很分散，则自己组织配送的经济性就会大打折扣，委托社会配送中心进行配送更为经济、合理。

4. 社会配送中心配送

随着社会分工的发展，逐渐出现了专门从事商品配送服务的配送中心。配送中心的设施及工艺流程是根据配送需要专门设计的，所以配送能力强，配送距离远，配送品种多，配送数量大。由于为众多的企业、众多的产品提供配送服务，社会配送中心能够实现较强的规模经济性。

对于生产企业或流通企业而言，选择这种配送方式可以避免自己在配送方面的大量投资，也具有较强的经济性。但由社会配送中心配送，其可控性往往比自己配送要差一些，因此，选择重合同、守信用的社会配送中心对于确保企业配送的服务质量就显得至关重要了。

（二）按照配送时间和数量进行分类

1. 定时配送

定时配送是指按照规定的时间进行货物配送。定时配送的时间间隔可长可短，可以是数天，也可以是几个小时。定时配送的品种和数量一般在配送前通过电话、传真或计算机网络等方式确定。

定时配送由于时间固定，便于制订配送计划，安排配送车辆及送货人员，也便于安排接货人员及设备。但如果配送订单下达较晚，在配送品种和数量变化较大时，配货时间很短，会给配货工作造成较大的难度，也容易出错。

日配（当日配送）是定时配送中较常见的一种方式。一般来说，如果是上午下达的订单，当天下午可送达；如果是下午下达的订单，第二天上午可送达。日配的开展可以使客户维持较低的库存，甚至实现零库存。日配特别适合主营生鲜食品及商品周转快、缺乏仓储场地或特定设备（如冷冻设备）的小型零售商。牛奶生产厂商大多采用日配方式。

案　例

三元牛奶的“鲜”速度

对于鲜牛奶生产厂商来说，产品的配送极其重要。一般乳制品厂家都有自己的配送车，直接将产品送至各个销售点。距离厂址远一点的地方就会有经销商，厂商将产品运至经销商后再由经销商派车分送到当地的销售点。如何保证牛奶的配送速度是日配厂商经常面临的问题。三元在配送能力提升方面也经历了一个曲折的过程。

三元是北京一家老牌牛奶生产企业，日处理鲜奶 1 800 吨左右，产品涵盖牛奶、酸奶、干酪等 150 余种。2022 年，销售收入达 80.03 亿元。在这一系列成长的背后，是三元在物流等各方面的积极改进。

三元的信息化进程其实是非常早的，可以追溯到 20 世纪 90 年代末。最开始的时候是从信息数据管理方面入手的，三元选择了在此方面具备一定优势的利玛软件。

对于三元这样的日配企业来说，速度就是效益，能在最短的时间里保质保量地将产品运送到销售点是其销售的重要保障。从接受订单开始到生产，再到最终出货并送达用户，都必须在当天完成。如此高的速度要求，需要非常大的投入来应对。客户的订单像雪片一样送到运营中心，客户经理负责将客户的订单派送到各分销部门，但分销部门无法与生产者共享订单的信息，生产者只能预估生产。这会导致一个比较大的问题，如果到达库区的产品无法满足订单需求的话，就会有客户无法拿到产品。这对公司的销售是一个极大的损害，会丧失客户的信赖。面对这个问题，建设顺畅高效的物流体系，成为三元管理者对信息化系统的迫切要求之一。

2005 年 10 月，三元引入了神舟数码易拓 ERP 系统，在三元华冠生产厂上线，与此同时组建了数据信息中心。数据信息中心的主要任务就是负责将采购、车间耗用、成品入库等从订单到产品出库的各个环节的信息进行录入、汇总。这样就能保证在一天的时间里完成订单的响应，同时能直接向财务部汇总报表。

新系统有着极大的优势，能够确保公司的配送效率得到大幅度提高。可以根据数据进行直接配货，还能将生产和销售的信息沟通进行无缝对接。这样生产厂商就能够随时了解订货情况，包括订货的数量和品种等。物流方面什么时间提货，拿什么样的货，所有这些都可以信息共享，前端生产和后端物流都能有序进行。这就避免了生产和销售的不匹配问题，就不会出现客户拿不到牛奶的现象了。有了新系统，三元的日生产量较之前有了成倍的增长。

促销对增加销售有很大的影响，三元采取多种模式进行促销管理。三元经常采用的促销模式有 A 赠 A、A 赠 B+C、分量促销、赠品随货同行、赠品后行等。有了新系统的支持，可以快速准确地实现促销。员工把各种促销模式的具体要求输入系统中，就能将各种促销品准确、快速地配送到一线零售商处，零售商的销售效率也得到了提高，这使得公司的生产与市场需求联系得更加紧密。

除了有效提高配送效率，信息系统还可以帮助三元有效地规避风险，如可以制定新的订货规则，使客户按照产品的生产周期订货。两天生产周期的乳品，可以接受客户提前两天订货。对客户而言，提前订货可以百分之百地保证货源；对于三元，这则意味着库存管理应更加完善。三元对于信息化的投入，为其配送能力的提高提供了极大支持。

对于三元来说，其“鲜”供应链讲求的就是一个“快”字，只有加快配送速度，牛奶才能保证新鲜，这也是其近年销售额大幅增长的关键所在。在销售端，只有把面对消费者的那一个环节做好，才能在消费者心中树立良好的形象，才能有竞争优势。

资料来源：三元牛奶的“鲜”速度．全球品牌网，2010-09-24；钮立平．打造中国放心奶：北京三元食品股份有限公司生产优质牛奶经验．中国乳业，2011（8）；三元食品股份有限公司 2022 年年报．三元公司官网．

---

2. 定量配送

定量配送是指在一定的时间范围内，按照规定的品种和数量进行货物配送。这一配送方式由于每次配送的品种和数量都是固定的，因此，不但可以实现提前配货，而且可以按托盘、集装箱及车辆的装载能力有效地提高配送效率，降低配送费用。同时，每次接货的品种和数量也是固定的，有利于提前准备好接货所需的人力、设备。

但定量配送方式较容易与客户对货物的实际需求脱节，既可能造成缺货损失的现象，也可能由于货物库存过大而造成仓位紧张的现象。

3. 定时定量配送

定时定量配送是上述两种配送方式的综合，即按照规定的时间、规定的品种和数量进行货物配送。这种配送方式的计划性很强，但适合的客户对象较少，要求客户对象的货物需求具有非常稳定的特点。

4. 定时定路线配送

定时定路线配送是指在规定的运行路线上按照所要求的运行时间表进行货物配送。邮政部门的普通邮件投递就是采用的这种配送方式。

当客户相对较为集中时，经常采用这种配送方式。定时定路线配送有利于安排配送车辆及人员。对客户而言，有利于安排接货力量，但一般配送的品种、数量不宜太多。

5. 即时配送

所谓即时配送，是指完全根据客户提出的品种、数量、时间要求提供的一种随要随送的配送方式。由于这种配送方式对时限的要求很高，因此对配送组织者也提出了较高的要求。对于客户而言，它具有很强的灵活性，可以使客户实现安全存货的零库存。随着准时制生产的发展而出现的准时制配送也属于这种即时配送，准时制配送真正实现了按照实际需要的品种和数量进行配送，具有很高的效率，使生产企业的原材料或零部件真正实现了零库存。

（三）按照配送专业化程度进行分类

1. 专业化配送

专业化配送是指专门针对某一类或几类货物的配送方式，如图书配送、鲜奶配送等。专业化配送有利于发挥专业化分工的优势，按照不同配送货物的特殊要求优化配送设施、配送车辆，提高配送的效率，确保配送货物的品质。如鲜奶配送要求配备相应的冷藏设备和冷藏车辆。对于客户而言，专业化配送的好处在于配送服务质量有保障，费用也较低，但需要和多家配送组织者打交道，比较麻烦。

2. 综合化配送

综合化配送是指同时针对多种类型的货物的配送方式。综合化配送使客户只要与少数配送组织者打交道就可以满足对众多货物的需要，可以简化相应的手续。但当不同产品的性能、形状差别很大时，配送组织者的作业难度较大。

第 2 节 配送中心

一、配送中心的概念与功能

配送中心（Distribution Center）是指从各种供货渠道接收货物，经过倒装、分类、仓储或流通加工等作业，然后根据客户的订货要求，将货物配齐、装车并送达客户指定的地点的物流节点。

配送中心的作用是非常明显的，有配送中心和没有配送中心的厂商在配送次数上的差别是非常大的（如图 5－1 所示）。

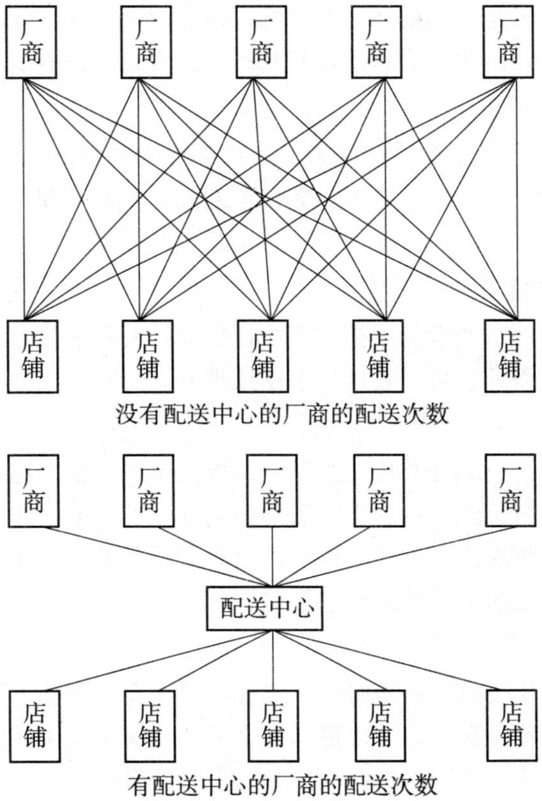

图 5－1　配送中心对配送次数的影响

一般而言，功能较为健全的配送中心通常包括采购备货、仓储、包装加工、订单受理、配货以及送货的功能（如图 5－2 所示）。

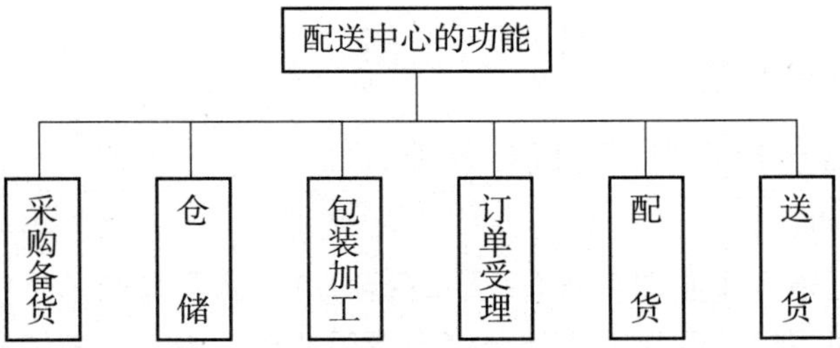

图 5－2　配送中心的功能

（一）采购备货功能

为了满足配送货物品种及数量的需要，配送中心需要从生产厂家及其分销商采购大量的货物，并通过运输系统将这些货物调运过来。配送中心的优势之一就是可以集中众多客户的需求进行一定规模的采购，从而降低备货成本，提高配送效益。

（二）仓储功能

为了正常地开展业务，防止缺货，配送中心需要储备一定数量的货物。由于不同货物的特性及订货提前期不同，因此仓储的数量也不同。一般而言，本地生产的货物存储数量较少，而外地生产（尤其是外国生产）的货物因运输周期较长，所以存储数量较多。保质期短的生鲜产品存储数量较少，而保质期较长的冷冻食品存储数量可以相对多一些。

（三）包装加工功能

以生活资料零售企业为服务对象的配送中心需要从事贴标签、成品组装、服装熨烫、净菜加工、包装等活动。以生产企业为服务对象的配送中心需要从事板材裁剪、木材加工等活动。

（四）订单受理功能

配送中心的订单受理功能涉及由接到客户订货开始到着手配货之间的作业阶段，包括有关客户、订单的资料确认、订单查询、单据处理等。

（五）配货功能

由于不同的客户在订货品种和订货数量上的要求千差万别，因而需要根据不同客户订单的不同要求对货物进行拣选，挑选出所需要的商品，并将不同客户所需要的货物进行有效的组合包装，依据送货次序在配送车辆上进行有效的码放。为了满足多品种、小批量的需要，在配货时，将大包装拆箱改成小包装是一项重要的活动。

（六）送货功能

配送中心按照客户所要求的送货时间，将客户所需要的货物送达客户指定的地点。配送中心可以利用自备运输工具，也可以借助社会专业物流企业来完成送货任务。

通过对配送中心主要功能的分析，我们可以清楚地看到它与传统仓库的区别。与传统仓库单纯侧重于仓储功能不同，配送中心的物流功能比较全面。正因为配送中心具有较为全面的物流功能，因此，在实际运作过程中，很多人往往将配送中心与物流中心（Logistics Center）等同起来。严格来讲，物流中心包括干线运输功能，且规模一般比较大；配送中心不包括干线运输功能，规模可大可小。

二、配送中心的类型

（一）按照配送中心的所有权进行分类

1. 自有配送中心

自有配送中心是指由企业拥有所有权、直接服务于企业自己的生产经营活动的配送中心。具体包括生产商下属的配送中心、分销商下属的配送中心、零售商下属的配送中心。

自有配送中心的优点在于：可以使配送活动更好地服务于企业生产经营的需要，配送服务质量较有保障。其不足之处在于：建设配送中心需要企业投入大量的资金用于基本建设、购买设备，同时容易出现配送中心场地和设备利用不饱和的情况。

2. 共同配送中心

共同配送中心是指由两家或两家以上的企业共同投资建立的、服务于这些企业的生产经营活动的配送中心。共同配送是追求配送合理化的结果，可以解决诸如车辆装载效率低下、由于资金短缺而无法单独建立配送中心、配送中心设施利用效率低下等问题，有效地在多个企业之间分摊配送费用，提高配送的经济效益，使所有的企业都受益。

当然，共同配送需要满足一定的条件。参与共同配送的企业的目标客户应在地理位置上较为接近，便于合理设计配送路线。同时，这些企业所生产经营的产品不能构成直接的竞争关系，企业之间的关系较为和谐。

3. 社会配送中心

社会配送中心是指通过为社会上的各类企业提供专门的配送服务而实现营利目的的企业。社会配送中心的出现是社会化大分工的产物。为了提高运营效率，一些自有配送中心也开始向社会配送中心发展，在满足企业自身配送业务需要的同时，通过为其他企业提供服务而提高配送中心的利用率，使配送中心实现可持续发展。社会配送中心的运作方式如图 5-3 所示。

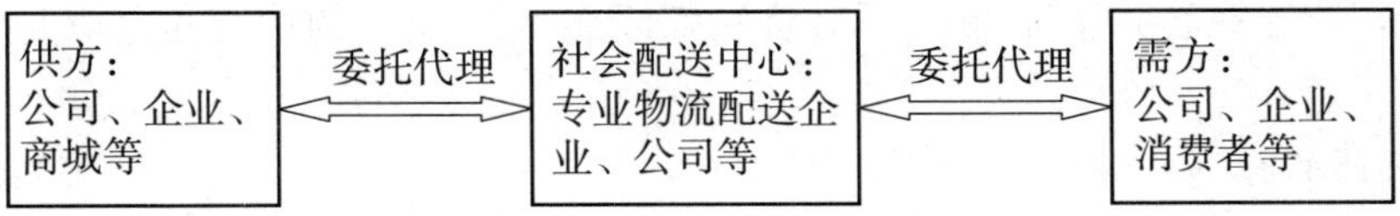

图 5-3　社会配送中心的运作方式

（二）按照配送中心的功能进行分类

尽管配送中心的功能较为全面，而且都以配货、送货作为其核心业务环节，但由于它们各自所侧重的功能不同，因而可以划分为以下几个不同的类型。

1. 流转型配送中心

流转型配送中心基本上不具备长期仓储功能，仅以暂时存放或随进随出的方式进行配货、送货。货物流经配送中心的目的在于：将大批量的货物分解为小批量的货物，满足多品种、小批量的订货要求。这种配送中心的仓储区域面积很小，甚至不设仓储区域，而分拣、配货区域的面积很大。在许多情况下，货物进入配送中心之后，直接送到分拣、配货区域。

2. 存储型配送中心

存储型配送中心具有极强的仓储功能，大量采购的货物存放于此，通过配送中心的集中存货，满足各个工厂或店铺对货物的需求，使得各工厂或店铺不再保有存货。

3. 加工型配送中心

加工型配送中心除了开展配货、送货服务之外，包装加工功能也占有极其重要的地位。例如，为了满足零售网点的个性化需求，有些商品如自行车在配送中心才完成最后的组装活动。

三、配送中心的设计

（一）配送中心的选址

配送中心位置的选择，需要以费用低、服务好、社会效益高为目标，在详细调查研究的基础上慎重地作出决策。在进行配送中心的选址时，通常应综合考虑以下几个因素。

1. 建设费用

为降低建设费用支出，配送中心应选择在拆迁工程小、征地费用少、场地平整以及通水、通电、通信方便的地点。正是由于这个原因，许多大型配送中心都建在大城市的近郊区。

2. 交通条件

交通条件是影响货物的配送费用及货物从供应商运达配送中心的运输费用的重要因素，配送中心宜紧邻重要的运输线路，如高速公路、国道、快速道路、铁路货运站、码头等，避免设在交通拥挤的路段，以方便配送车辆的进出。同时，应考虑所在城市有关的交通限制。

3. 客户的分布

配送中心的根本任务是向客户提供配送服务，因此，配送中心的选址应充分考虑客户的地理位置，应建在客户需求集中、对货物需求量大的地区的中心位置，以减少配送总里程。

4. 供应商的分布

由于配送中心的货物全部是由各供应商供应的，配送中心的建设越接近供应商，就越有利于降低运输费用，同时，配送中心货物的安全库存也可以控制在较低的水平上。

5. 劳动力资源

配送作业大多属于劳动密集型作业，要求有充足的劳动力资源做保证，因此，在选择配送中心的位置时，必须考虑相应劳动力的来源、技术水准、工作习惯、工资水平等因素。如果配送中心所在的地理位置附近人口不多且交通不方便，则基层作业人员的招募就不容易；如果附近地区的工资水平太高，也会影响基层作业人员的招募。

6. 政府政策

当前，一些城市为了鼓励物流业的发展，在城市规划中专门设置了现代物流园区，在税收方面有相应的减免优惠。选择在物流园区建立配送中心，有助于降低配送中心的运营费用。

（二）配送中心的内部规划

对配送中心的内部进行合理的规划有助于最大限度地利用空间和设备，最大限度地减少货物搬运，简化作业流程。

1. 对配送中心的面积和布局方式进行规划

自有配送中心和共同配送中心的面积主要根据配送中心所服务企业的配送货物的规模确定，并为未来的发展留有余地。社会配送中心的面积主要取决于社会对配送活动的需求状况及当地主要配送服务提供者的现状。为了方便货物的进出，配送中心一般采用大平面的布局方式。

2. 确定配送中心不同区域的分工

通常而言，配送中心应划分为进货区、仓储区、包装加工区、配货区、出货区、办公区、停车场等。进货区主要用于接收货物，由于货物只做简单停留，因此，面积通常不大。仓储区用于存放经过检查验收后的货物，功能侧重点不同的配送中心，仓储区的面积差别很大。包装加工区用于对货物进行流通加工或包装。配货区用于分拣、配装货物，无论哪种形式的配送中心，都是非常重要的作业区域，占有较大的面积。出货区用于对运出货物进行装车，有些已经配好的货物由于不能立即装车，也需要在出货区暂时存放，等待发运。办公区既包括配送中心管理人员的办公场所，也包括配送中心计算机控制中心所在的场所。在配送中心的建设过程中，应根据需要，预留足够的停车场。

3. 对配送中心的软、硬件设施进行规划

配送中心的软件建设包括建立规范、合理的规章制度及完善的计算机管理系统等。硬件设施建设包括：不同作业区域的建设及装修，装卸搬运、仓储、办公设备的配备，配送车辆的购置等。针对我国的国情及企业的实际情况，配送中心的建设应重点贯彻软件先行、硬件适度的基本原则。在现实中，我国不少配送中心的硬件建设投入很大，起点很高，但由于软件建设滞后，使得配送中心的运行效率不高，需要引起有关决策者的重视。

第 3 节 配送的优化

一、配货作业的合理化

（一）配货的基本要求

1. 准确

根据订单要求的品种、数量准确地开展配货，可以消除差错率，避免不必要的重新清点数量所耗费的人工支出，提高配货质量，从而提高顾客满意度。

2. 迅速

配货速度是配送中心提高竞争力的重要砝码，尤其是随着准时制配送的日益普遍，基于配货时间的竞争对于配送中心提高竞争力至关重要。

3. 费用低廉

配送中心产生的原因之一就是节约经营成本。由于配货是配送中心最核心的作业环节之一，因此，选择合适的配货作业方法，确保配货作业的合理化，以节约配货费用，成为配送中心追求的重要目标。

（二）配货作业方式

配货作业有两种基本的方式。

1. 分货方式

分货方式又称播种方式，即配送中心作业人员先将货物从配送中心的仓储区集中搬运到配货区，再根据不同客户的订单要求进行再次分配，投放到代表每个客户的货位上，直至配货完毕。播种方式适合于需求数量较大的货物。

2. 拣选方式

拣选方式又称摘果方式，即配送中心作业人员推着分拣车在不同的货架之间巡回走动，按照客户订单所列明的品种和数量，将客户所订的货物逐一拣选到分拣车中。摘果方式针对的是货物品种多但每种货物的需求量少的情况。一般情况下，摘果方式一次只能为一个客户进行配货。自动分拣机的采用，大大提高了分拣作业的劳动效率，能够实现同时对众多客户的拣选服务。

（三）配货作业合理化的措施

（1）根据货物的周转速度确定存放的位置，周转快的货物类别尽可能存放在靠近出入口的货架上，这种货物品种应放在货架上最容易被发现和存取的位置，即货架的中上部位。

（2）按照货物的不同类别，合理确定货架的位置，并在货架上设置货物卡，列明货物的种类、数量、有效期限、入库时间等信息，以方便配送中心的工作人员在配货作业时能够快捷地找到所需要的货物。

（3）为提高配送车辆的利用率，所配的货物有必要通过拆包进行重新包装。同时，还需要将种类不同但属性相容的货物包装在一个包装物内。

（4）对于体积大、适合集装化包装的货物应积极利用叉车等装卸搬运机械进行配货作业。

二、车辆配装的合理化

为了提高配送车辆的装载效率，加快配送的速度，需要注意以下几个问题。

（一）合理调配车辆

达到一定规模的配送中心应配备不同吨位的车辆。除了定量配送及定时定量配送每次采用相同吨位的车辆进行配送外，在采用其他配送方法时，应根据每次配送货物的数量合理安排不同吨位的配送车辆，避免出现车辆运载能力浪费的现象。

（二）综合考察车辆的载重量和容间

由于需要配送的货物的比重、体积、包装各异，在进行车辆配装时，既要考虑车辆的载重量，又要考虑车辆的容间，使二者都能够得到充分的运用，以达到节省运力的目的。

（三）逆送达顺序开展装配

为了方便配送车辆送达后的卸货，有必要将最后送达的货物先行装入配送车辆，码放在车厢的里面和下边；将最先送达的货物最后装入配送车辆，码放在车厢的外面和上边。

（四）根据货物的比重合理配装

为了确保在配送过程中货物的包装和品质不受损伤，在装车时要考虑货物的比重，做到“轻者在上，重者在下，重不压轻”。

广角镜

新型配送方式

随着科技的发展，配送方式已经不仅仅局限于车辆、轮船、飞机等需要依靠人力驾驶的交通工具。无人车、无人机已经逐渐被运用于物流配送领域。阿里巴巴研制出“菜鸟小G”无人配送车，京东也已开发出“京东无人车”和“京东无人机”等无人配送项目。

相比于传统配送方式，无人配送方式可以有效地节约企业在物流配送中的人力成本，提高配送效率。无人驾驶设备的使用无疑将成为未来配送领域的主要趋势。

三、配送路线的优化

配送路线的选择对配送速度、费用、效益的影响非常大，在配送中心地址已经确定的情况下，运用科学合理的方法确定配送路线是一项很重要的工作。

（一）配送路线优化的基本标准

通常而言，企业将以下几个指标作为衡量配送路线是否合理的标准。

1. 路程最短标准

由于配送费用在很大程度上取决于配送路程，因而在客户的地理位置确定的条件下，努力实现配送路程的最短化就成为企业追求的目标。采用这种标准，计算起来较为简便。但在有些情况下，路程最短未必意味着配送费用最节省。例如，最短的路程可能交通拥堵，致使耗油量增加，配送效率降低；最短的路程中间设置了收费站，增加了额外的过路费和过桥费等。

2. 吨公里数最小标准

在干线运输中，吨公里数是收费的基本依据，在将货物运抵目的地的情况下，实现吨公里数的最小化有助于节约运输费用。因此，人们也将吨公里数最小标准移植到配送中来，作为判断配送路线合理化的依据。如果企业利用的是社会配送中心，按照这种标准核算较为有利；如果企业自己组织配送，这一标准未必适用，原因在于在配送途中车辆经过多次卸货，车辆的满载程度较低，空驶率很高。

3. 配送费用最低标准

配送费用最低是优化配送路线的直接目标，但要准确核算出每次配送的费用往往非常困难，因此，这一标准操作起来比较困难。

4. 确保对大客户的优质服务

确保对大客户的优质服务对于配送中心的持续、健康发展十分重要。在设计配送路线时，有些配送中心将确保对大客户的准时服务放在重要位置上。这一标准可能会在一定程度上增加企业的配送费用，但对于企业维持住大客户能起到很重要的作用。

（二）配送路线的优化途径

配送路线的优化可以采用各种数学方法以及在数学方法的基础上发展和演变而来的经验方法，如方案评价法、数学评价法、节约里程法等。随着计算机技术的发展，目前，已经开发出专门的软件帮助配送中心优化配送路线，避免了烦琐的数学计算。配送中心应充分利用现成的管理软件，致力于改进配送路线的设计工作。

本章小结

本章在对配送的概念及配送与运输的主要区别进行分析的基础上，从配送主体、配送时间和数量、配送专业化程度这几个角度对配送进行了分类，介绍了配送中心的概念、功能及类型，就配送中心的选址、内部规划问题展开了讨论，并从配货作业的合理化、车辆配装的合理化、配送路线的优化等方面提出了优化配送的一些主要措施。

课后案例讨论

京东到家：基于平台模式的即时零售

京东到家是中国领先的本地即时零售品牌，于2015年正式上线，涵盖超市便利、生鲜果蔬、手机家电、家居时尚、个护美妆、服饰运动、酒水饮料、母婴用品、鲜花礼品、蛋糕美食、医药健康等多个零售业态。

即时零售中的平台模式

即时零售是伴随零售数字化与即时配送业务而衍生的新商业模式，以实体门店作为供应链，以即时配送体系为基础，为消费者提供极具时效性的到家服务。京东到家是即时零售中平台模式的典型代表，采取"O2O平台＋众包物流"配送模式，借助与各地大型商超的深度合作，使用自建物流与达达众包物流配送，通过智能算法和系统自动调整拣选策略，实现最佳拣选，确保在从商家到消费者的末端配送中为用户提供即时使用的新体验。

京东到家所采用的平台模式可以为零售商提供数字化转型的解决方案。凭借其在数字化和本地化供应链系统中的关键能力，京东到家有效优化了零售商和品牌商的日常运营流程，为商家的营销推广提供便利，促进商家根据网上销售数据进行商品完善，但同时也对平台与商家之间的库存数据对接、商品质量管控提出了更高的要求。

配送速度与配送的极致体验

即时零售业务首先强调的是配送速度的提升，京东到家自成立以来便在上述方向深耕。从初期为了实现物流优势整合，京东到家与达达众包物流公司合并，到2021年发布"京东小时购"，实现京东到家与京东零售的有机融合，再到2023年推出"京东即时零售三公里模式"，最后在2024年5月，京东正式将"京东小时达"与"京东到家"整合为全新的品牌形象"京东秒送"，旨在为消费者提供"最快9分钟送达"的购物体验，都充分体现出京东到家在配送速度提升方面的努力。截至2024年5月，京东秒送已覆盖全国2 300余个县、区、市，合作门店超50万家，搭建了多元化、全方位的即时零售服务体系。尽管京东到家在配送速度提升方面已经取得了长足的进步，但是"秒送"目标的实现还受到其他诸多因素的影响，包括骑手规模、商家与平台系统间的流畅对接、合理的派单系统等，只有有效克服上述障碍，才能真正保证"最后一公里"的效率。

京东到家的即时零售模式并非仅仅追求配送速度，更重要的是要打造"配送的极致服务"，以培养出并非仅仅追求"低价"的用户心智。为了实现上述目标，京东选择与其他品牌合作，打造爆款品牌，如：京东秒送与瑞幸咖啡携手开启了"畅享9块9，瑞幸咖啡速到家"活动，实现速度与品质的完美结合。同时，京东秒送实现了盒马鲜生、山姆等自带流量的零售企业入驻，基于网红品牌的爆款引流，也有望推动京东秒送的出圈。

适老化改造扩大即时零售的用户群

2021年在工业与信息化发展情况新闻发布会上，京东到家App作为首批入选的适老化改造App，经工信部测试后通过验收，其"长辈版模式"为老年消费者提供了便利，帮助他们跨越"数字鸿沟"，这不仅是京东到家履行社会责任的体现，更有利于激发银发经济的活力。京东到家长辈版自上线以来，针对老年人在信息辨别上的难题，在App的页面展示、流程设置上进行优化，提供简洁的界面和加大的字体，进一步扩大了即时零售模式所覆盖的用户群，满足了老年人"云买药""云买菜"的需求。

App适老模式的打造需要持续完善，尤其是要根据在实际使用中所发现的问题进行优化升级，《移动互联网应用（App）适老化通用设计规范》的出台便具有一定的指导意义，如：设置“标准版”与“长辈版”切换的显著提示；禁止广告插件与诱导类的按键；充分保护老年人的信息安全。京东到家长辈版同样需要在现实的应用中不断发现问题、解决问题，实现服务优化。

资料来源：李静．增持达达集团京东即时零售攻向美团腹地．中国经营报，2024-10-14；汪洁，傅深栋．浅析生鲜电商发展的机遇与挑战：以京东到家为例．商场现代化，2023（3）；毛宇．京东秒送“极限挑战”即时零售．IT时报，2024-05-24；于君琦，王黄美景，莫姗．即时零售企业比较分析：以京东到家和盒马鲜生为例．中国商论，2023（19）；颜卉，孙豪祥，严曹唯钰．达达集团：助力零售行业的数字化先行者．清华管理评论，2024（5）；马文静．京东到家App适老化改造验收通过，为银发消费添加数字活力．央广网，2022-01-21.

结合案例内容，试回答下列问题：

1. 京东到家即时零售模式的优势是什么？

2. 京东到家即时零售模式还可以在哪些方面实现优化？

复习思考

1. 与传统的仓库相比，配送中心具有哪些特殊的功能？

2. 如果你是某商业连锁店的总经理，你会从哪些方面入手改进各分店的配送作业环节？

第 6 章　包装加工

经过改进的包装方法给我们的教育产品带来了更高的客户满意度。

——迪克·安德森（Thomson 公司经理）

学习导航

- 熟知包装的概念及基本功能。
- 熟知包装的基本分类。
- 掌握流通加工的概念、特点及作用。
- 了解包装合理化、流通加工合理化的基本要求。
- 了解主要的包装材料、包装容器、包装技术及包装标志。
- 熟知延迟化策略的内涵。

引例

食品企业产品包装：价值升华

产品的包装对于企业的产品销售具有重要的作用，对于食品企业来说，产品的包装无疑更为重要。为此，无数企业在产品包装上花费了很多心思。那么，如何包装才能收到很好的效果呢？

对于大多数的产品来说，需要从产品自身寻找特点，把这些特点从需求的角度加以提炼，形成产品的概念，通过包装的图形设计，用视觉与消费者进行沟通，使消费者在短时间内知道产品的特点，让包装变成会说话的宣传员。在对产品进行包装设计时，需要根据产品不同的内部特点进行不同的包装设计，结合消费者需求的特点，突出产品特色。如“汇源 100，百分之百纯果汁”，用数字强调了果汁的纯正；又如“白加黑，白天吃白片，不瞌睡；晚上吃黑片，睡得香”，把产品特点与消费者能获得的利益紧密联系在一起，而且通过包装设计的视觉表现（黑白分明的外包装盒、黑白两色不同的药片等）很好地强化了产品特点。小米公司利用可回收的纯色纸壳作为小米手机的包装盒，不仅体现了小米公司的极简设计，而且突出了小米手机低碳环保、低能耗的特点。总之，在展开包装设计前必须先提炼出产品的概念，也就是卖给消费者的利益点，即满足消费者的需求点。概念的浓缩是指用夸张、对比、暗示等手法表现产品的利益点，它可以放大产品的价值。下面以汉波贡枣和平遥牛肉为例，看这两种产品是如何在包装上取胜的。

汉波贡枣的包装设计

以理性加感性的方式生动地表现“休闲营养概念”是贡枣休闲消费的主要动机之一。人们都知道红枣的营养价值高而且营养成分多，但要问到红枣到底应如何食用时，绝大多数人可能只知道煲汤、煮粥、包粽子、做月饼馅等，这造成了人们对红枣食用方法的一些片面认识，而且长期以来，红枣作为南北干货以地域性的方式销售，极大地影响了产品的价值内涵和消费认识。蜜枣是在干枣的基础上，采用低温真空浸糖的技术，将干枣催化成口味甘甜、易于长期食用的一种新品。但大多数企业仍然将其放在干货区销售，低价拼杀，红枣本应具有的价值没有形成。汉波贡枣采用蓝海战略，将蜜枣直接导入休闲食品序列，成为第一个将红枣定位成休闲产品的品牌，通过将产品命名为贡枣，体现出独有的品质，包装设计采用表现中国帝王皇权中心的对称式构图，辅以红黄色彩，再加上以御制茶碗作为背景，画面简洁又高贵，巧妙地传递了传统食品的文化底蕴和价值理念，同时通过包装材质和形式满足了休闲产品的表现特征。所以，产品一上市即获得成功，成就了汉波贡枣在红枣休闲品牌领域的领先地位。

平遥牛肉的包装设计

承载着千年历史的传统地方小吃“平遥牛肉”是山西省晋中市平遥县的著名标志性产品。有企业对市场进行分析后，认为“平遥牛肉”是一个金字招牌，是一个独具魅力和市场份额较大的品牌，任何一个品牌都无法同它相提并论。企业针对这一主题展开设计，将“平遥牛肉”四个字和产品写实图片作为主视觉形象进行应用，将产品商标“陶湘斋”作为副标题使用。这样一来，包装设计的主题“平遥牛肉”和写实性的产品图片生动地阐述了产品的品牌价值和品牌内涵，成为对“百年老号、千年品牌”的具体描述。当整个方案完成时，可以看到的是，该方案不仅重拾了“平遥牛肉”苦心积累的品牌资产，还使企业得到了一笔有着几千年历史的文化遗产，即陶湘斋。该产品在同类产品中，不仅利润率高、市场空间大，而且得到了沃尔玛全国联采目录的认可。

资料来源：李文雯．论产品包装在物流运输中的作用．黑龙江对外经贸，2011（10）；赵侠，徐俊．产品包装的功能化设计．包装工程，2012（20）；余成，柳冠中．低碳理念下产品包装的简约设计研究．包装工程，2015（18）；周思岑．产品包装设计．曲靖师范学院学报，2020（4）．

第 1 节　包装加工的概念及作用

这里所指的包装加工是包装与流通加工两项物流活动的总称，包装加工是物流活动中重要的价值增值环节。

一、包装的概念及基本功能

（一）包装的概念

按照我国的国家标准《包装术语 第1部分：基础》（GB/T4122.1—2008），包装（Package or Packing）是指为在流通过程中保护商品、方便运输、促进销售，按一定技术方法而采用的容器、材料及辅助物等的总体名称，也指为了达到上述目的而在采用容器、材料和辅助物的过程中施加一定技术方法等的操作活动。

（二）包装的基本功能

通常而言，包装具有保护商品、方便物流、促进销售和便利使用的基本功能（如图6-1所示）。

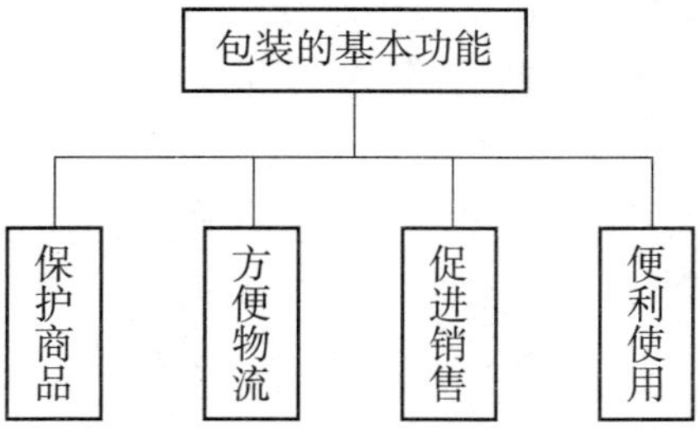

图6-1 包装的基本功能

1. 保护商品

保护商品是包装的首要功能。只有实施有效的保护，才能使商品的品质不受损害，顺利地完成流通过程。包装对商品的保护具体体现在以下方面：防止因震动、挤压、冲击、颠簸等发生商品破损、变形等物理变化；防止由于发生化学变化而导致商品变质；防止异物混入，对内装物造成污染；防止鼠咬虫蚀；防止商品短少、丢失等。

2. 方便物流

包装具有将商品集合以方便物流的功能，所有物流活动都受包装效果的影响。包装重量、包装材料、包装形态等如果与装卸搬运、仓储、运输、多层堆垛条件相适应，就可以大大提高物流的效率，包装标志也应为运输、仓储、验收、装卸搬运等创造便利。

3. 促进销售

商品的包装是“无声的推销员”，恰当的包装能够唤起人们的购买欲望。20世纪50年代中期，美国杜邦公司通过市场调查，提出了著名的“杜邦定理”：63%的消费者首先是根据商品的包装作出购买决策的。忽视包装正是一些企业的产品在市场上遭受冷遇的重要原因。包装的外部形态、装潢、广告说明具有很好的促销效果。

4. 便利使用

包装应便于开启和再封闭，便利消费者对内装物的使用。多年以前的马口铁装罐头，就没有很好地做到这一点，消费者想吃罐头的时候，开启非常困难，被人戏称“罐头好吃口难开”。包装上的标志和文字说明也应清楚地指示内装商品的使用方法和注意事项。

二、包装的基本分类

按照不同的分类标准，包装可以分为不同的类型。

（一）按照功能进行分类

按照基本功能的不同，包装可以分为运输包装和销售包装。运输包装又称工业包装或外包装，是指主要以保护商品、方便物流为目的的包装。运输包装的主要目标是在满足物流要求的基础上使包装费用越低越好。销售包装又称商业包装或内包装，是指主要以促进销售、方便使用为目的的包装，这种包装要求外形美观，装潢漂亮，包装单位适合于顾客的购买量以及商店陈设的要求。在物流管理中，主要讨论的是运输包装。

（二）按照包装材料进行分类

按照包装材料的不同，包装可以分为木质包装、纸质包装、塑料包装、金属包装、陶瓷包装、玻璃包装、草制包装、纤维包装、复合材料包装等。

（三）按照包装技术进行分类

按照包装技术的不同，包装可以分为防潮包装、防锈包装、防霉包装、防震包装、防虫包装、集合包装、收缩包装与拉伸包装、危险品包装等。

（四）按照包装容器进行分类

按照包装容器的不同，包装可以分为包装袋、包装箱、包装盒、包装瓶、包装罐等。

（五）按照包装适用范围进行分类

按照包装适用范围的不同，包装可以分为专用包装和通用包装。前者指的是专门针对某种产品进行设计和制造的包装，只能用于包装某种特定的产品；后者指的是根据标准系列尺寸制造的包装，可用于包装各种标准尺寸的产品。

（六）按照包装使用次数进行分类

按照包装使用次数的不同，包装可以分为一次性包装、复用性包装和周转性包装。一次性包装只能使用一次，不再回收复用。复用性包装指的是回收后经适当加工整理仍可使用的包装。周转性包装指的是专门设计和制造的能够反复周转使用的包装容器。

三、流通加工的概念及特点

流通加工是指在产品从生产领域向消费领域流动的流通过程中对产品进行加工，使产品发生物理或化学的变化。流通加工的内容很广泛，包括贴标签、分割、拣选、分类、装袋、定量化小包装、组装、定制化改装、配套等。

与生产加工相比，流通加工具有以下两个突出的特点：

第一，从加工的目的来看，流通加工不改变产品的基本形态和功能，只是完善产品的使用功能或物流活动，而生产加工则改变了加工对象的基本形态和功能，是一种创造新的使用价值的活动。

第二，从加工的复杂程度来看，流通加工大多属于简单加工，而非复杂加工，生产过程完成大部分加工活动，流通加工只是对生产加工的补充。

流通加工和生产加工在加工对象、加工内容、加工目的、加工单位和所处领域等方面有很大的差别（见表6-1）。

表6-1　流通加工和生产加工的具体差别

差别内容	流通加工	生产加工
加工对象	进入流通环节且具有商品属性的产品	最后的完工产品（不包括原材料、零部件及半成品）
加工内容	以简单加工为主，包括包装、废物再利用等	主要是复杂型加工
加工目的	以方便流通、运输、储存、销售等流通环节为目的，完善或提高价值	创造能供消费者使用的商品，创造价值及使用价值
加工单位	流通企业	生产企业
所处领域	处于流通领域	处于生产领域

四、流通加工的作用

随着社会分工的细化和经济全球化的发展，原材料、零部件以及产成品的物流链越来越长，流通加工变得越来越重要。概括而言，流通加工具有以下作用。

（一）满足顾客多样化的需求

由于顾客需求呈现出多样化、个性化的发展趋势，为了更好地满足顾客的需求，必须在流通环节按照顾客的要求进行再次加工，如根据顾客所需要的尺寸对平板玻璃、钢板进行裁剪。

（二）提高产品附加值

流通加工具有低投入、高产出的特点，往往以简单的加工实现较大的价值增值，是物流中的重要利润源。有些产品，如玩具、服装等，通过流通加工改变其包装，可以大幅度提高档次。蔬菜等食品经过加工形成半成品，可以减少消费者择菜、洗菜的时间，使产品售价大幅度提高。流通加工还可以有效地提高产品利用率，有些流通加工可以使产品利用率提高20%～50%，这是采取一般方法提高生产率所难以达到的。

（三）提高物流效率

组装型产品，如自行车、缝纫机、铝制门窗框架，如果在生产企业完成产品的装配活动，将导致运输费用的大幅度增加。而将其零部件直接捆扎或装箱，到达销售地点后再行装配，更方便运输，还可以节省大量的运输费用。

第2节　包装合理化

一、包装合理化的基本要求

包装合理化是指包装能够有效地实现其各项基本功能，并符合经济合理性和可持续发展的原则。要做到包装合理化，需要满足以下基本要求（见图 6－2）。

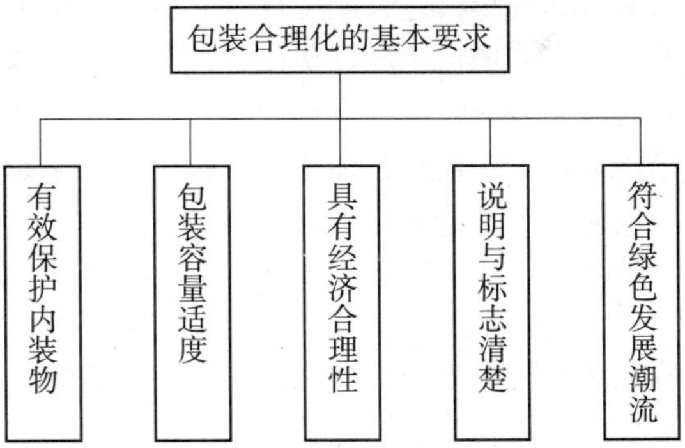

图 6－2　包装合理化的基本要求

（一）有效保护内装物

包装应能够有效地保护内装物品，防止其变质，保证其品质。在选择包装材料时，应注重考察包装材料的防潮性、耐腐蚀性、耐热耐寒性等，确保包装材料、包装容器、包装方法具有确保产品品质的强度。

（二）包装容量适度

不同的装卸搬运方式决定了包装的容量大小。在人力装卸搬运的情况下，包装的容量以控制在搬运工人体重的 40％之内为宜。采用机械进行装卸搬运，要考察不同机械设备的承载重量。

（三）具有经济合理性

经济合理性要求：第一，在性能相同的情况下，应优先选择成本较低的包装物。第二，包装费用必须与其内装物品的价值相适应。一般来说，大多数普通商品的包装费用应低于商品售价的 15％。当然，这种比率因商品的不同而不同，不同商品之间的这一比率的差距较大。例如，对于纯净水而言，塑料瓶起着很大的作用，包装费用的比率超过 15％是合理的；而手纸的包装起的作用较小，包装费用即便只占 10％也是不合理的。第三，包装应适度，避免出现包装过剩现象。

（四）说明与标志清晰

销售包装上有关产品的说明应详细、完整，以方便消费者使用，尤其是有关产品安全、使用方法、生产日期的说明应清楚、明了。运输包装上的标志应清晰、醒目，尤其是国际运输中的包装标志应符合国际贸易的惯例和有关国际组织的要求。

（五）符合绿色发展潮流

习近平总书记指出，生态环境保护和经济发展是辩证统一、相辅相成的，建设生态文明、推动绿色低碳循环发展，不仅可以满足人民日益增长的优美生态环境需要，而且可以推动实现更高质量、更有效率、更加公平、更可持续、更为安全的发展。[①] 产品包装需要符合绿色发展潮流。首先，要求包装材料对人体无害，不会与内装物产生有害的化学反

① 习近平．努力建设人与自然和谐共生的现代化．求是，2022（11）．

应。其次，要求包装材料符合环保的特点，能够重复使用，或者容易被降解，不污染环境。近年来逐渐推广使用的可降解塑料包装就是符合绿色发展潮流的。最后，在强度、使用寿命、成本相同的条件下，应追求包装的轻薄化，这样不仅可以提高装卸搬运、运输的效率，而且可以减少废弃的包装材料的数量，减少无谓的资源消耗。

为了有效地达到上述要求，实现包装合理化，有必要进行认真的调查研究，合理地采用包装材料、包装容器、包装技术、包装标志。

二、包装材料

选择的包装材料应符合产品的特点，能够充分保护产品的品质，同时具有经济合理性。通常而言，常见的包装材料主要有以下几个类别。

（一）木质包装材料

木质包装材料主要用于制造包装箱、托盘及木桶。由于木材的再生速度较慢，近些年来木材有被塑料等其他材料替代的趋势，又因木材是一种优良的结构材料，所以使用仍较为广泛。常见的木质包装材料有杉木、松木等。木材经加工制作成胶合板，其均匀性、外观更好，可减轻包装重量。木质包装材料具有较强的强度重量比，但易吸收水分、变形开裂、受白蚁蛀蚀，有时还有异味。

（二）纸质包装材料

纸质包装材料应用最为广泛，既广泛运用于运输包装，又广泛运用于销售包装。在运输包装中，瓦楞纸箱由于具有适宜的强度，有取代木箱的趋势。纸质包装材料的优点是：重量轻，成型性、折叠性好，便于加工，容易达到卫生要求，无毒、无味，成本低，废弃物易回收处理等。其缺点是：容易受潮，且受潮后强度差，透明性差等。

（三）塑料包装材料

塑料包装材料应用也非常广泛，其优点是：气密性好，防潮，容易成型和封口，化学稳定性好，耐酸、耐碱、耐腐蚀，透明度高等。但其缺点也很突出：一般难以处理和分解，对环境构成了较大的危害，容易形成“白色污染”，焚烧后会产生有害气体。

（四）金属包装材料

常见的金属包装材料主要是钢材和铝材，既有刚性的薄板，包括马口铁、铝板、合金铝板等，主要用于运输包装及销售包装的金属罐等，也有软性的金属箔，如铝箔、合金铝箔等，主要用于销售包装。金属包装材料的优点是：结实、防潮、防光、密封、容易加工成型、具有较好的装饰效果、便于再生使用等。其缺点是：成本较高，有些材料如钢材容易生锈。

在金属包装材料中，马口铁的使用十分普遍，其表面是镀有金属锡的薄钢板，具有很强的耐腐蚀性，可以加工成各种形状的容器，主要用于制造各种饮料罐、食品罐等。

（五）其他包装材料

1. 陶瓷包装材料

陶瓷具有很强的耐腐蚀性，不变形，耐热性、装饰性较好，且可回收使用，适合各种液体货物的包装。用作运输包装时，主要存装化工产品；用作销售包装时，主要存装酒饮、药品、化妆品等。其缺点是易碎，且包装物自身的重量较大。

2. 玻璃包装材料

玻璃包装材料具有与陶瓷包装材料相近的特点和用途，所不同的是玻璃的透明性较好，且原材料丰富、价格便宜。但包装高档商品时，玻璃包装材料的档次显得不如陶瓷高。

3. 草制包装材料

用天然的草类植物编制成草席、蒲包、草袋等，可以作为包装材料。这种包装材料较为落后，包装不美观，防水、防潮性能也很差，同时强度也很低，已逐渐被淘汰。

4. 纤维包装材料

纤维包装材料是指用各种天然纤维（如黄麻、红麻、大麻、棉花等）和合成纤维（如合成树脂、玻璃纤维等）制成的袋装容器，适合装载不怕挤压的货物或价值较低的货物。

5. 复合包装材料

将两种或两种以上的包装材料结合在一起使用，可以充分发挥不同包装材料各自的优势，达到相得益彰的效果。目前，这种复合包装材料使用非常普遍。常见的复合包装材料包括：塑料与纸的复合；金属与纸的复合；玻璃与纸的复合；金属、塑料与纸的复合等。

三、包装容器

包装合理化要求根据不同货物的特点选择合适的包装容器。常见的包装容器主要包括以下几个类型。

（一）包装袋

包装袋是一种柔性包装容器，具有较好的韧性、抗拉强度和耐磨性。用于内包装的小型包装袋通常由塑料、纸或复合材料制成；用于外包装的包装袋通常由植物纤维或合成树脂纤维制成，主要包装粉粒状及体积小的货物；集装袋则一般用聚丙烯、聚乙烯等聚酯纤维纺织而成，适于装运颗粒状、粉状的货物，装运重量一般在一吨以上。

（二）包装盒

包装盒是具有规则几何形状的包装容器，常见的包装盒有正方体包装盒、长方体包装盒、圆盒、三角盒等。它介于柔性包装和刚性包装之间，刚性程度强于包装袋。包装盒存装的产品数量有限，做运输包装的强度也不够，只适合做销售包装。

（三）包装箱

包装箱属刚性包装，整体强度较高，抗变形能力强，包装量也较大，适于运输包装。常见的包装箱有瓦楞纸箱、木箱、塑料箱等。瓦楞纸箱较轻，但强度较木箱差。塑料箱的耐腐蚀性好，同时，可制作成多种色彩，方便对装载物的分类。集装箱则可以归为大型反复使用的周转型包装箱。

（四）包装瓶

制作包装瓶的材料主要是玻璃、陶瓷、塑料等。玻璃、陶瓷制作的包装瓶属刚性包装，有较强的抗变形能力。用塑料制成的包装瓶介于刚性包装与柔性包装之间，在受外力作用时，会有一定程度的变形，外力撤除后可恢复瓶形原状。由于包装瓶的包装量不大，所以一般适合做销售包装。

（五）包装罐

包装罐通常强度较高，除用作销售包装的铝合金罐之外，罐体的抗变形能力大多较强。包装罐是典型的运输包装，适合包装液状、粉状及颗粒状货物。

四、包装技术

合理地选择包装技术可以达到有效保护货物、提高物流效率的目的。常见的包装技术主要包括以下种类。

（一）防潮包装

防潮包装是指采用防潮材料包装产品，以隔绝外部空气中的水汽对货物的影响，使包装物内的湿度符合要求的包装技术。采用防潮包装，要求产品在包装前必须是清洁干净的。防潮包装的主要措施是采用透湿度低的包装材料。不同包装材料的透湿度是不同的，铝箔最小，塑料薄膜次之，纸制品最大。防潮材料必须无针眼、气泡、破裂。当产品有棱角时，需要预先采用其他衬垫措施，防止其刺破防潮隔离层。防潮包装的封口处要黏合紧密。

（二）防锈包装

为防止金属制品在物流过程中生锈而采取的消除或减少致锈因素的各种包装措施称为防锈包装。锈蚀之所以产生，是由于空气中的氧、水蒸气及其他有害气体等作用于金属表面引起电化学作用的结果。如果将金属表面保护起来，与引起锈蚀的各种因素隔绝，就可以达到防止金属锈蚀的目的。

防锈包装的具体措施包括：第一，把防锈油涂在金属制品上，此时，要求油层有一定的厚度，涂层完整。第二，采用气相防锈包装技术。气相缓蚀剂是一种能减慢或完全停止金属在侵蚀性介质中被破坏的物质。在密封包装容器中，气相缓蚀剂在很短的时间内挥发或升华出的缓蚀气体就能充斥整个包装容器，并吸附在金属制品的表面上，抑制大气对金属的侵蚀。第三，用塑料薄膜对金属制品进行封装。第四，在包装容器内放置适当的吸湿剂，吸收包装物内的残存水汽或由外部进入的水汽。

（三）防霉包装

防霉包装是指为了防止包装和内装物霉变而采取一定防护措施的包装技术。除了采用防潮包装的隔离做法之外，防霉包装还采用以下做法：第一，真空包装。真空包装即将货物装入气密性容器之后，在容器封口之前将其内部抽成真空，使霉菌缺乏生长所需要的氧气。第二，充气包装。充气包装又称气体置换包装，根据好氧性微生物需要氧气才能进行新陈代谢的特性，在密封的包装容器中利用二氧化碳气体或氮气等不活泼气体置换包装容器中的空气，从而降低氧气的浓度，以抑制微生物的生理活动，达到防霉、防腐、保鲜的目的。第三，脱氧包装。脱氧包装即在密封的包装容器中，利用脱氧剂与容器中的氧气进行化学反应，除去包装容器中的氧气，达到保护货物的目的。

（四）缓冲包装

缓冲包装又称防震包装，是指为减缓货物所受到的冲击和震动、保护货物不受损伤而采取一定措施的包装技术。缓冲包装技术包括全部缓冲包装技术、局部缓冲包装技术和悬浮式缓冲包装技术。全部缓冲包装是指在货物的整个表面都用缓冲材料进行衬垫。局部缓冲包装则是在货物的关键部位，如拐角、突起部位、关键零部件、易碎部位等处用缓冲材料进行衬垫。悬浮式缓冲包装主要用于精密仪器和贵重物品，在内包装盒内用柔软的缓冲材料将货物衬垫妥当后，再将内包装盒用弹簧张吊在外包装箱内，使其悬浮吊起。如此通过双重保护，有效地保证货物的安全。常见的缓冲材料有泡沫塑料、气泡塑料薄膜及各种纤维填充材料等。

（五）防虫包装

在包装物中放置有一定毒性和气味的驱虫剂，可以达到杀灭或驱除各种害虫的目的。常用的驱虫剂有对位二氯化苯、樟脑精等。上面提到的真空包装、充气包装、脱氧包装等技术，由于在包装容器内形成了缺氧的环境，也可以实现防止虫害的目的。

（六）集合包装

集合包装是指将若干货物组合包装在一起，形成一个运输及装卸搬运单元的包装技术。本书第 2 章所讨论的集装箱和托盘就是这种集合包装的主要形式，这里不再赘述。

（七）收缩包装与拉伸包装

所谓收缩包装，是指利用收缩薄膜包裹货物，而后对薄膜进行适当的加热处理，使薄膜收缩而紧贴货物的包装技术。收缩包装既可以突出内装物品的形象，促进销售，也有利于将物品固定在托盘上，提高装卸搬运的效率。

拉伸包装是由收缩包装发展而来的，即依靠机械装置在常温下将弹性薄膜围绕被包装货物拉伸、裹紧，并在其末端进行封合的包装技术。它既可以捆包单件物品，也可用于托盘的集合包装。

（八）危险品包装

危险品的种类繁多，大致可以划分为爆炸性物品、氧化剂、压缩气体和液化气体、自燃物品、遇水燃烧物品、易燃液体、易燃固体、毒害品、腐蚀性物品、放射性物品等类别。根据有关法律的要求，在危险品的运输包装上，必须有警示性标志。

对于不同种类的危险品，包装的重点是不一样的。对于爆炸性物品而言，采用塑料桶包装是防爆炸的有效方法，而后将塑料桶装入铁桶或木箱中，每件净重不超过 50 千克，并装有自动放气的安全阀，当桶内达到一定气压时，能自动放气。对于毒害品而言，包装的重点在于严密不漏、不透气。对于腐蚀性物品而言，要注意物品和包装容器的材质不发生化学反应。

五、包装标志

对于运输包装而言，包装标志主要包括以下三种类型。

（一）运输标志

运输标志（Shipping Mark）又称唛头，通常由一些简单的几何图形和字母、数字及简单的文字组成，用以说明目的地、收货人或发货人、运输号、货物件数等。为了规范运输标志，国际标准化组织将唛头简化为四项：收货人或买方名称的英文缩写或简称；参考号（如发票号、运单号）；目的地；件数代号（如 1/200 代表总数为 200 件，这是其中的第 1 件）。这些信息列成 4 行，每行不超过 17 个字符，要求用打印机一次制作完成。

（二）指示性标志

指示性标志（Indicative Mark）通常又称注意标志，指的是在包装物上以简单、醒目的图形和文字提示工作人员在运输、装卸搬运、仓储过程中应注意的一些事项，如小心轻放、防潮、向上、由此吊起、重心点等。我国已经颁布了国家标准《包装储运图示标志》。

（三）警告性标志

警告性标志（Warning Mark）又称危险品标志，对于易燃、易爆、有毒、腐蚀性、放射性等危险品，在其运输包装上清楚而明确地刷制相关的标志，以引起人们的注意，防范危险的发生。我国已经颁布了国家标准《危险货物包装标志》。

案 例

故宫文创包装的东方审美

2008 年，故宫文化创意中心成立，并上线国内首家隶属于博物院的淘宝店。故宫博物院负责人曾于 2017 年亚布力论坛上称故宫文创销售收入已达 15 亿元，在整个文创市场一骑绝尘。近六百岁的故宫，拥有约 180 万件藏品，就如同一座宝库，是故宫文创研发取之不尽用之不竭的灵感来源，无论是雄伟的宫殿，还是一块小小的牌匾，都能将其身上的故宫元素巧妙地融入文创产品设计和包装设计中。故宫文创包装将东方审美的表达方式作为重要依托，传承与传播中国传统文化和东方审美。

选材之精

“每一种材料都具有各自独特的视觉要素，正是这些要素决定了包装设计的表达方式。”为了使得设计表达更富有表现力和创造性，需要合理搭配组合不同的材料，表现材料的质地美、色彩美、肌理美。故宫文创包装在设计中注重通过材料附带的情感属性，比如纸质材料的温馨舒适、木质材料的自然朴实，让产品与人产生情感上的共鸣；同时，还兼顾了材料肌理的审美性与功能性，比如“一花一世界”书签包装运用传统的莲花造型图案，并采用激光雕刻，通过镂空工艺产生三维视觉效果，增加了现代感、设计感。

形式之变

故宫文创包装在设计时充分理解和挖掘传统纹样的内涵，延其“意”而传其“神”，对传统纹样进行现代化转换，或是通过现代设计理念进行简化概括，重点突出，主次分明；或是对文化元素与传统纹样进行夸张变形，增强艺术表现力。如将历史人物与“萌文化”相结合，将高傲威严的皇帝形象变得接地气，拉近了与历史人物的距离，变得更加有时代感和生活感，彰显故宫特色。

用色之美

故宫文创包装在设计中也关注中国传统的色彩，如综合运用青、白、红、黑、黄五种正色，不仅可以传递自身的文化底蕴，也较好地减轻了文化中的厚重感，如“故宫口红”系列包装的设计分别使用了青、白、红、黑、黄五种色彩，青色生气活力、白色肃穆冷淡、红色端庄典雅、黑色庄重沉稳、黄色富贵大气，很好地体现了产品的美好寓意以及中和含蓄之美。

资料来源：费依楠，刘遵月．浅析故宫博物院文创产品中的新中式风格包装设计．戏剧之家，2019（32）；沈苗苗，童仁杰．“编码解码”视角下故宫口红包装解析．中国包装，2020（10）；师艺，李东娜．故宫文创产品包装的叙事性设计研究．绿色包装，2023（7）．

第 3 节　流通加工合理化

一、流通加工合理化的基本要求

流通加工合理化的基本要求是：流通加工的内容选择得当；流通加工的地点选择合理；流通加工的过程经济节约。

（一）流通加工的内容选择得当

流通加工合理化首先应明确与生产加工的合理分工。否则，本应由生产加工完成的环节却错误地由流通加工完成，不利于形成生产的规模经济性；而本应由流通加工完成的环节却错误地由生产加工完成，不利于满足个性化的需求。通常而言，对于工艺复杂、技术装备要求较高的加工环节，由生产加工完成；而流通加工则完成工艺相对简单、技术装备要求不高、需求个性化突出的加工环节。

（二）流通加工的地点选择合理

为满足大批量生产与多样化、个性化需求的流通加工，其加工地以设在靠近主要消费地区为宜。流通加工地的具体选址，应充分考虑产品配送的要求，实现配送里程的最优化。

（三）流通加工的过程经济节约

尽管流通加工难以实现生产加工那样的规模经济性，但只要对劳动力、设备、动力、物资进行有效的管理，同样可以大幅度降低成本。节约能源、节约人力、降低原材料消耗、提高设备利用率是流通加工合理化考虑的重要因素。

二、延迟化策略

所谓延迟化（Postponement），是指事先只进行产品通用部分的生产，推迟定制生产或包装开始的时间，在接到具体的订货要求之后，再安装体现个性化需求的零部件或进行定制化的包装。

在传统的物流活动中，为了满足消费者多样化的需求，必须采用在通用产品的基础上尽可能开发出多样化细分产品的方法。但是产品多样化必然会带来库存的增加，由于大多数的库存是按照对未来市场需求的预测量设置的，这样就存在着预测风险，当预测量与实际需求量不符时，就出现库存过多或过少的情况，造成库存费用或缺货费用。过多地细分产品种类，必然使库存费用或缺货费用大增。而采用延迟化策略，则可以在满足个性化需求的基础上，尽量降低安全库存量，大大节约库存费用，由于缺货所可能造成的损失也大大减少。

美国一家生产金枪鱼罐头的企业就通过采用延迟化策略降低了库存水平。历史上这家企业为提高市场占有率曾针对不同的市场注册了几种不同的品牌，产品生产出来贴好品牌标签后再运到各地的分销中心储存起来。由于顾客偏好不一，几种品牌的同一产品经常出现某种品牌因畅销而缺货，而另一些品牌却滞销压仓。为了解决这个问题，该企业改变以往的做法，在产品出厂时都不贴品牌标签就运到各分销中心储存，待接到各销售网点的具体订货要求后，才按各网点指定的品牌贴上相应的标签，这样就有效地解决了缺货和积压并存的矛盾，降低了库存水平。

本章小结

本章在对包装及流通加工的概念进行简单介绍的基础上，讨论了包装的基本功能及基本分类、流通加工的特点及作用，明确了包装合理化及流通加工合理化的基本要求，对不同的包装材料（包括木质、纸质、塑料、金属、陶瓷、玻璃、草制、纤维、复合包装材料）、不同的包装容器（包括包装袋、包装盒、包装箱、包装瓶、包装罐）、不同的包装技术（包括防潮包装、防锈包装、防霉包装、缓冲包装、防虫包装、集合包装、收缩包装与拉伸包装、危险品包装）、包装标志的类型等进行了介绍，提出了在物流活动中运用延迟化策略的具体措施。

课后案例讨论

生产延迟化策略助力惠普台式打印机供应链模式的转变

惠普（HP）是以个人用户、大中型企业和研究机构为服务对象的全球技术解决方案提供商。其业务范围涵盖了IT基础设施、全球服务、家用和商用计算机以及打印和成像等领域。2022年，惠普的净收入为630亿美元，在美国财富500强中名列第59位，全球财富500强中名列第202位，全球最有价值品牌中排名第38位。惠普所取得的成就与其先进的管理水平是密不可分的，其善于在变化的市场中调整自身的管理策略。例如，惠普在台式打印机供应链模式中采用的延迟化策略就是其先进管理水平的很好证明。

惠普公司于1988年进入台式打印机市场，1990年销售量就已经达到60万台。随着销售量的迅速增加，库存的增长也十分迅速。惠普打印机的销售市场分布在110个国家和地区，不同国家和地区对于台式打印机的变压器、电源插头和说明书语言等的要求各不相同。如此一来，产品种类超过了22 000种。惠普公司在温哥华的制造工厂在装配好通用打印机之后，直接完成上述各种客户化生产，然后再运往在北美、欧洲和亚太地区的3个分销中心。

惠普在北美生产的产品运输到其他分销中心的时间比较长，大约是1个月。为保证客户需求的满足率达到98%的公司标准，就需要保证大量的库存产品，其安全库存量能达到7周的订货需求量。高库存意味着大量的闲置成本和库存费用，对公司来说是一个很大的资金负担。而且，一旦出现缺货的情况，就需要从其他地区提货，再根据当地产品特点的不同进行适当的产品包装改整，会造成很大的资源浪费。

为解决上述问题，惠普公司决定采用延迟化策略。惠普公司对其供应链进行了改造，更新的供应链中，由温哥华的制造工厂完成通用打印机的生产，包括印刷电路板组装和总机装配。在印刷电路板组装过程中，电子组件组装成打印头驱动板，并进行相关的测试；在总机装配过程中，电动机、电缆、塑料底盘和外壳、齿轮、印刷电路板组装成打印机，并进行测试。

温哥华生产的通用打印机运送到欧洲和亚太地区的分销中心后，由当地的分销中心根据各地需求进行变压器、电源插头和当地语言的说明书的配备，进行整机包装，然后再由分销中心将完整的产品销售到消费者手中，这就把定制化工作从原来的生产工厂延迟到各地的分销中心，分销中心能根据不同的需求对产品进行相应的再生产，最终适应了各地市场的不同需求。

延迟化策略的采用解决了因产品单一而无法适应各地需求以及库存过多的问题。原来 7 周的安全库存量现在只需要 5 周，减少了库存总投资的 18%，一年大约可以节约 3 000 万美元。电路板组装与总装厂之间也基本实现了无库存生产。同时，打印机总装厂对分销中心实施准时制供应，以使分销中心保持目标库存量。通过供应链管理，惠普公司实现了降低打印机库存量的目标。由于通用打印机的价格低于同类客户化产品，从而又进一步节省了运输、关税等费用。延迟化策略的实施改变了需求预测不准确的不利局面，使得惠普公司对外界需求的变化具有很好的适应性，一旦发现决策错误，可以在不影响顾客利益的情况下以较小的损失较快地加以纠正。

资料来源：南超兰．延迟化策略在产品链管理中的运用．中国管理信息化，2012（8）；南超兰．客户化延迟对降低企业物流成本的作用——从惠普公司的成功经验谈起．物流工程与管理，2013（9）；张风轩，郭锦蓉．基于延迟策略的物流成本策略探究．现代营销（下旬刊），2019（3）.

结合案例内容，试回答下列问题：

1. 你认为延迟化策略有什么适用条件？

2. 延迟化策略给惠普公司带来了哪些改变？

3. 企业应该如何学习惠普公司的延迟化策略？

复习思考

1. 在企业的经营过程中，如何实施包装策略才能提高物流活动效率、节约物流费用？

2. 在物流活动中，物流加工的价值具体体现在哪些方面？怎样才能使得流通加工活动更为科学、合理？

第7章 销售物流

零售业变革不离其宗，就是物流、资金流、信息流。

——张近东（苏宁控股集团董事长）

学习导航

- 了解销售物流在企业市场营销中的作用。
- 掌握不同类型的产品与不同类型的销售物流的匹配关系。
- 掌握功能性产品的ECR战略及ECR战略对销售物流的要求。
- 掌握创新性产品的QR战略及QR战略对销售物流的要求。

引例

箭牌的分销物流管理

箭牌糖类有限公司是国际知名品牌企业，在国际糖果业界处于领头羊的地位，同时也是全球最大的口香糖生产商及销售商。箭牌公司在2008年被另一个国际糖类巨头玛氏收购，和玛氏的结合进一步增强了箭牌在国际上的影响力。箭牌公司在全球有大量的子公司，其中箭牌糖果（中国）有限公司是箭牌公司在我国建立的独资子公司。

绿箭（Doublemint）、益达（Extra）无糖口香糖等是箭牌公司旗下的著名产品，这些产品的销量在中国持续增长。一项调查结果显示，在消费者经常吃的口香糖品牌中，绿箭口香糖的品牌提名率最高，占消费者选择比率的77.0%；益达口香糖的消费者选择比率与绿箭品牌非常接近，占76.0%。由此可见，口香糖产品的品牌集中度很高，箭牌是中国口香糖市场无可争议的领军者。

管理第三方物流商的难题

由于产品种类繁多，箭牌公司建立了大量的产品线。对于如此广泛的产品线，在产品的销售上，箭牌公司选择了分销的物流外包策略，即干线转仓部分按照运输方式选择若干家第三方物流企业，区域仓储配送部分在各地区寻找当地有实力的第三方物流商。然而，物流外包策略虽然具有降低成本、提高效率等特点，但也引出一个问题：如何有效地对各地的第三方物流商进行管理？如何提供一个公正、透明的运作和绩效考核平台，使得各第三方物流商可以进行公平竞争，优胜劣汰？同时，库存计划和控制是快速消费品制造企业的命脉，库存计划的准确性又严重依赖于各地第三方物流商库存数据的及时性和准确性。因此，必须有一套专业的仓库管理系统（WMS）来支持各区域配送中心的日常运作，同时可用于箭牌公司对各第三方物流商的有效监控，该WMS需要与箭牌公司内部的SAPR/3系统进行无缝链接。

实施仓库管理系统

为解决第三方物流商的管理问题，箭牌公司上线了由万联亿通开发的仓库管理系统，仓库管理系统将各第三方物流商的区域配送中心都连接起来。仓库管理系统的功能非常多，包括订单管理、账务管理、仓库作业、监控告警、运输调度、用户权限、统计报表、货仓信息八大功能组，支持从收货、放置、存储、储位移动、拣货、出库、回单、盘点、车辆调度、库存调整、冻结等在内的整个仓储配送作业流程。仓库管理系统能与箭牌内部的SAPR/3进行数据交换，达到无缝衔接。仓库管理系统的应用极大地优化了工作流程，完善了对供应商信息的管理。这就有效地解决了第三方物流商的管理问题。

除了为箭牌公司设计了仓库管理系统，作为对仓库管理系统的补充，万联亿通还为箭牌公司定制了网上客户服务系统。这使得箭牌的客户服务部、销售部能随时随地通过网上客户服务系统下达订单，进行订单追踪、库存查询、销售进度查询。在仓库管理系统已经积累了一定量的历史数据后，万联亿通又为箭牌公司开发实施了供应链绩效管理系统（Supply Chain Performance Management System，SPMS），SPMS是利用数据挖掘/数据仓库技术和创新的管理分析方法对供应链运作过程进行多角度、多方式的综合评估系统，包括供应商仓库表现、仓库作业分析、运输分析、存货分析、销售分析、物流成本分析等功能组。实施SPMS是基于对公司物流供应链各个环节的综合评估来考虑的，可以通过财务、生产率、质量等业绩指标来衡量物流供应链各个环节的有效性，通过评估结果进行反馈改进，从而提高箭牌公司的整体物流管理水平。

万联亿通为箭牌提供了VIP式的SaaS服务。万联亿通采用了数据中心的方式，这种方式可以充分地利用现有的硬件，保护客户投资，同时实现了应用程序的集中配置，从而减少了单独更新客户机所花费的成本，而实施也更加快捷。在安全方面则采用了VPN、Windows、应用系统三道密码校验等措施，杜绝了外部的非法入侵，保障了客户商业系统的稳定安全运行。

管理难题的破解

箭牌公司采用了万联亿通设计的系统后，成品每月的库存周转率为2.71次，订单平均处理时间为1小时，区域配送中心的平均盘点时间为3小时，库存差异率为0.000 1%，送货准时率为99.4%，订单率为98.95%，这是一个非常高的水平。通过采用第四方物流管理平台，箭牌公司加强了对第三方物流商的管理，极大地提高了物流供应链上各环节的效率，提升了竞争力，提高了经济效益。

除了对分销技术的支持，在自身的分销中心管理方面，箭牌公司也有着很好的经验。在储位管理上，进行前期准备，包括储位数量、摆放策略、堆码标准等。其中的成功要诀是前期准备要充分、仓库工作人员要配合、库存要相对静止、库存摆放要相对合理有效。

资料来源：曾献东．从箭牌公司市场控制看快速消费品终端渠道分销管理．企业活力，2010（1）；箭牌糖果公司分销物流管理．中国物流与采购网，2011－01－31；刘欣．箭牌公司胶基糖果类渠道管理改善研究．湖南大学硕士学位论文，2016；李雪．“新零售”背景下玛氏箭牌公司 A 品牌营销策略优化研究．西南大学硕士学位论文，2022.

第 1 节　物流与市场营销的关系

一、物流在企业市场营销中的地位

（一）市场营销的基本功能

企业的市场营销活动具有四项基本功能，分别是交换功能、物流功能、便利功能和示向功能，如图 7－1 所示。

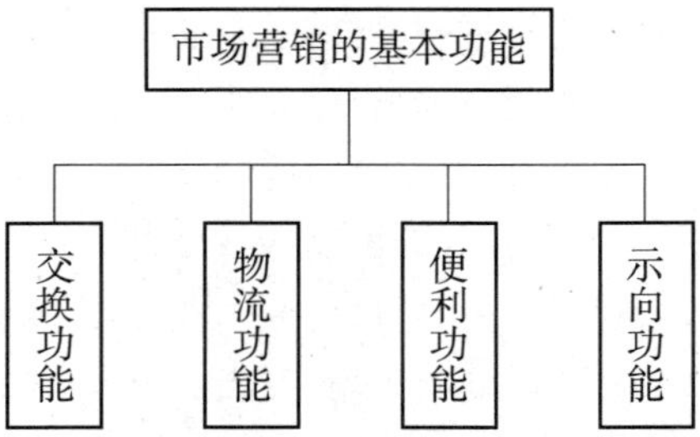

图 7－1　市场营销的基本功能

1. 交换功能

交换功能是市场营销最基本的功能，它实现了产品所有权的转移，使企业生产的产品的所有权顺利地转移给顾客，而企业则获得发展、壮大所必需的资金。

2. 物流功能

在市场营销活动中，物流功能又称为实物分配功能，实现产品在空间位置上的转移和在时间上的有效延续。物流功能的发挥是实现交换功能的必要条件。

3. 便利功能

在市场营销活动中，企业通过为顾客提供资金融通、风险承担、信息沟通、产品标准化等服务，为交换功能、物流功能的顺利实现提供便利。就资金融通而言，如果企业允许顾客延期付款，向顾客提供一定的结算账期，则可以刺激购买数量；信贷消费的实施，对于刺激汽车、住房等耐用消费品的消费大有裨益。就风险承担而言，企业的售后服务承诺到位，或者企业就产品质量向保险公司投保了责任险，将有助于降低顾客的消费风险，也能够刺激产品的购买。就信息沟通而言，企业开展广告、公共关系、人员推销、营业推广等促销活动，可以提高企业及其产品的知名度和美誉度，有助于企业提高市场占有率。就产品标准化而言，不仅有利于企业产品与其他企业互补产品的配套，促进销售，而且有利于企业产品的运输、仓储、装卸搬运等，提高物流效率。

4. 示向功能

在市场营销活动中，企业还可以通过专项调研及各种营销实践来了解市场供求及竞争的态势，合理预测产品未来的供求状况，为进一步改进生产和市场营销活动指明方向。

（二）销售物流在企业市场营销中的作用

通过对企业市场营销活动基本功能的分析，我们可以清楚地知道，物流在市场营销活动中具有举足轻重的地位。与市场营销活动直接相关的物流活动就是销售物流，即产成品从生产企业向顾客流动的物流过程。具体而言，销售物流在企业市场营销活动中具有如下作用。

1. 销售物流影响企业产品的价格

在产品生产出来以后，企业如果希望提高产品在市场上的价格竞争力，较为有效的途径就是控制销售物流费用。企业的销售物流费用越低，就越能在市场上占据主动地位。正是因为这一点，越来越多的企业开始致力于与有实力的第三方物流企业建立战略联盟关系，以改善自己的销售物流活动。

2. 销售物流影响企业订单的履行速度

企业的销售物流效率越高，需要的时间周期越短，履行顾客订单的速度就越快。这样，企业应对多变的市场环境的能力就越强，所需储备的安全库存就越少，为节约商品库存费用创造了有利条件，有助于实现与顾客的良性互动。

3. 销售物流影响企业的顾客服务水平

企业一旦重视与产品相关的各种附加服务，很容易在市场上脱颖而出，在竞争中获胜。尤其在企业之间的核心产品、形式产品差别不大的情况下，更应重视顾客对扩大产品的需要，它是提高顾客满意度的重要手段。而销售物流是扩大产品的重要内容，如果企业能够提供方便、快捷的订货服务与查询服务，开展及时、安全的产品配送，进行合理的安全库存以防止缺货对顾客造成不利影响，让顾客能够享受各种定制化的流通加工服务，如安装、调试等，则顾客满意度必然大幅度提高，有助于企业吸引并留住顾客。

二、产品需求特点与销售物流优化

（一）基于需求特点的产品分类

按照需求特点的不同，企业生产的产品可以分为功能性产品和创新性产品两大类。

1. 功能性产品

功能性产品是指面向基本需求，生命周期较长，需求稳定，便于预测，改型变异程度较低的产品。由于生命周期较长，功能性产品对新产品上市速度的要求不高，一般不会出现因为过季而降价的现象。由于式样、规格、型号、款式等相对简单，因而功能性产品的缺货比率较低。功能性产品所要求的毛利率较低，大多是根据对市场需求的预测进行生产。

2. 创新性产品

创新性产品是指面向创新性需求，生命周期较短，需求不稳定，难以预测，改型变异程度高的产品。由于创新性产品的生命周期较短，必然要求其加快新产品的上市速度，而一旦产品过季，必然要大幅度降价。由于创新性产品的式样、规格、型号、款式等较为繁杂，因而其缺货比率较高。相对于功能性产品而言，为消化大量的促销费用、过季损失等费用，创新性产品要求较高的毛利率水平。创新性产品有很大比例是根据顾客订单进行生产的。

表 7－1 从七个方面对功能性产品与创新性产品进行了比较。

表 7－1　功能性产品与创新性产品的比较

比较类别	功能性产品	创新性产品
产品生命周期	长于 2 年	3 个月～12 个月
边际贡献率	5%～20%	20%～60%
产品改型变异程度	低	高
需求预测误差程度	10%	40%～100%
平均缺货比率	1%～2%	10%～40%
季末降价幅度	0	10%～25%
订货提前期	6 个月～12 个月	1 天～14 天

资料来源：FISHER M. What is the right supply chain for your product. Harvard Business Review，1997（3－4）.

（二）不同种类产品的销售物流优化

对于功能性产品而言，销售物流优化的重点是努力节约产成品的物流费用，从而在市场上形成比竞争对手更有利的价格优势。对于创新性产品而言，销售物流优化的重点是提高物流速度，缩短顾客的订货提前期，以便对市场需求作出迅速反应。下面，我们将较为详细地讨论这两类产品的销售物流优化问题。对于功能性产品来说，应采用 ECR 战略；对于创新性产品来说，则应采用 QR 战略。

案　例

新零售背景下优衣库的销售物流

优衣库（UNIQLO）由迅销公司（Fast Retailing）于 1984 年创立，其公司名称 Fast Retailing 体现了公司致力于“将顾客的要求迅速商品化、迅速提供商品”的企业精神。在 2020 年发布的全球最有价值的 50 个服饰品牌中，优衣库排名第 9 位；2023 年全球品牌价值 500 强中排位 255 名。中国作为优衣库全球的最大市场，截至 2022 财年末门店数高达 863 家，已超过日本同期的 802 家。

从消费者向生产者的“拉”动模式

优衣库以消费者需求为起点，按需设计，按需生产。新零售背景下，采用 C2M（Customer to Manufacturer）模式将人、数据和机器设备连接起来，客户与制造商形成直达关系。优衣库新零售事业部定期通过各种方式听取顾客心声，提前征集顾客对下季商品的反馈意见，通过大数据对客群画像进行描述并分析消费特征，预测上市销售趋势，调整商品产量。为尽可能缩短商品运营周期，以周为单位替换原本以季节为单位的上架货品，灵活调整门店 SKU 安全库存，提高销售率。

分区设置不同 SKU

优衣库根据线上线下的销售数据分析决定门店商品 SKU 的设定，因此不同线下门店设置了不同的 SKU，如时尚街区的门店更多地配置以潮流时尚为主要的 SKU。并将商品的销售状况反映到供应链投入、门店销售环节，按需投入，降低各级库存压力，使利润获得最大化。

相较于竞争对手 ZARA，优衣库门店的 SKU 数相对更少，常年保持在 1 000 款左右，库存压力较小，存货周转率保持比较良性的状态。尽管 SKU 数量较少，但对每一款衣服都深度开发，每个 SKU 不仅分圆领、方领，往往还有 4～5 种颜色。

门店采用 RFID 等技术

优衣库使用无线射频识别（RFID）技术，在商品吊牌中植入 RFID 芯片，使每一件商品都有了独一无二的“身份证”。门店通过手持阅读设备，可在一定移动距离之内精准识别该商品的信息，包括价格、尺码、色号等。优衣库运用 RFID 进行商品扫描入库与出库，以及店铺的商品盘点与查找，提高了店内商品仓储管理效率。

在店内，顾客通过 App 实现自助购物、结账，通过智能 LED 互动工具实现与“虚拟员工”的近距离沟通，既减少了现场工作人员，又保证了与顾客的互动沟通体验。

店仓一体化

新零售背景下优衣库的门店仓，不仅作为门店所有商品的仓储处，还可缓解电商仓的发货业务量压力，解决电商仓缺货但需门店调货等问题，其 80%以上的门店均可开展“线上下单，线下门店发货”，并提供门店自提、门店急送等服务，为其线下门店引流起到了辅助作用。

资料来源：罗佳佳．以优衣库为例的供应链优化浅析．现代商业，2018（32）；何铭强，马骅．“优衣库”的新零售及其销售物流分析．老字号品牌营销，2020（4）；赵朝阳，等．企业库存管理优化模式分析：以优衣库为例．天津商务职业学院学报，2021（5）.

第 2 节 ECR 战略与销售物流优化

一、ECR 战略的形成

进入 20 世纪 80 年代尤其是 90 年代以后，由于消费者的食品及日用杂货支出比例下降，整个美国食品及日用杂货业增长速度放慢。同时，随着信息技术的发展，涌现出一批全国性的零售企业、一些新型的零售形式，如大型综合超市、批发俱乐部、仓储式商场得到了较快的发展，沃尔玛、凯马特就是这种新型零售形式的代表，在生产企业与零售企业之间，交易的权力结构开始向零售企业倾斜。

在这种大背景下，各种零售企业和生产企业为了争夺在市场上的控制权，尤其是零售企业品牌和生产企业品牌的控制权展开了激烈的竞争。一方面，这种竞争使得成本在生产企业与零售企业之间不断转移，使所有企业的总体成本上升。例如，为获得更大的竞争优势，大型零售企业要求生产企业提供更多的优惠措施，如减免费用、返款、提供价格折扣及特别的促销资金等，迫使生产企业不得不通过提高价格来弥补这些额外的成本支出，导致零售企业与生产企业之间关系恶化，不信任的现象十分普遍。另一方面，过度竞争往往使企业忽略了消费者在质量、新鲜度、服务等方面的需求，而一味地通过大量广告来诱导消费者转换品牌，消费者的满足程度不高。

鉴于此，美国食品营销协会（Food Marketing Institute，FMI）联合可口可乐、宝洁等 16 家企业与卡特·沙门协会公司（Kart Salmon Associates Inc.）组成研究小组，对食品及日用杂货业的供应链进行调查研究，并于 1993 年年初完成了改进该行业供需关系的详细报告，系统地提出了有效消费者反应（Efficient Consumer Response，ECR）战略，通过生产企业、分销企业、零售企业的相互协调与合作，联合计划、共享信息，旨在在降低所有企业总成本的同时，为消费者提供更优质的服务。

ECR 战略的实施减少了上下游企业之间无谓的消耗，节约了不必要的成本。欧洲供应链管理委员会对 392 家企业的调查显示：生产企业实施 ECR 战略后，制造成本减少 2.3%，销售费用减少 1.1%，仓储费用减少 1.3%，总盈利增加 5.5%；批发商及零售商实施 ECR 战略之后，库存量减少 13.1%，仓储费用减少 5.9%，毛利增加 3.4%。[①]

二、ECR 战略的基本内涵

（一）ECR 战略的基本原则

根据美国食品营销协会的总结，实施 ECR 战略必须遵循以下原则：

第一，以较低的成本向消费者提供更优的产品、更高的质量、更好的分类、更多的库存服务、更多的便利；

第二，以代表共同利益的商业联盟取代传统的贸易关系，供需双方之间的关系从传统的输赢型交易关系向双赢型联盟关系转变；

第三，利用准确、实时的信息支持有效的市场、生产、物流决策；

第四，各个环节都能实现产品的增值；

第五，让各合作伙伴明确实施 ECR 战略的潜在回报，并确保所得回报公平分享。

（二）ECR 战略的关键技术

实施 ECR 战略需要综合运用条形码、扫描、销售时点、电子数据交换、Internet 等信息技术，在生产企业直至零售企业的结算口之间建立起一个无纸化的业务运作系统。ECR 战略使用的关键技术包括：

（1）计算机辅助订货（Computer Aided Ordering，CAO）。基于库存及需求信息，利

① 黄泽霞．“快速客户反应”（ECR）简介．条码与信息系统，1998（1）.

用计算机管理系统进行自动订货。

（2）连续补货计划（Continuous Replenishment Program，CRP）。利用 POS 技术所形成的销售数据，结合分销企业或零售企业的库存情况，根据预先确定的库存补充程序，以小批量、多频次的补货代替大批量、少频次的补货，提高货物周转率，有效降低货物库存数量。

（3）预先发货通知（Advanced Shipping Notice，ASN）。生产企业或分销企业在发货之前预先通过计算机网络向零售企业传递货物发送清单，以便让零售企业提前做好接货准备，提高装卸搬运及仓储的效率。

（4）供货方管理库存（Vendor Managed Inventory，VMI）。供货方与需求方签订合作协议，由供货方负责为需求方管理产品的库存，并负责确定补货水平，下达补货订单。常见的 VMI 有生产企业为分销企业或零售企业管理库存、分销企业为零售企业管理库存等。

在实施 VMI 以前，供货方为了应对需求方不稳定或难以预测的需求，往往需要建立一定数量的安全库存。同样，需求方为了预防供货方供货的不稳定性以及自身客户需求的不稳定性，也需要建立一定数量的安全库存。这就导致了重复建立库存，使得所有企业的总体库存水平大大增加。

实施 VMI 之后，供货方与需求方建立了伙伴关系，两者共享需求方的库存数据和销售信息，供货方根据这些数据和信息对需求方进行补货。此时，供货方不再是被动地执行需求方的订单，而是主动地为需求方补货或提出具有建议性的订单。这样，对于需求方而言，可以降低补货费用，提高补货速度和准确性；对于供货方而言，可以有效安排生产或采购计划，提高客户服务水平。供需双方的库存水平都得以降低。

（5）通过式运输（Cross-Docking）。生产企业或分销企业运出的货物事先已经按照零售企业的要求进行了预包装，零售企业的配送中心在收到这些货物之后直接向各店铺发货，中间不作停留，从而大大加快货物的流转速度。

（6）直送店铺（Direct Store Delivery，DSD）。货物直接由生产企业或分销企业送达零售企业的各个店铺，中间不经过零售企业的配送中心。

（7）产品价格及促销数据库。由于零售企业涉及的产品种类成千上万，通过建立产品价格及促销数据库，可以大幅度提高定价及促销的管理效率与决策水平。

（8）品类管理。零售企业通过对商品进行分类，确定每一类商品的经营目标，如将某类商品确定为吸引店内人气的商品，而将另一类商品确定为增加企业利润的商品，以提高企业的整体效益。

（9）店铺货架空间管理。零售企业通过对货架进行合理摆放，并为每种商品确定合理的货架空间，形成商品摆放空间与商品销售收入及利润总额的合理匹配，提高店铺空间的利用率。

三、ECR 战略对销售物流的要求

ECR 战略对销售物流提出的基本要求是：通过开展有效的管理，合理选择物流服务提供商，节约物流活动各环节的费用。具体可以通过以下几个途径节约物流费用：

（1）与经销商紧密合作，认真进行市场调研，合理开展市场预测，使产品的库存数量保持在一个合理的水平上，节约库存费用。

（2）认真选择包装材料、包装容器、包装方法，在确保产品品质在物流过程中不会受到损伤的情况下，尽可能节约包装费用。

（3）合理进行工厂、配送中心的选址，选择合适的运输方式、运输路线，确定配送车辆、配送路线及配送频次，节约运输、配送费用。

（4）积极采用装卸搬运机械，提高装卸搬运效率，努力消除无效的装卸搬运活动，减少装卸搬运的次数。

（5）积极利用信息技术，加快物流信息的传递，改进物流管理的效率，同时，在信息系统的建设过程中，注重投入产出分析。

（6）在确定是自营物流，或是由经销商承担物流服务，或是选择第三方物流，还是综合采用多种物流形式方面，应充分考虑物流的规模经济效应因素。

第3节 QR 战略与销售物流优化

一、QR 战略的形成

20 世纪 80 年代，美国的纺织与服装生产企业面临着来自其他国家竞争者的巨大压力。美国从 20 世纪 70 年代后期开始进口纺织品及服装，到 20 世纪 80 年代发展到进口商品已经占据美国市场 40%份额的程度。

在这种形势下，美国纺织与服装业的龙头企业于 1984 年成立了“用国货为荣委员会”（Crafted With Pride in USA Council），该委员会委托流通咨询企业卡特·沙门协会公司对美国纺织与服装业的供销环节进行分析，结果发现从原材料到做成服装并送达顾客手中的周期长达 66 周，其中有 40 周为仓储和运输时间。研究的结果是快速反应（Quick Response，QR）战略的出台，通过在纺织业与服装业采用代码，在零售业安装 POS 扫描系统，在生产企业与零售企业之间采用标准的电子数据交换（EDI）传输信息，在企业之间实现信息共享，以及时掌握最终顾客的消费需求，大大缩短了订货提前期，加快了对市场需求的响应速度，提高了产品周转速度以及对顾客需求的反应能力。[①] QR 战略的实施成效见表 7-2。

表 7-2 QR 战略实施的成效

商品	合作企业	效果（零售商）
休闲裤	零售商：Wal-Mart 服装生产企业：Semiloe 面料生产企业：Milliken	销售额增加 31% 商品周转率提高 30%

① RHONDA R L，DENNIS W K，ROBERT J V. The relationship of logistics to supply chain management：developing a common industry definition. Industrial Management & Data Systems，2001，101（8）：426-431.

续表

商品	合作企业	效果（零售商）
衬衫	零售商：J. C. Penny 服装生产企业：Oxford 面料生产企业：Burliton	销售额增加 59% 商品周转率提高 90% 需求预测误差减少 50%

资料来源：BLACKBURN J D. Time-based competition：the next battleground in American manufacturing. Chicago：Irwin Professional Pub，1990.

二、QR 战略的基本内涵

（一）QR 战略的基本原则

根据布莱克伯恩（Blackburn）的研究，要确保 QR 战略的成功，必须具备以下几个条件：①

第一，革新企业意识和组织。包括：建立上下游企业之间的战略伙伴关系，利用合作各方的资源来提高效率；零售企业是实施 QR 战略的起点，在 QR 战略中起着主导作用；实现事务处理的无纸化和自动化等。

第二，开发和应用现代信息技术是 QR 战略实施的前提条件。

第三，在上下游企业之间建立合理的分工协作关系，消除重复作业。

第四，改变传统的对企业商业信息保密的做法，将销售、库存、生产、成本等信息与合作伙伴共享。

第五，生产企业努力缩短生产周期，降低库存水平。

（二）QR 战略与 ECR 战略的区别

QR 战略与 ECR 战略的区别主要表现在以下几个方面。

1. 针对的对象不同

ECR 战略的适用范围为功能性产品，食品及日用杂货本身是功能性产品的典型代表；而 QR 战略的适用范围为创新性产品，纺织品与服装是创新性产品的典型代表。

2. 关注的重点不同

ECR 战略的核心是消除浪费，节约物流费用；而 QR 战略的核心是提高对复杂多变的顾客需求的响应速度，努力缩短订货提前期。尽管 QR 战略的实施由于订货提前期的缩短和商品周转速度的下降促成了库存费用的节约，但市场响应速度始终是其关注的焦点，而物流费用节约则可以说是实施 QR 战略所带来的副产品。

3. 对联合产品开发的重视程度不同

在 QR 战略中，联合产品开发是一项十分重要的管理策略。零售企业与生产企业在产品开发方面密切合作，这种合作的范围很广泛，包括零售企业将顾客需求的有关信息及时反馈给生产企业的开发部门，也包括零售企业直接参与新产品的开发过程，还包括零售企业积极组织与配合新产品的试销。联合产品开发有助于缩短新产品的上市时间，开发出市场适销对路的产品。而在 ECR 战略中，联合产品开发未得到重视。

---

① BLACKBURN J D. Time-based competition：the next battleground in American manufacturing. Chicago：Irwin Professional Pub，1990.

（三）QR战略与ECR战略的联系

QR战略与ECR战略也有很多相似之处，主要表现在以下几个方面。

1. 面临相似的外部环境

这两种战略的形成都是由于所在行业的发展受到了市场发展空间的限制，交易的权力结构发生了变化。对于QR战略所针对的纺织品与服装业而言，由于受到外国产品的冲击，整个行业的发展受阻；对于ECR战略所针对的食品及日用杂货业而言，则由于消费需求的变化导致发展速度趋缓。无论哪一个行业，市场交易的权力结构都朝着有利于零售商的方向发展。

2. 具有相同的理念

这两种战略都强调上下游企业之间应建立战略伙伴关系，渗透着供应链管理的思想，都旨在解决生产企业与分销企业或零售企业之间的恶劣关系，提高整体的竞争力。

3. 运用相似的技术

这两种战略都非常重视信息技术在优化战略伙伴关系中的作用，以条形码、扫描、销售时点、EDI、Internet等信息技术为基础，使用计算机辅助订货、连续补货计划、预先发货通知、供货方管理库存、品类管理、店铺货架空间管理等关键技术。

4. 面临相似的陷阱

在具体的实施过程中，这两种战略都很有可能只被看成是技术上的战略，将其实施过程仅看作是信息管理部门的事情，而不是一个跨越企业各个职能部门的系统。在这种情况下，它们的实施很可能以失败告终。

三、QR战略对销售物流的要求

QR战略对销售物流提出的基本要求是：加快物流各环节的处理速度，努力缩短订货提前期，实现对市场需求的快速反应。

（一）提前期的构成

为了降低创新性产品的积压风险，很多创新性产品生产企业在接到顾客的订单后才采购原材料或零部件，组织生产。在按订单生产的情况下，顾客订货的提前期包括订单的处理时间、原材料及零部件的备货时间、生产时间、产成品运输及配送时间。压缩其中任何一项处理时间，都可以提高市场响应速度。

（二）销售物流优化措施

原材料及零部件备货时间、生产时间的缩短与采购物流、生产物流的效率直接相关，有关采购物流和生产物流的内容我们将在其他章节进行讨论。订单处理时间、产成品运输及配送时间的缩短则与销售物流相关。以下是常见的与缩短订货提前期相关的一些销售物流优化措施：

（1）进行合理的订货流程设计，建立计算机管理的订货系统，使得订货信息可以迅速、有效地转变为原材料、零部件的采购信息和产品的生产信息。

（2）缩短物流中转环节。物流中转环节的缩短既可以与商流中间环节的缩短相配合，也可以在商流不发生变化的情况下致力于精简物流环节。例如，企业电子商务网站的建设，可以使生产企业直接接受顾客的订货，而不必经过分销企业和零售企业。相应地，产品的物流也从生产企业的配送中心直接送达顾客，而不必先运抵分销企业或零售企业的配送中心。前面介绍过的通过式运输、直送店铺则是在商流不变的情况下优化物流中转环节的例子。

（3）选择服务有保障的物流服务提供商，并对其加强监督和考核，确保物流服务的时限要求有保障。

（4）确保物流服务质量的安全、可靠性，否则，由于货物在装运过程中的破损而必须进行重新发货，不但增加企业的成本，而且导致时效性下降。

（5）企业的组织结构应有较大的柔性，能够根据市场需求的变化作出迅速反应。在必要的情况下，应进行企业业务流程再造。

本章小结

本章在介绍市场营销四种基本功能的基础上，首先分析了销售物流在企业市场营销中的作用。按照需求特点的不同，企业生产的产品可以分为功能性产品和创新性产品两大类。对于功能性产品来说，应采用 ECR 战略，其销售物流优化的重点是努力节约产成品的物流费用，从而在市场上形成优于竞争对手的价格优势；对于创新性产品来说，则应采用 QR 战略，其销售物流优化的重点是提高物流速度，缩短顾客的订货提前期，以便对市场需求作出迅速反应。

课后案例讨论

可口可乐的销售物流模式

可口可乐在中国是家喻户晓的品牌，连续 9 年被评为中国最受欢迎软饮料，可口可乐也是中国最畅销的饮料之一。自 1979 年重返中国市场，可口可乐在华总投资超过 130 亿美元，员工超过 4.9 万人，99%为中国本地员工。截至 2022 年，可口可乐拥有分布在全国不同区域的装瓶厂 46 家。

可口可乐的销量巨大，业绩斐然，能取得如此成就与其销售背后的物流支持是分不开的。

直触市场终端的物流销售网络

可口可乐在 20 世纪 80 年代就开始在中国逐步建立自己的销售网络，并将此确立为自身的核心竞争力之一。因为对于饮料这样的快消产品来说，物流成本非常大，导致很多的饮料厂商把物流视为负担，这与可口可乐刚好相反。可口可乐专门在物流领域下功夫，建立自己的市场竞争优势。针对饮料的物流成本高，且有淡旺季等特点，可口可乐集团要求每个装瓶厂推行物流周会，仓储、运输、采购、生产、销售各个部门的领导每周参加一次会议，解决各种问题，同时在组织上建立物流部门，制订物流计划。这就解决了信息沟通的问题。在技术上，要求每个瓶装厂都推行 BASIS 系统，这个系统是专门为可口可乐销售研发的，可以极大地提高销售信息处理能力，减少成本，同时还可以根据各个厂的情况进行开发。通过信息系统的建立，可口可乐公司下属的各个装瓶厂的存货明显减少，存货周转速度大幅度提高，有效降低了闲置成本。这为可口可乐在全国建立通畅的物流销售网络提供了很大的帮助。

此外，可口可乐也和中国当地企业进行合作，合作伙伴负责饮料的销售，可口可乐在中心城市建立装瓶厂，由各个地区的销售中心进行销售，而且是实行严格的分区销售，禁止跨区销售。每个合作伙伴的运作模式都是一样的。

实行分区销售是可口可乐销售运作模式的前提。在这种情况下，可口可乐的销售模式主要可以分为两种。一种是“销售中心”模式，是指在中心城市，由装瓶厂负责销售。对于高档酒店、大卖场等大客户实行直销的方式，为的是提高效率和节约成本，这样就提高了可口可乐的市场反应能力。另一种是销售中心外围的周边地区的销售模式，这些地区的销售主要是由可口可乐的分公司负责的。这种销售模式被可口可乐称为“101 模式”。

“101 模式”

“101 模式”即由各地的可口可乐装瓶厂负责在本地市场内寻找一位批发商作为合作伙伴，负责产品运输和配送，而装瓶厂负责派送业务代表到市场上进行业务推销和宣传。双方各司其职，实现双赢。

可口可乐一般是选择当地的大批发商作为其 101 客户进行合作。批发商主要负责饮料的配送，并不需要进行销售和市场营销等工作，这些工作由可口可乐公司的员工负责。可口可乐外派的业务代表进行市场营销和市场扩展工作，将客户订单交给 101 客户。101 客户接到订单后直接到装瓶厂运货，送达终端客户。

业务代表的主要客户就是区域里的各个零售店，根据各个零售店的需求情况来确定产品的投放。业务代表的营销效果非常好，因为他们与零售店非常熟悉。装瓶厂借助 101 客户和业务代表就能直接掌握大量的终端客户，平均每个装瓶厂的终端客户能达到几万家。这些网络像触角一样伸展到市场的各个角落，可口可乐就是这样牢牢地建立起了自身的销售网络，将批发商和零售商拧成了一股绳，成为利益共同体。“101 模式”对可口可乐物流速度的提升起到了关键作用，是其销售网络建设的重要支撑。

上下一盘棋

可口可乐产品出厂之后，由厂方用大货车直接运往分公司的仓库，每个分公司再根据订单，借助当地第三方物流将货物运往每个 101 客户的小仓库。

101 客户的配送是非常简单的。由于第三方物流负责的区域小，配送方式可多种多样，如货车、三轮车、自行车等都可以采用，使得配送非常简单、高效、快捷。在小区域市场上，只要零售商有订货需求，打完订购电话后，很快就能收到货。在淡季，三个人就可以确保配送系统的正常工作。即使在一个比较大的销售区域，客户的订货量特别大的时候，配送时间也不会超过 6 个小时。

此外，可口可乐的库存问题也得到了极大改善。原来由批发商负责销售的模式，可口可乐的物流成本是非常低的，但这也导致了可口可乐无法掌握市场需求的动态，生产和物流都不能及时反应市场情况。在启用“101 模式”之后，业务代表们掌握了每个终端客户的需求和销量，对于 101 客户每天卖了多少货物、库存多少都一清二楚。每个分公司的系统都与总部联网，101 客户每销售一瓶产品，总公司在第一时间就能看到，并及时通过第三方为其补充库存。

个性化服务

可口可乐的销售也体现在市场终端的促销上。随着市场竞争越来越激烈，可口可乐的促销活动也越来越频繁。在重要节日前夕，可口可乐会指派导购员直接在超市货架前进行促销。快速的货物流动需要物流的配合。通过与商家进行各种形式的谈判，可口可乐决定直接将大型货车开到商场的仓库门口，占据最有利的位置，随时补足缺货，这相当于把货车当成了商场的临时仓库。而竞争对手的货车往往根本没有靠近仓库的机会。表面看来，似乎只是缩短配送路程这么简单，但在这种特殊情况下，商机往往就在短短一两天甚至几个小时内，稍晚一步，损失都会很大。

资料来源：可口可乐销售和物流的模式．中国食品科技网，2010-04-30；汤向东．可口可乐公司在中国渠道策略分析．商城现代化，2012（2）；张永杰，尧婷．浅析快消品行业物流成本管理问题：以可口可乐公司为例．物流技术，2014（23）；池金玲．合肥太古可口可乐公司配送管理研究．价值工程，2016（16）．

结合案例内容，试回答下列问题：

1. 可口可乐的“101模式”是怎样的？

2. “101模式”为可口可乐解决了哪些难题？带来了哪些好处？

3. 可口可乐的销售物流战略属于哪种战略？为什么？

复习思考

1. 物流在企业市场营销中的作用是什么？

2. ECR战略和QR战略的不同之处和共同之处分别是什么？

第 8 章　生产物流

学习丰田精益生产是格兰仕的必由之路。

——梁昭贤（格兰仕集团董事长兼总裁）

学习导航

- 掌握生产物流优化的基本内容。
- 熟知 ERP 在生产物流优化中的作用。
- 了解均衡化生产、同步化生产与生产物流优化的关系。
- 掌握精益生产的内涵、基本框架及精益生产对生产物流优化的贡献。
- 掌握大规模定制的概念、基本框架及大规模定制对生产物流优化的贡献。

引例

法布劳格：生产物流规划领域的先行者

生产物流体现在企业的各个生产环节，贯穿于原材料的采购、物料的存储、物料的上线生产、成品的下线。生产物流的规划对供应链管理、库存控制、在制品积压、生产计划、成品交付各环节都有着决定性的作用。

法布劳格公司 1982 年成立于德国帕本堡，同年为欧宝汽车公司开发出第一个基于计算机支持的仓库管理软件，2002 年总部迁往柏林，2003 年进入中国，2004 年正式成立北京分公司，公司全称为法布劳格物流咨询（北京）有限公司。

专注于生产物流规划

法布劳格公司从成立之初就致力于生产物流领域的规划和改善，专注于在整个生产物流领域为客户提供个性化的增值服务，具体内容包含：信息系统规划，操作流程设计，物料上线规划，产线物流区域规划，运输方式规划，人员岗位职责规划，设备需求规划，上线器具规划设计，库房/配送中心物流功能区测算及布局设计，厂区/园区整体布局，供应商管理，战略咨询，投资运营测算，等等。

经过 40 多年的发展，法布劳格公司成功实施了 1 000 多个项目，其中约有一半的客户为世界 500 强企业。

法布劳格成功的生产物流规划有很多，仅以其对格力电器公司的生产物流的优化改善为例。

格力生产物流规划改进方案

珠海格力电器股份有限公司成立于 1991 年，是目前全球最大的集研发、生产、销售、服务于一体的专业化空调企业之一。

格力珠海工厂由于建成的时间跨度长，各期分厂的生产物流规划完全不同，并且与之配套的物流库房几乎全是楼库，空间分割严重，有效利用率较低。随着产能的急剧扩增，以及订单要求的小批量、多频次生产模式的推进，库房库容率、出入库操作效率、生产物流配送的准确性、IT 系统的支持等方面逐渐成为制约工厂生产进一步提升的瓶颈。

法布劳格受格力公司的委托，根据珠海格力的现状及客户要求，从以下几方面开展改进工作：库房库容率的提升、库房布局的调整、库存结构的优化、供应商来料的入库组织、入库效率的提升、库房库位管理的优化、物料出库的拣配优化、物料上线模式的优化、IT 系统功能的增加、设备人员的配置测算、投资收益分析及相应的操作流程的规划。

在库房优化方面，法布劳格通过设置来料叫号系统，组织供应商的入厂卸货操作，提升卸货效率并改善厂内卸货车辆无序、拥堵的现象；清理呆滞废料，并将战略储备料转移至外库，提升现有库房库存的流转速度；设置双核库房，有效减少了厂内的交通压力，并提升了物料齐套检验的可操作性；对库房库位进行条码化的库位管理，并重新调整库房布局和物料种类的位置分布，减少物料存储状态不定、位置不定、找料时间长的问题，使物料存储操作、分拣操作效率得到提升。

对物料进行不同上线模式的设定，将上线物料的数量从 24 小时的需求压缩至 6 小时的需求并正在朝 2 小时需求改善，降低线边物料库存。法布劳格将物料归入 5 种不同尺寸的料箱，以便工人用不同的周转器具进行分拣和库房管理。这样做既节省库房空间、降低仓储成本，又使员工的上线分拣效率得到提升；加强物料上线前的齐套检验，减少生产计划更改的次数；时区物料齐套配送，尽量减少送料员工因需要时时查看每种物料而导致操作效率低下的情况；推行 KLT 标准、存储托盘标准，使物料包装操作标准化、规范化。

在 IT 系统和流程化方面，法布劳格通过优化批次码与物料的匹配程度，增加拣选单的生成模块，优化与之对应的操作流程，增强 IT 系统对操作的指导和防错效率，提升物料存储、出入库效率及账务的一致性；整合车队及库房运输、配送业务，减少内部交接环节，使物流流程更加顺畅；测算与之配套的资源需求，分配人员岗位和设备分布。

通过以上改善措施，法布劳格提升了格力公司物料的出入库效率、库房库容率、流程操作的顺畅性、物料配送的准确性并降低了线边库存。

资料来源：法布劳格公司网站；法布劳格：生产物流规划领域的先行者．全国物流信息网，2012－02－04；林振强．以单元化物流促进企业供应链升级：访法布劳格物流咨询（北京）有限公司董事、总经理张芸．物流技术与应用，2014（8）；刘文浩，于斌，陈勇，等．中小型智能制造企业生产物流方案的调研与优化．物流技术，2022（11）.

第1节 生产物流优化的内容与技术

一、生产物流优化的基本内容

生产物流指的是企业在生产过程中所发生的物流活动，这种物流活动与企业的生产工艺相伴而生，在很多情况下构成企业生产工艺过程的一部分。生产物流的合理化直接影响生产的效率。

生产物流优化的基本内容如图 8-1 所示。

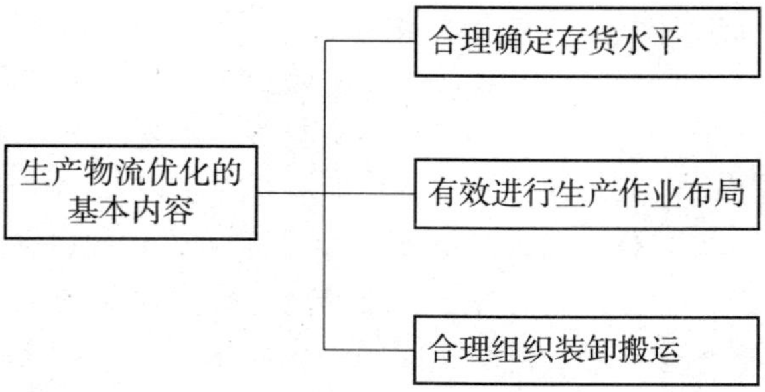

图 8-1　生产物流优化的基本内容

（一）合理确定存货水平

各种原材料、零部件、中间产品、产成品的数量应尽可能做到最低限度的库存，消除因多余库存造成的物流效率的浪费。这就要求生产计划做到科学、合理和准确，原材料、零部件的生产、采购、库存要严格地满足产品物料清单的配比要求。中间产品和产成品的生产、组装应在时间上准确衔接，避免发生某些工序停工等待现象。

（二）有效进行生产作业布局

生产作业布局对物流的效率具有重大影响。原则上，应以物流总行程最短为条件来布局生产车间和生产设备，使得最先的输入点和最终的输出点靠近仓储位置或货物接收及发运地点。对于物流量大的车间，应保留在地面层；否则，大量的物流容易使电梯成为物流的瓶颈，严重降低物流效率。对于仓储区的设置，一方面不宜离运作的车间太远，否则会增加物流负担；另一方面不宜离运作的车间太近，否则会影响车间工作的正常运行。

（三）合理组织装卸搬运

积极采用机械化乃至自动化的设备，是提高生产物流中装卸搬运效率的重要手段。对生产作业人员进行合理组织，也能够提高装卸搬运效率。合理规划物料摆放位置，可以避免物料装卸搬运过程中的来回走动，有助于提高装卸搬运效率。将生产、仓储场所的物品按照规定的位置摆放整齐，可以消除阻碍物料正常流转的障碍，减少找寻物料的时间，便于装卸搬运工作的开展。

二、企业资源计划与生产物流优化

所谓企业资源计划（Enterprise Resource Planning，ERP），是一种建立在信息技术的基础上，以系统化为指导思想，将企业以及企业所处的供应链的各个方面的资源充分调配和平衡，使企业在激烈的市场竞争中取得竞争优势的先进的管理信息系统。20 世纪 90 年代初期以来，ERP 开始崭露头角，受到越来越多企业的重视。在生产企业中积极采用 ERP，对于优化生产物流具有重要作用。

对于生产企业而言，ERP 的核心功能是物料需求计划（Material Requirement Planning，MRP），而制造资源计划（Manufacturing Resource Planning，MRPⅡ）则是构成 ERP 的主体部分。ERP 是在 MRPⅡ的基础上发展起来的，而 MRPⅡ是在 MRP 的基础上发展起来的，如图 8－2 所示。

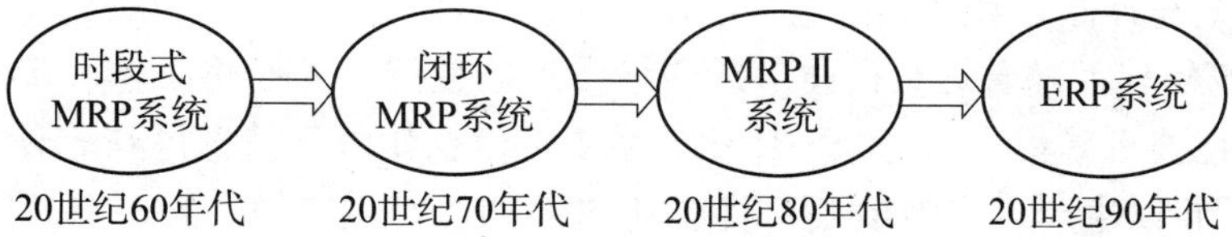

图 8－2　ERP 的发展历程

（一）MRP 与生产物流优化

计算机技术的发展，使得短时间内对大量数据进行复杂运算成为可能。1960 年，美国制造和存货控制协会（American Production and Inventory Control Association，APICA）提出了 MRP，并开发了 MRP 软件。MRP 的基本做法是：根据主生产计划（Master Production Schedule，MPS）需要生产的最终产品的数量和时间要求以及库存状态，借助物料清单（Bill of Material，BOM），模拟未来库存状况和预测未来缺件情况，按照零部件的提前期和批量准则，编制所需零部件、原材料的生产和采购计划，保证主生产计划的实施。所谓主生产计划，即企业最终产品的生产计划，它详细规定生产什么、什么时段应该产出。主生产计划是独立需求计划，根据客户订单和市场预测来制订。所谓物料清单，是指为了便于计算机识别，用规范的数据格式来描述产品零部件组成的文件。MRP 的产生，减少了库存和在制品积压，缩短了生产周期，提高了企业的效益。

MRP 经历了时段式 MRP 和闭环 MRP 两个发展阶段。

1. 时段式 MRP

20 世纪 60 年代的 MRP 属于时段式 MRP，它能根据有关数据计算出相关物料需求的准确时间与数量，但它还不够完善，没有考虑到生产企业现有的生产能力和采购的有关条件的约束。因此，计算出来的物料需求有可能因设备和工时的不足而没有能力生产，或者因原材料的不足而无法生产。同时，它也缺乏根据计划实施情况的反馈信息对计划进行调整的功能。

2. 闭环 MRP

正是为了解决以上问题，MRP 在 20 世纪 70 年代发展为闭环 MRP。所谓闭环，是指在编制物料的生产和采购计划以后，对设备、劳动力等能力进行测算，并指出能力的盈缺，指导能力的协调平衡。闭环 MRP 系统除了物料需求计划外，还将生产能力需求计划、车间作业计划和采购作业计划也全部纳入 MRP，形成一个闭路循环的系统。

在闭环 MRP 中，将关键工作中心的负荷平衡称为资源需求计划，又称粗能力计划，它的计划对象为独立需求件，主要面向主生产计划；将其他工作中心的负荷平衡称为能力需求计划，又称详能力计划，它的计划对象为相关需求件，主要面向车间。能力需求计划的运算过程就是把物料需求计划订单换算成能力需求数量，生成能力需求报表。只有在采取了相关措施做到能力与资源均满足负荷需求时，才能开始执行主生产计划。而后，用派工单来控制加工的优先级，用采购单来控制采购的优先级，并通过现场作业控制确保能力需求计划的实现。

（二）MRPⅡ与生产物流的系统优化

闭环 MRP 的出现使生产管理的各种子系统得到了统一。但在企业管理中，生产管理只是其中的一个方面，它所涉及的主要是物流，而忽视了与物流密切相关的资金流，造成数据的重复录入与存储，甚至导致数据的不一致。

20 世纪 80 年代，随着计算机技术、网络技术的发展，人们将采购、库存、生产、销售、财务、工程技术等集成为一个一体化的系统，使企业内部信息得到充分共享，提出了 MRPⅡ。MRPⅡ以生产过程为核心，将企业内部的产、供、销、人、财、物各生产经营环节组成一个有机整体，对企业内部包括物料、设备、人力、资金、信息在内的所有制造资源进行总体计划和优化管理。

（三）ERP 与生产物流优化

到了 20 世纪 90 年代，市场竞争进一步加剧，企业竞争的空间和范围进一步扩大，20 世纪 80 年代主要面向企业内部资源进行管理的思想发展为 90 年代面向整条供应链进行管理的思想，提出了 ERP 的概念。与 MRPⅡ侧重对企业内部资源进行管理不同，ERP 对供应链上所有环节进行有效管理，可以使企业摆脱“大而全”或“小而全”的生产模式，集中力量在最有竞争力的环节开展业务活动，外包成为企业重要的零部件、原材料乃至最终产成品的供应来源。在实施 ERP 以后，生产物流优化与采购物流优化更加紧密地结合在一起，紧密协调，相互配合，以降低整个企业的存货水平。

在实施 ERP 以前，MRPⅡ通过计划的及时滚动来控制整个生产过程，一般只能实现事中控制。而 ERP 则能够支持在线分析处理，强调企业的事前控制能力，使得管理的实时性较强，生产物流及采购物流管理的效率大幅度提升。

（四）实施 ERP 的注意事项

ERP 是一项需要较多投入、较长时间、涉及全局的系统工程，要确保其成功实施，必须注意以下事项：第一，需要企业决策层，尤其是一把手的高度支持和直接参与。不少企业 ERP 导入的失败，就是因为一把手没有直接参与或不够重视，副总经理及实施人员难以调解新旧管理模式转换过程中各部门的利益冲突。第二，需要具备准确和完整的基础数据，确保原始记录、会计凭证、统计资料的真实性、完整性，制定健全的劳动工时、原材料消耗、资金占用、费用控制等定额标准。第三，需要计算机专业人才与各职能部门的管理人才合理搭配，组成复合型团队。

三、均衡化生产、同步化生产与生产物流优化

均衡化生产与同步化生产的开展有助于降低原材料、零部件、产成品的存货水平，减

少缺货损失，提高生产企业内部原材料、零部件的流转效率，是生产物流优化的重要手段。

（一）均衡化生产与生产物流优化

所谓均衡化生产，是指平均地生产产品，使物料在各工序之间、生产线之间乃至协作厂之间平稳、均衡地流动。这样就可以有效地避免高峰时出现设备生产能力、人员、原材料、零部件等不足，低谷时出现设备生产能力、人员、原材料、零部件等过剩的现象。

流水生产是以接近恒定的生产率进行生产的，而多品种、成批轮番生产能否实现稳定的日产率，能否以日甚至更短的时间周期制订出稳定的作业计划，是均衡化生产要解决的问题。

为达到生产均衡化，制订合理的月生产计划、日生产计划十分重要。月生产计划根据前三个月的生产计划和当月的需求预测制订，确定月生产的产品品种及每种产品的产量。月生产计划确定后，将产量平均分配到每个工作日，形成日生产计划。为了在日生产计划中均匀分布各种产品的生产，达到品种平均，在生产中常采用混合流水线的生产方式，在一定时间内同时生产几种产品。同时，还应针对需求的实际变化，及时调整日生产计划。

（二）同步化生产与生产物流优化

所谓同步化生产，是指工序间不设置仓库，前一道工序的加工结束后，在制品立即转到后一道工序去，各个工序几乎平行进行，产品被连续地生产出来。同步化生产可以有效地满足准时制的要求。对于运用一条流水线就能够完成生产的产品，工件在各工序间一件一件生产、一件一件往后一道工序传递，直至总装配线，一直是单件生产、单件运送，同步化生产很容易实现。

但并非所有的产品都能够只使用一条流水线就可完成生产，都能采用单件生产、单件运送的方式。在铸造、锻造、冲压等必须成批生产的工序，为了实现生产过程的同步化，需要尽量缩小批量。但这样一来，作业更换变得十分频繁。为此，缩短作业更换时间变得极为关键。作业更换的时间越短，加工批量就可以越小，原材料和零部件在生产过程中的停放和等候时间就越短，流动就越顺畅、越连续，整个生产过程就越接近于流水状态。

同步化生产还需要采取相应的设备配置方法。如果按照机床设备专业化的组织形式，将同一类型的机床设备布置在一起，如按照车床组、铣床组、刨床组等分区布置，工序与工序之间缺乏有效的连接，各工位加工出来的工件堆积在机床旁，容易产生积压。因此，需要按照产品加工顺序来布置设备，形成相互衔接的生产线。

第 2 节　精益生产与生产物流优化

一、精益生产的起源与内涵

精益生产（Lean Production，LP）是 ECR 战略在生产领域的延续，是美国麻省理工学院基于对日本丰田JIT生产方式的研究和总结，于1990年提出的新的生产方式。

（一）丰田JIT生产方式

20世纪50年代，日本丰田汽车公司发现，如果零部件被提前很多时间大规模地生产出来，其存在的缺陷只有到最后装配时才会被发现，从而造成大量的报废或返修。当时，在很多工厂中，有20%的生产面积和25%的生产时间是用来返修的。

为此，公司副总经理、生产管理专家大野耐一经过仔细研究，提出了JIT生产的思想，将传统生产过程中的前道工序向后道工序送货，改为后道工序根据实际需要向前道工序取货，零部件的库存时间控制在两个小时以内。

为了实现这一目标，丰田汽车公司一方面与协作厂建立紧密的合作关系，一方面努力提高工人的熟练程度和责任感，并致力于建立能够激发员工积极性和主动性的工作小组。

在当时的美国，汽车生产所需要的1万多个零部件由汽车制造厂总部的技术人员负责设计，然后公司将图纸交给协作厂，再在投标企业中选择报价最低、质量能满足要求、交货时间短的企业。汽车厂和协作厂之间的关系属于临时性的，汽车厂常常在协作厂之间变动订货单，而事先并不通知对方。尤其是在汽车市场出现衰退时，汽车厂和协作厂各自为自己打算，以短期行为来处理业务上的联系。

丰田汽车公司则采取了另一种办法，将原来自制的配套部分也分离出去，成为准独立的第一层次的协作单位，公司保留一部分股份。经过一段时间之后，丰田汽车公司与第一层次的协作厂之间相互持有对方的股份，双方在人员方面进行交流，丰田汽车公司甚至在对方人手紧缺时将自己的人员借给协作厂。各协作厂参与丰田汽车公司的新产品开发。这样，各协作厂与丰田汽车公司之间互相依赖、生死与共，为JIT生产的顺利实施打下了坚实的基础。

在原有的生产方式中，组装线上的工人只是重复一些简单的动作，而不对产品的质量负责，产品质量由专门的检验部门在产品整体装配完毕后进行检查。但事实上，组装线上的工人最了解第一线的情况，如果在组装线上就能对生产中出现的错误进行纠正，那就不会出现因错误积累而导致大量报废或返修的现象。鉴于此，丰田汽车公司将生产工人分组，每个小组随时纠正本组生产过程中出现的错误，并且定期集体讨论，提出改进工艺流程的建议，这就是成组技术和质量控制的早期形式。

在刚刚实施的时候，随时纠正错误的做法使组装线总是停下来，但当所有的工作小组掌握了经常出现的差错，并对差错原因积累了一定经验之后，组装线停下来的次数大为减少。

因为每个工作小组的工人对他们的产品质量负责，所以他们有权决定如何提高生产力水平，并自己实施改进措施。这实际上就是让工人有参与决策的权力。而在生产小组授权方面，除了赋予它们改进生产的权力，还赋予小组组长强大的行政权力，组长可以根据各人的表现晋升工作出色的成员。由于这种工作小组的做法与日本文化中强调集体和协作的意识完全吻合，因此效果十分显著。

从20世纪50年代到70年代，丰田汽车公司虽以其独特的生产方式取得了显著的成就，但当时日本及整个西方经济呈高速增长的态势，传统的生产方式也能取得相当规模的生产效果。因此，丰田JIT生产方式在这一时期并没有真正受到高度重视，仅在公司内部及供应商的部分企业中得以运用。

1973年爆发的石油危机，给日本的汽车工业带来了前所未有的机遇，同时也将整个西方经济带入了黑暗的缓慢成长期。市场环境发生变化后，传统生产的弱点日趋明显，与此同时，丰田汽车公司的业绩却日益上升，其独特的生产方式开始为人们所关注。石油危机以后，丰田JIT生产方式在日本汽车工业企业中得到迅速普及，并体现出巨大的优越性。到1980年，日本以1 100万辆的产量超过美国，成为世界第一汽车制造大国。

（二）精益生产概念的提出及内涵

在世界汽车市场竞争中遭受了惨重失败的美国，在经历了曲折的认识过程后，终于意识到：致使市场竞争失败的关键是美国汽车制造业的生产水平已落后于日本，而落后的关键又是丰田JIT生产方式在日本的大规模采用。

1985年，美国麻省理工学院的詹姆斯·P. 沃马克（James P. Womack）、丹尼尔·琼斯（Daniel Jones）、丹尼尔·鲁斯（Daniel Roos）等专家筹资500万美元，用了近5年的时间对90多家汽车厂进行了考察，于1990年出版了《改造世界的机器》一书，在丰田JIT生产方式的基础上提出精益生产的概念，并对其管理思想的特点与内涵进行了详细的描述。

英文单词“lean”的本意是指人或动物瘦、缺乏脂肪，引申到生产过程中，指不投入多余的生产要素，只是在适当的时间生产必要数量的后道工序或市场急需的产品，使所有的生产经营活动都有效益。从中文字面含义来讲，“精”指质量高，“益”指具有经济性。

概括来讲，所谓精益生产，是指以彻底消除浪费为目标，以精简为手段，有效配置和合理使用企业资源，最大限度地为企业谋取经济效益的生产方式。

案　例

徐工巴西制造的精益生产运营

1989年成立的徐工集团是中国工程机械行业的领军者，在2019年全球工程机械制造商50强排行榜中，徐工集团稳居全球第6位，2023年上升至第3位，世界品牌500强第386位。建于巴西米纳斯州包索市的徐工巴西制造有限公司（简称徐工巴西制造）是徐工集团国际化发展中的第一个全资生产基地，于2014年正式投产，已形成了起重机、挖掘机、装载机、压路机、平地机等主营工程机械产品7 000台的年生产能力。徐工巴西制造成立之初，生产模式为“多品种、小批量”，生产组织较为困难，存在大量的制造过程浪费、搬运浪费、库存浪费、不良品浪费等现象，于是导入了精益生产模式。

组织和制度保障

为有效推进精益生产项目的全面落地，公司成立了总经理挂帅的项目组，下设精益生产项目推进办公室，同时，成立5S及目视化推进小组、浪费识别与改善推进小组、标准化作业推进小组、节拍化生产推进小组、精益物流推进小组、供应链延伸推进小组、精益安全推进小组等机构，保证项目的推进实施。

精益生产项目推进办公室制定相关制度，编写标准文件，使精益生产项目的管理、奖励及处罚均有据可依、有理可依，逐步形成精益生产组织的长效机制。例如在验收评审环节，制定了详细的制度和流程，各推进小组对项目进行验收评审，验收评审采取项目汇报与现场检查两种形式结合，对项目的执行情况与成果数据进行验证，验证结果统一报送精益生产项目推进办公室，办公室形成项目日常考评得分并加以汇总，作为评比评先的依据。

精益文化和思想保障

公司秉承“精益专注创新奋斗”的企业精神，宣扬“人人讲求精益，事事追求精益”的干事作风，通过举办5S演讲比赛、精益生产辩论赛、浪费识别漫画比赛等各种活动，对精益文化进行深度推广，使得精益观念深入人心。同时，加强培训，力求所有相关人员都掌握精益生产工具，帮助企业快速成长。

公司每月开展精益项目评比活动，对评选出的优秀推进小组、部门及个人给予奖励，年底则针对全年情况表彰在项目推进过程中表现优秀、成绩突出的推进小组、部门及个人。而对于在年度评比中落后且最终评分不及格的推进小组和部门则给予一定的处罚，并对具体推进组长或部门领导进行考核，考核结果纳入干部绩效考核。

信息化技术保障

第一，应用SAP系统实现了对企业管理层面，诸如财务管理、资产管理、成本管理、采购管理、库存管理、销售管理、生产管理、备品备件管理、质量管理、人力资源管理和办公自动化等方面的全面覆盖，实现了全价值链信息的优化。第二，应用MES系统有效监控全制造过程质量的优化，实现了作业计划闭环管理、物流配盘与拉式配送管理、智能设备监控与管理、关键件数据自动采集、现场问题及时预警等功能；通过应用DNC和CAM，实现关键数控设备及大型加工中心的联网，可实时掌握生产状态，自动监控和记录设备状况，对车间现场进行网络化监控和可视化管理，并在生产现场大量应用了工业机器人、AGV小车等新型自动化技术，实现生产过程的自动化管理。第三，建设完成了包括客户关系管理系统CRM、移动CRM、营销服务门户Portal、商业智能BI、呼叫中心Call Center在内的立体化、全方位信息系统格局，覆盖市场、销售、服务、备件、经销商协同等五大业务功能模块，实现了公司总部、营销中心、经销商、服务商、供应商的多级业务协作和管控，提高了供应链协同运营效率。

资料来源：张丽娜．徐工基础精益生产实施路径与优化研究．哈尔滨理工大学硕士学位论文，2016；焦威．徐工巴西制造精益生产管理改进策略．合作经济与科技，2020（4）；焦威．徐工巴西制造有限公司精益生产应用研究．燕山大学硕士学位论文，2020.

二、精益生产的基本框架

（一）精益生产的基本目标

精益生产以消除一切形式的浪费为基本目标，这一基本目标通过生产的持续改进得以实现。精益生产认为，浪费主要分为七种，即过量生产的浪费、库存积压的浪费、空闲待工的浪费、无效搬运的浪费、产品缺陷的浪费、操作者动作的浪费、不必要的过程等。

精益生产所倡导的消除一切形式的浪费最集中表现在以下两个方面。

1. 追求零库存

传统的生产方式认为，为了应对原材料供应的不及时、消费需求的异常变化，必须保有适当数量的原材料、在制品、产成品库存，以缓冲各个生产环节之间的矛盾，保证生产连续进行，提高对顾客的服务水平。

精益生产则不然，它将生产中的一切库存视为浪费，认为一个充满库存的生产系统会掩盖其存在的各种问题。过多的库存使人们习惯于整个生产系统的低效率，对生产过程中存在的各种问题熟视无睹，一旦矛盾累积到一定程度，容易造成大问题。正因为如此，日本人视库存为“万恶之源”，认为库存是生产系统设计不合理、生产过程不协调、生产操作不良的表现，并提出“向零库存进军”的目标。

2. 追求零缺陷

传统的生产方式认为不合格品达到一定数量是不可避免的，提出可允许的不合格率和可接受的质量水平。在保证生产连续的基础上，通过对检验成本与质量次品所造成的浪费之间的权衡，来优化质量检测控制点。

而精益生产则认为错了再改需要花费更多的金钱、时间与精力，强调“一次成功”，追求“零缺陷”的目标，努力消除各种引起不合格品的因素，要求加工过程中的每一道工序都达到最好的水平。过去，企业总是对花在预防缺陷上的费用能省则省，结果造成很多浪费，如材料、工时、检验费用、返修费用等。但事后的检验是消极、被动的，而且往往太迟。各种错误所造成的需要重做零部件的成本常常是预防费用的几十倍。因此，应多在缺陷的预防上下功夫，这样做也许开始时需要多花些费用，但很快便能收回成本。

（二）精益生产的基本手段

精益生产以精简为基本手段。为杜绝各种形式的浪费，精益生产要求在组织机构方面实行精简化，毫不留情地撤掉对产品增值不能作出贡献的环节，裁减冗员，实现纵向减少层次，横向打破部门壁垒，建立分布式平行网络的管理结构。在生产过程中，采用先进的柔性加工设备，减少非直接生产工人的数量，使每个工人都真正对产品实现增值。通过大幅度减少库存甚至实现零库存，减少库存管理人员、设备和场所。

（三）精益生产的基本支柱

为达到消除一切形式的浪费的目标，精益生产以准时制生产、全面质量管理、并行工程、团队工作法为基本支柱。

1. 准时制生产

所谓准时制生产，是指只在需要的时候，按照需要的数量，生产所需的物料或产品，以杜绝超量生产所造成的库存和浪费的生产方式。准时制生产以对最终顾客的需求预测为生产起点，强调物流平衡，前一道工序严格按照后一道工序要求的时间和数量供应所需物料，由看板传递零部件需求信息，以减少库存乃至实现零库存。

2. 全面质量管理

全面质量管理（Total Quality Management，TQM）强调质量是生产出来而非检验出来的，由生产中的质量管理来保证最终质量，质量管理的过程涉及企业生产过程的每一个环节、每一位员工。如果在生产过程中发现质量问题，根据情况，可以立即停止生产，直至解决问题，从而保证不出现对不合格品的无效加工。

3. 并行工程

并行工程（Concurrent Engineering，CE）又称同步工程（Simultaneous Engineering，SE），是指对产品及其生产和辅助过程实施并行、一体化设计，促使产品开发者始终考虑从概念形成直到用后处置等产品生命周期的所有因素，包括设计、工艺、制造、装配、检验、维护、可靠性、成本、质量等的一种系统方法。由于在开发阶段就已经考虑了生产阶段的一系列问题，并行工程可以有效避免生产阶段对已投资形成的实物系统的更改，减少成本，提高产品质量。

4. 团队工作法

团队工作法（Team Work）强调基于成员之间的信任和成员的一专多能，打破行政组织的界限，根据业务关系的划分，建立高效的工作团队以完成特定的任务。团队成员在工作中不仅要执行上级的命令，更重要的是要积极地参与，起到决策或辅助决策的作用。团队成员要求能够熟悉团队内其他工作人员的工作，保证工作协调、顺利进行。团队工作以较长时期的监督控制为主，而避免对每一步工作的稽核。

三、看板管理与精益生产的物流优化

（一）看板的机能

看板管理是精益生产物流优化的核心技术。所谓看板，是指后道工序向前道工序取货的依据。

看板最主要的机能是传递生产和运送指令。在 JIT 生产中，生产的月计划是集中制订的，同时传达到各个工厂以及协作企业。而日生产计划只下达到最后一道工序或总装配线，对其他工序的生产指令通过看板来实现。看板中记载着生产量、时间、方法、顺序以及运送量、运送时间、运送目的地、放置场所、搬运工具等信息，后一道工序在需要的时候用看板向前一道工序领取所需数量的零部件时，就等于向前一道工序发出了生产指令。月生产量的不均衡以及日生产计划的修改都通过看板来进行微调。

除了传递生产和运送指令的机能之外，看板还具有改善的机能。在一般情况下，如果零部件库存较高，即使设备出现故障、不良品数目增加也不会影响后一道工序的生产。而在使用看板的情况下，由于前一道工序完全根据看板的指示进行生产，一旦前一道工序出现问题，后一道工序所需要的零部件就得不到满足，就会造成整条流水线停工，由此使问题立即暴露出来，从而必须采取措施改善产品质量、加强设备保养和维护。由于看板上所标明的数量就是前一道工序所生产的数量，通过强化管理，可以使看板所标示的必要的数量逐渐减少，使可能的库存水平日益得到改善，使整条生产线的效率不断提高。

（二）看板的形式

实际生产管理中使用的看板形式很多，常见的有塑料夹内装的卡片或类似的标识牌、运送零件的小车、工位器具或存件箱上的标签、指示部件、吊运场所的标签、流水生产线上各种颜色的小球或信号灯、电视图像等。

（三）看板管理的基本原则

看板管理必须遵循以下基本原则：

第一，没有看板不能生产，也不能运送。前一道工序只能在接到后一道工序的看板以后，才能按照看板所指示的数量进行生产，并按照后一道工序所要求的时间运送到所指示的位置。在接到看板之前，前一道工序不能预先进行生产。

第二，不将不良品送往后一道工序。前一道工序必须确保自己所生产的零部件的质量合格，发现零部件不合格，应及时采取措施解决，宁愿使整个生产过程中断，也不能使不合格品流到后一道工序中去。

第三，不能领取超过看板规定的数量。后一道工序向前一道工序领取零部件时，不能超过看板中所记载的数量。

第四，按照看板出现的顺序进行生产。前一道工序的管理人员根据看板出现的前后顺序安排生产的优先次序。

第 3 节　大规模定制与生产物流优化

一、大规模定制的概念及发展

大规模定制（Mass Customization）是 QR 战略在生产领域的延续，这一概念最早由斯坦・戴维斯（Stan Davis）于 1987 年在《完美未来》一书中提出。

（一）大规模定制的概念

大规模定制是与大规模生产相对应的一个概念。所谓大规模生产（Mass Production），是指企业开发出标准化的产品，组织以高效的专用设备、高度的专业化分工和流水线生产为特征的大批量生产，用一种标准化的产品满足不同顾客的需求。1913 年福特公司建成的汽车装配流水线具有划时代的意义，它标志着传统作坊式的单件定制生产模式向大规模生产模式的转变。大规模生产缩短了生产周期，提高了生产效率，降低了生产成本，保证了产品质量。

但大规模生产的最大缺陷是产品单一，忽视了顾客差异化的需求。随着现代信息技术的迅速发展及在生产领域的广泛运用，大规模定制这种新的生产模式便应运而生。所谓大规模定制，是指定制生产与大规模生产的有机结合，企业以大规模生产的低成本和高速度为顾客提供个性化的定制产品，满足不同顾客的差异化需求。

（二）大规模定制的实现途径

大规模定制之所以能够在满足顾客差异化需求的同时达到降低成本的目的，是因为这一生产模式有助于做到以下两点。

1. 实现范围经济

在大规模生产中，低成本主要通过规模经济实现，通过提高产出水平和生产效率来降低产品的单位成本。而在大规模定制模式中，低成本可以通过范围经济来实现，通过使用柔性制造技术，企业应用单个的工艺过程便可完成多种产品的定制化生产，大大节约了成本。

2. 减少无谓的浪费

大规模定制是根据顾客的实际订单来组织生产的，可以有效地避免大规模生产可能带来的产品滞销、积压而造成的成本损失，加快产成品的周转速度，减少原材料的储备时间和储备数量，提高资金的使用效率，使定制产品的成本接近、达到甚至低于大规模生产的产品成本。

（三）大规模定制的发展

早在1970年，美国著名的未来学家阿尔文·托夫勒（Alvin Toffler）在《未来的冲击》一书中提出了一种类似于以标准化或大批量生产的成本和时间，提供满足顾客特定需求的产品和服务的生产模式的设想。这种生产模式到1987年被戴维斯归纳为大规模定制模式。

1992年，约瑟夫·派恩（Joseph Pine）出版了《大规模定制：企业竞争的新前沿》一书，对大规模定制的概念与方法进行了系统的论述。自派恩这部开拓性的著作出版以来，大规模定制日益受到管理界和企业界的重视，并为众多企业所运用。许多世界著名的大公司，如戴尔、惠普、宝马、丰田等，对大规模定制的重视程度已从最初自发的意识变为如今自觉的行动。

开展大规模定制最成功的例子是戴尔公司。它从成立伊始就与客户建立了直接联系，按照客户订单进行生产。戴尔公司独特的生产模式使其在IBM和康柏占据着大部分份额的美国计算机市场上迅速崛起，业绩扶摇直上。在美国个人计算机市场上，戴尔的市场占有率逐渐超过了IBM和康柏。戴尔公司的大规模定制模式目前被人称为“戴尔制”，以区别于以前以大规模生产著称的“福特制”。

二、大规模定制的基本框架

大规模定制的有效开展，需要建立便利的顾客订货系统、敏捷的产品开发系统、柔性的产品制造系统、高效的物流支持系统这四个支撑系统，并满足技术、组织、人员三方面的保证条件。

（一）便利的顾客订货系统

充分满足顾客需要是大规模定制的特色所在，详细了解顾客订货要求是大规模定制的首要环节。为此，必须建立便利的顾客订货系统。对于服装等顾客难以量化的产品而言，到专卖店在店员的帮助下量身定做，由顾客对可供选择的颜色、款式、布料进行个性化的组合，不失为有效的订货途径。电子商务的发展，为大规模定制提供了新潮、快捷的订货途径。互联网使企业能轻松自如地同每一个顾客进行持续的一对一对话，毫不费劲就可以收集到大量的数字化定制要求，确切了解顾客的爱好并作出迅速的反应，满足顾客的一切要求。对于电脑、汽车等便于量化的产品，网络订货十分方便。

在大规模定制的顾客订货系统中，需要采集以下几个方面的信息：顾客的姓名、地址；为顾客提供可选择的菜单；顾客的个人资信材料及付款方式等。

（二）敏捷的产品开发系统

定制产品个性化强、交货期要求短、品质要求高，需要建立敏捷的产品开发系统，才能快速响应顾客订单。例如，美国宝洁公司只要拿到顾客头发的油性、酸性指标，就可以按通常价格迅速为该顾客定制出专用洗发剂。面向大规模定制的设计方法主要包括以下几种。

1. 通用化设计

通用化设计是指在不同种类或型号的产品之间尽可能使用标准、通用的零部件，以实现零部件生产的规模经济，降低定制化产品的总成本。企业通过对产品成本影响较大的零部件进行通用化设计，对其他零部件进行变型或对通用化零部件进行不同组合来满足个性化定制的需求。例如，大众集团以 A0 级、A 级（如高尔夫）、B 级（如帕萨特）、C 级（如奥迪 A6）、D 级（如奥迪 A8）五个底盘规格统一了全部产品系列，只要在底盘上装上不同的车身，就可以以低成本迅速制造出一款全新的车型。

2. 面向产品族设计

面向产品族设计指结合分析已有顾客的需求，预测潜在顾客的需求，根据产品拟采用的定制方法提取变型参数，同时设计一族产品的设计方法，其目标是提供可变型的产品模型，为针对不同的顾客需求进行产品配置和快速设计提供基础。

3. 模块化设计

模块化设计是在对一定范围内的不同功能或相同功能不同款式、不同规格的产品进行功能分析的基础上，将一系列的零部件组合在一起设计出不同的功能模块，通过模块的选择和组合构成不同的产品，以满足市场的不同需求。世界主要汽车制造企业都在推行模块化设计，耗费成千上万个零部件的汽车最终只是由几十个模块组装而成。

（三）柔性的产品制造系统

柔性是相对于刚性而言的，传统的刚性自动化生产线适应的是单一品种的大规模生产。其虽然生产率很高，却只能加工一个或几个相类似的产品，难以应付多品种的批量生产。柔性制造系统（Flexible Manufacturing System，FMS）是指适用于多品种、批量生产的具有高柔性且自动化程度高的制造系统。

（四）高效的物流支持系统

高效的物流支持系统主要从以下两个方面促进大规模定制的发展：第一，通过加快零部件供应和最终产品向顾客传输的速度，迅速响应消费者的个性化需求，赢得更多的市场份额；第二，有助于实现零部件的“零库存”，减少资金占用和利息支出，同时降低最终产品的仓储、配送费用，从而最终确保定制产品的价格优势。企业开展大规模定制化生产，必须加强与供应商及物流服务企业的合作，密切与这些企业的信息联系，通过建立高效的物流支持系统，以满足大规模定制对低成本、快速反应的要求。

（五）相关的保证条件

便利的顾客订货系统、敏捷的产品开发系统、柔性的产品制造系统、高效的物流支持系统，均涉及技术、组织结构和人员素质的问题。因此，有效实施大规模定制的保证条件包括以下三个方面。

1. 提高企业的信息化水平

企业应充分利用计算机技术和网络技术，加快信息化建设的步伐，改进顾客服务手段，提高企业内部的管理效率，加强与供应商及物流服务企业的协作。

2. 对组织结构进行重新设计

大规模定制企业面临的是不断变化、难以预测的市场需求，此时，基于金字塔式的层级组织结构已难以适应需要，必须进行相应的变革，建成灵活、高效、精练的企业组织结构，使其能够对市场作出快速反应。

3. 努力提高员工的素质

对个性化需求的快速反应是以高素质的员工队伍为前提的。企业必须以合理的选拔、培训、激励相结合的措施，建立和培养一支知识化、多技能、具有合作和团队精神的员工队伍。

三、柔性制造系统与生产物流优化

（一）柔性制造系统的发展概况

柔性制造系统对于确保大规模定制的实现起着关键作用。自 1967 年英国莫里斯公司建造了世界上首个柔性制造系统以来，20 世纪 80 年代后，制造业自动化进入了基于计算机集成制造（Computer Integrated Manufacturing，CIM）的时代，柔性制造系统成为各工业化国家机械制造自动化的研制和发展重点，并由实验阶段进入实用阶段，从最初单纯的机械加工领域向焊接、装配及无屑加工等综合性领域发展。随着社会对产品多样化、生产低成本、制造周期短要求的日趋迫切，再加上微电子技术、计算机技术、通信技术、机械与控制设备的日益进步，柔性制造系统日臻成熟。

（二）柔性制造系统的基本构成

柔性制造系统由若干数控机床、物料运贮装置和计算机控制系统组成，能根据制造任务和生产品种的变化迅速进行系统调整。目前常见的组成通常包括四台或更多台全自动数控机床，由集中的控制系统及物料搬运系统连接起来，可在不停机的情况下实现多品种、中小批量的加工及管理。

数控机床在柔性制造系统中处于核心地位。它是一种高度自动化的机床，能够完成许多普通机床难以完成或者根本不能加工的复杂零部件的加工；可以大大提高零部件的加工精度；在几乎不需要专门的工装卡具的情况下，适应多品种、中小批量的产品加工。

数控机床通常由以下五个部分组成。

1. 主机

主机指的是机床的床身、立柱、主轴和其他主要的机械部件，是数控机床的主体。数控机床主机结构一般都是经过专门设计的，以满足自动化生产的要求。

2. 数控系统

数控系统包括数控硬件和数控软件两大部分，是数控机床的核心。数控系统的主要功能包括多坐标控制（多轴联动）、多种函数的插补、各种编程代码的转化、各种形式的数据输入、各种加工方式的选择、故障的自行诊断等。

3. 驱动装置

驱动装置是数控机床执行机构的驱动部件，主要包括主轴驱动单元、各个坐标轴的驱动单元、主轴电机、各个坐标轴的驱动电机等。

4. 辅助装置

辅助装置是数控机床必需的配套部件，包括机床上的电气、液压、气动及与机床加工相关的冷却、防护、润滑、照明、排屑等一系列设备。

5. 编程机

随着数控机床技术水平的提高，三个以上坐标轴的多坐标控制已经成为许多数控机床的标准配置。多坐标加工如果采用手工编程的方式不仅费时费力，而且准确性不高。这样，编程机就成为多坐标数控机床必不可少的编程方式。

（三）柔性制造系统的物流优化效果

柔性制造系统的采用，可以在以下几个方面起到优化生产物流的效果：第一，提高原材料、零部件及在制品在生产企业内的流转效率，使装卸搬运过程更加合理化。第二，降低投入品的存货水平。在传统的刚性生产线中，如果要在同一条生产线上生产不同的产品，对生产设备进行重新调整的时间非常长，不仅造成设备的闲置，导致正常的生产物流的中断，而且容易造成原材料、零部件、在制品的积压。而柔性制造系统的采用，则可以在不停机的情况下，开展多样化的生产，设备转换时间非常短，大大降低了投入品的存货水平。第三，能够实现按照订单进行生产，可以大幅度降低生产企业中用于应付不稳定订货的产成品存货水平。

广角镜

促进物流业与制造业深度融合

国务院办公厅印发的《“十四五”现代物流发展规划》提出，支持物流企业与制造企业创新供应链协同运营模式，将物流服务深度嵌入制造供应链体系，提供供应链一体化物流解决方案，增强制造企业柔性制造、敏捷制造能力。同时，引导制造企业与物流企业建立互利共赢的长期战略合作关系，共同投资专用物流设施建设和物流器具研发，提高中长期物流合同比例，制定制造业物流服务标准，提升供应链协同效率。

资料来源：国务院办公厅关于印发“十四五”现代物流发展规划的通知．人民日报，2022-12-16.

本章小结

本章讨论了生产物流优化的基本内容，指出在生产企业中积极采用 ERP 对于生产物流优化具有重要作用，均衡化生产与同步化生产是生产物流优化的重要手段。精益生产以消除一切形式的浪费为基本目标，以精简为基本手段，以准时制生产、全面质量管理、并行工程、团队工作法为基本支柱，能够有效地节约物流费用，提高物流效率，看板管理是精益生产物流优化的核心技术。大规模定制实现了差异化与低成本的有效结合，依托便利的顾客订货系统、敏捷的产品开发系统、柔性的产品制造系统、高效的物流支持系统四个支撑系统以及技术、组织、人员三方面的保证条件，能够有效降低存货水平，提高物流流转效率。

课后案例讨论

上海通用汽车的柔性化精益制造生产线（TPS）实践

“柔性化共线生产、精益制造技术”是对上海通用汽车（GMS）先进的生产方式的完美概括，然而，什么是柔性化？什么是精益制造呢？假如把上海通用看作一架高速运转的机器，那么“标准化、质量是制造出来的、缩短制造周期、持续改进、员工参与”则是保证这部机器运转良好的最重要的 5 个环节，而实际上，这 5 个环节又是循序渐进、互为补充、互相促进的。

万事有道：标准化

标准化是上海通用整个系统最基本的要素。现代化的精益生产方式，最重要的是要确立标准和规范，只有在确立标准的基础上，才能实现大规模的精益生产。标准化是现代工业开端的标志。要进行持续改进，就必须实现标准化，标准化的基准是非常重要的，对操作方法的改进和问题的解决都有重要的影响。标准化的内容包括工作场地布置标准化、定额工时管理标准化、作业流程标准化等。

人人有责：质量是制造出来的

“质量是制造出来的，而不是检验出来的”是上海通用的一条重要原则。这条原则强调的是，员工要在整个生产过程中贯彻“质量第一”的理念，不能对生产质量有丝毫的马虎，因为质量贯穿于整个生产制造环节，而不仅仅是最后的检验环节。上海通用对每一辆车都有严格的质量控制，经过合格检验并不意味着就能直接进入销售环节，还需要进行更加严格的技术测试，如耐久性测试、淋雨试验等。在整个生产制造环节中必须贯彻“零缺陷”的理念，即坚持“不接受缺陷、不制造缺陷、不传递缺陷”的基本原则。上海通用要求每一道工序都不能容忍缺陷，每位员工都要保证自己所负责的环节不产生缺陷，同时对于上一环节的缺陷产品是可以拒绝的。这条原则对每个工序和岗位都适用，其目的在于强调质量，使员工树立良好的质量观念。而实际上，每个人都难免偶尔出现失误，针对这种情况，上海通用则通过精密的流水线自动检测来减少失误。

永恒目标：缩短制造周期

上海通用一直将缩短制造周期作为其重要的目标，缩短制造周期也是物流和一体化管理的集中体现。制造周期的缩短意味着有效缩短从接受客户订单到收到货款的时间，这对企业来说意义重大。这对物流和一体化管理提出了很高的要求，需要在物流上缩短周期，其内容包括生产现场的物流管理和CKD远洋运输的物流管理。生产现场的物流管理主要是通过物料看板、物料少量精益再包装、地址配送等几个环节的配合来实现的。CKD远洋运输的物流管理则是指由国外供应商将零部件包装好后运至国内，然后按照要求进行重新包装，送入企业仓库，再通过企业仓库运至生产现场的一种物流形式。上海通用在这两个方面均进行了有效的尝试，取得了很好的效果，有效地缩短了制造周期。

修正坐标：持续改进

上海通用还坚持持续改进，将其视为效益提升的重要措施。持续改进的前提是标准化的实施，需要对工作中的每个小细节进行改进，最终促使企业得到整体提升。持续改进的重要内容之一就是全员的生产维修，生产维修主要通过自主保养、预防性维修、抢修来实现。这就需要培养员工的责任感，员工需要对操作设备进行保护与维修。上海通用通过培训来提高设备操作人员的保养知识，为持续改进作出各种努力。

以人为本：员工参与

上海通用非常注重对员工的培养，激励员工的个人能动性，鼓励员工积极参与到公司的具体事务中来，对公司的发展建言献策。在公司的车间里，可以发现每个小组的休息地点都有建议单和建议箱，公司对有建设性的意见进行采纳并给予提出意见的员工物质和精神的双重奖励。在提倡员工参与的同时，上海通用着重强调员工的安全，例如，在工厂发生火灾的时候，工厂不提倡员工做无谓的牺牲来保全企业的财产，而是要求员工采取正确措施即迅速通知专业的消防部门，协助救火人员做好扑救工作。

上海通用的柔性理念也体现在对员工的培训方面。借鉴丰田的生产理念，上海通用采取一人多岗的方式进行培训，通过对员工的多方面培训，使每个员工都能胜任不同的岗位，为员工提供更多的发展机会。这样的培训方式能给员工提供更多的创新空间，避免因工作单一而造成工作效率下降、损害员工健康等问题。

此外，柔性理念也体现在上海通用的物流管理中。上海通用利用循环取货的方式降低物流成本，以达到精益物流的效果，同时，在路径规划、路线顺序以及时间节点的人性化安排等方面，柔性理念也都有所体现。

资料来源：奚冰，王建华．上海通用汽车柔性化生产信息系统．上海汽车，2010（7）；韦艳．精益生产在上汽通用五菱的应用．南京理工大学硕士学位论文，2010；分析上海通用汽车物流成本管理．工业360网，2011-10-09；刘冰．上海通用汽车零部件精益物流的研究与应用．上海交通大学硕士学位论文，2013；文贵春，李平．基于供应链下上海通用汽车整车分销物流的方案实施．企业改革与管理，2016（7）.

结合案例内容，试回答下列问题：

1. 上海通用汽车是怎样实现精益制造的？

2. 你认为精益制造的好处有哪些？

复习思考

1. ERP对于企业的生产物流优化具有哪些影响？企业在实施ERP的过程中需要注意哪些问题？

2. 精益生产的基本框架是什么？它对于生产物流优化有哪些影响？

3. 大规模定制的基本框架是什么？它对于生产物流优化有哪些影响？

第9章　采购物流

采购的第一要求是物美价廉。

——崔仁辅（淘宝网董事、前沃尔玛全球采购总裁）

学习导航

- 掌握采购的基本流程及地位。
- 熟知采购物流的优化途径。
- 了解JIT采购的实现途径及优点。

引例

广东移动：全生命周期供应链协同体系

2021年广东移动较上年在供应链管理方面取得月均突发需求下降86%、库存周转率提升53%、物资出库偏离度降低50%、出库安装结单率超87%、退库及时率提升50%等多项成绩。广东移动从需求协同管理、库存协同管理、库外物资协同管理等方面入手，通过品类管理、构建全生命周期大协同体系，使需求更加准确、采购更加集中、执行更加高效规范，大幅降低企业运营成本，仅2021年度就实现了约9.3亿元的成本效益。

高效的需求协同管理

广东移动在规划阶段，物流侧主动参与需求设计，引导设计合理走向，确保现有的库存物资、工程物资余料优先使用；定期通报库存信息，根据需求的周期性分类进行需求分析预测，实行需求集中化、策略品类化以提升需求的合理性与准确性，从源头上合理优化采购量。同时，以供应商为物资供应协同核心点，针对不同物资类型制定差异化供应链策略，提高物资需求信息准确性，并全面应用供应商协同体系，供应商到货前发起预约，制订出库计划，对相应物流开展实物管理全程监控。

精细的库存协同管理

在库存管理方面，广东移动实行精细化管理，充分利用出入库计划、安全库存、

ABC管理法等管理方法构建多样化管控策略，实现品类、项目、时间多维度预警机制，针对不同库龄、不同类别的物资实行针对性管控机制。完成采购下单后，对大量复杂的物资归纳分类实行差异化品类管理，采取分阶段下单及协同到货模式进行精确管控，采取“存十用”模式多因素协同分析库存物资状况。在监督考核方面，广东移动针对项目和库存两个维度，设立红黄蓝分层分级考核机制，分类别对各地市公司进行日常关键指标监控及指标综合健康度评分。此外，针对呆滞与闲置库存，广东移动建立多方联动的物资超市共享平台，跨项目、跨部门、跨地市共享，提高闲置库存的利用率。

全面的库外物资协同管理

广东移动通过物流与建设部门业务协同分工，发展库外物资暂存点，并加强库外物资风险管控。物资库外暂存原则上不超过30天，特殊情况最长不超90天，超期会立即引起系统预警。对于已领用出库的物资，多角度分析其使用的合理性，建立项目健康度跟踪机制，提高物资使用率和转资率；同时，按照公司和项目多维度跟踪相应进度数据，科学全面评价项目建设。除此之外，在库外环节实施“一码到底”数智化管理，通过区块链技术对各关联系统关键数据进行全流程全维度挖掘分析，实现全流程系统实物信息的融合贯通。

资料来源：借助品类管理 推进采购全过程标准化体系建设：广东移动采购物流中心采购全过程标准体系建设实践与应用．招标采购管理，2018，(3)；肖建明，等．中国移动 构建实物数智化管理的全生命周期大协同体系．2022年中国仓储配送行业发展报告，2022.

第1节 采购与采购物流

一、采购概述

对于生产企业而言，为销售而生产，为生产而采购，环环相扣，采购是企业物流管理的起点。对于流通企业而言，采购也同样重要，关系到所经销产品的质量和价格。在这里，我们主要以生产企业为例对采购进行讨论。

（一）采购的基本流程

企业的采购工作包括以下基本流程（如图9-1所示）。

1．形成采购需求

生产企业在开发出某种新产品或就原有产品进行局部改进之后，对某一种或若干种原材料及零部件提出需求。如果企业没有能力自己生产这些原材料及零部件，或自己生产缺乏规模经济性，就形成了采购需求。

2．选择供应商

对于生产企业而言，应该货比三家，比较不同的供应商的供货能力、交易条件、地理

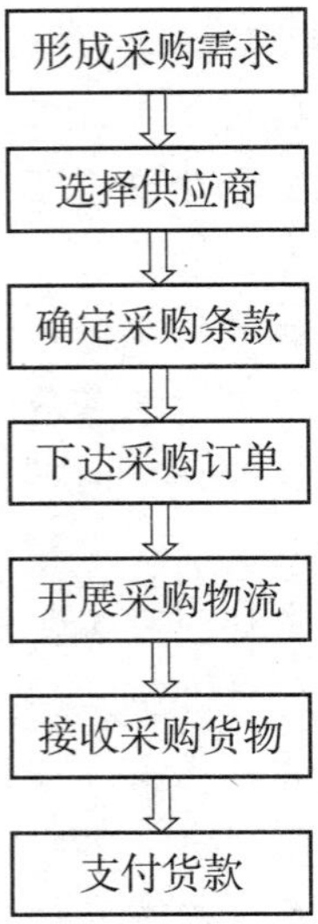

图 9-1　采购的基本流程

位置、信誉等，选择最理想的供应商。在条件许可的情况下，应该列出所有供应商的清单，并列出主要的考虑因素，对这些因素赋予不同的权数，分别对它们进行打分，在加权求和后根据得分高低对潜在供应商进行取舍。通常而言，企业可以通过以下途径获得供应商的信息：行业期刊、专业展览、相关的行业协会、供应商网站、供应商的销售代表、供应商寄发的产品目录等。

3. 确定采购条款

生产企业与它确定的供应商就采购货物的品名、质量要求、包装要求、运输方式、验收标准、交货地点、支付条件、不可抗力、违约责任等采购条款进行洽谈，并签订书面的采购合同。

4. 下达采购订单

生产企业根据采购合同确定的交易条款，下达具体的采购订单，确定具体的采购数量。

5. 开展采购物流

根据采购合同的要求，由供应商、生产企业或选择第三方物流企业将生产企业所采购的原材料或零部件按照双方约定的时间送达双方约定的地点。

6. 接收采购货物

生产企业按照有关的验收标准，对采购的原材料或零部件进行验收，验收合格后，接收入库。如果验收出现数量短少、质量缺陷、包装破损等问题，应与运输方办理相关的交割手续，并及时通知供应商采取相应的补救措施。

7. 支付货款

生产企业的采购部门核对发票与货物验收清单，确认后交财务部门。财务部门按照采购合同约定的支付条件，向供应商支付货款。

（二）采购的地位

采购工作在企业中具有极其重要的地位，具体体现在以下几个方面。

1. 采购直接关系到企业产品的成本

从全球范围来看，工业企业的产品成本构成中，采购的原材料及零部件的成本占产品总成本的30%～90%。节约采购成本是节约产品总成本的重要环节，对于提高产品的价格竞争力或利润水平意义重大。

2. 采购直接关系到企业产品的质量

企业采购的原材料及零部件的质量直接关系到最终产品的质量，低劣的原材料及零部件是造成企业产品质量隐患的重要原因。

在这一问题上，乐华彩电的教训非常深刻。为了占领市场，乐华彩电实施了低价格策略。虽然这种策略在初期为企业抢占了不少市场份额，从1998年夏季开始，在不到两年的时间内，乐华彩电便完成了其他企业需要长得多的时间才能完成的名牌之路，成为当时中国彩电业成长速度最快的企业。但其降价过多地考虑的是竞争和需求因素，而忽略了成本因素，降价没有真正建立在由于规模经济扩大而带来的成本节约的基础之上，低价的基础是想方设法购买价格低廉的零配件，结果形成了大量的质量隐患，因此很快就失去了市场基础，从波峰跌入谷底。2001年7月，乐华彩电的销售量尚在业界排第7位，到2002年1月，乐华彩电就从前15位中消失了。

3. 有效的生产外包可以实现企业几何级数的发展

如果企业在产品开发或市场拓展方面建立了强大的竞争力，实施有效的外包战略，在优选供应商的基础上，主要依靠外部供应商提供原材料、零部件，乃至组装最后的产品，而不是自己组织生产，就可以迅速抓住市场机会，整合庞大的社会资源，实现几何级数的发展。

二、采购物流的优化途径

采购物流又称供应物流，对于生产企业而言，包括与原材料及零部件的采购相关的所有物流活动；对于流通企业而言，包括与其经销的产品的采购相关的所有物流活动。在这里，我们主要以生产企业为例，探讨采购物流的优化问题。

对于生产企业而言，优化采购物流可以从以下方面入手。

（一）供应商数量的优化

供应商数量关系到企业的原材料及零部件的订货费用、价格折扣及供货的稳定性。在供应商数量决策方面，企业可以进行以下两种选择。

1. 多源供应

多源供应是指企业就某种原材料或零部件同时选择多家供应商。对于生产企业而言，多源供应的好处在于：可以避免一旦供应商发生意外事故或违约行为而中止供货可能形成的风险。但多源供应容易造成以下不利之处：第一，增加供应商的管理难度，造成订货费用增加；第二，不利于获取较高的价格折扣；第三，造成原材料及零部件的送货费用增加。

2. 单源供应

单源供应是指企业就某种原材料或零部件只选择一家供应商。单源供应可以使供应商获得大量、稳定的订单来源，为降低原材料或零部件的供应成本创造了条件，这种成本降低可以被供应商和制造企业所共享。同时，单源供应可以使供应商集中精力于原材料或零部件的生产和技术开发，有利于进一步改进原材料或零部件的质量。对于生产企业而言，单源供应的好处在于：第一，可以有效地节约订货费用；第二，由于集中订货，可以获得较高的价格折扣，降低订货价格；第三，可以获得质量更好的原材料或零部件供应；第四，便于集中开展送货服务，节约送货费用。但单源供应较容易导致原材料及零部件供应的不稳定性。

到底是选择多源供应还是选择单源供应，主要取决于供应商的供应能力及信誉程度，以及企业是否与供应商建立了长期的战略伙伴关系。如果供应商的供应能力稳定且具有较大的弹性，信誉可靠，与企业有长期的合作关系，则单源供应比较有利。随着供应链管理思想逐渐为企业所接受，单源供应的比例呈上升之势。当然，为了减少风险，一些采取单源供应的生产企业也会建立自己的后备供应商资料库，以便在发生意外时，能够迅速地找到新的原材料及零部件供应来源。

（二）供应商布局的优化

供应商布局直接关系到生产企业所需原材料及零部件的运输、配送费用，生产企业在选择供应商时，应将其地理位置作为重要的考虑因素，合理进行供应商布局。当前有两种供应商布局策略值得引起我们的重视。

1. 全球布局

由于各国的原材料及零部件的生产成本差距很大，为了以最少的资金采购到质量最好、技术最先进的原材料及零部件，一些生产企业将供应商选择的范围扩展到全球。以福特汽车公司为例，1999 年该公司的采购金额高达 900 亿美元，通过全球采购竭力挤出水分以后，节省资金 22 亿美元，可见通过实施全球采购节流的财源之大，单靠销售创利的空间却越变越小了。

再如，在一些整车厂将 3 年内成本降低 10%的要求压给自己之后，世界最大的车用发动机生产企业康明斯只能通过发展次一级的全球供应链来应对。1999 年年初，它的第一个国际采购办公室在印度建立，紧接着在中国设立了国际采购办公室，致力于发展更多合格的供应商以质优价廉的产品为康明斯开展全球供货。

沃尔玛的全球采购也很好地说明了全球布局的优化作用。

案　例

沃尔玛的全球采购

沃尔玛是国际零售巨头，其销售收入在零售业是最高的，业务遍布全球。要支撑如此大的销售市场，采购是极其重要的一个环节。沃尔玛的全球采购一直让大家津津乐道。

沃尔玛的全球采购指的是通过沃尔玛设立在各地的采购部门采购当地产品以供应其全球销售市场。沃尔玛的全球采购开始于 2002 年，在这之前采取的是代理商代购的采购方式，在这之后，沃尔玛在全球各地建立了自己的采购分公司，专门负责海外的采购业务，其全球采购业务在开展一年后即增长了 20%。这是非常高的增长率，远远超过沃尔玛 12%的营业额增长率。

沃尔玛在全球建立了 4 大采购区域，分别是大中华及北亚区、东南亚及印度次大陆区、美洲区、欧洲中东及非洲区。这 4 个区域构成了沃尔玛全球采购网络的核心部分。沃尔玛在每个区域根据不同的国家设立不同的分公司，在国别分公司下面再设立相应的分公司。前者拥有工厂认证、质量检验、商品采集、运输以及人事、行政管理等关系采购业务的全面功能，而后者则是根据采购情况的不同来行使部分功能。沃尔玛的全球采购包括采购网络组织、采购流程、采购政策和对供应商的选择等方面。

沃尔玛的全球采购网络组织

沃尔玛的全球采购网络组织是按照地理位置来设立的，包括全球采购总部和区域采购中心。全球采购总部是采购业务的核心，负责领导各区域采购中心，各区域采购中心负责人需要向采购总部汇报。沃尔玛全球采购网络组织的总部设立在中国深圳，这里拥有庞大的采购市场和销售市场，而且物流系统发达，非常便捷。从采购量上来看，中国分公司是沃尔玛 4 大采购区域里采购量最大的国别分公司。

沃尔玛的全球采购网络组织相当于一个“内部服务公司”，为沃尔玛在各个零售市场上的店铺买家服务。其职责主要有：商品采集和物流；向买家推荐新商品；帮助其他国家的沃尔玛分公司采集货品；调查、比较厂商和产品。

沃尔玛的全球采购流程

沃尔玛的采购有严格的流程，以其政策和网络为基础。其开展采购的活动流程主要有：第一步是严格选取供应商。第二步是通过电子确认系统发送订单信息，发送对象是全球的 10 万多家供应商，这些供应商负责向全球 1.05 万家商场供货。第三步是通过沃尔玛专门的采购部门进行采购，主要是通过电子邮件的方式与沃尔玛全球主要店面的买手们沟通，这个过程比较长。第四步是与供应商谈判，买手决定了购买的产品后，买手和采办人员对看中的产品进行价格方面的内部讨论，定下大致的采购数量和价格，再由采办人员同厂家进行细节和价格方面的谈判。谈判采取地点统一化和内容标准化的措施。接下来是根据谈判结果进行审核并给予答复，沃尔玛要求供应商集齐所有的产品文献，包括产品目录、价格清单等，并提交样品。沃尔玛会在自审核之日起的 90 天内给予答复。第五步是跟踪检查。沃尔玛需要对供应商的情况进行检查，确保符合要求，如不符合要求，沃尔玛可以解除双方的合作关系。

沃尔玛全球采购政策

沃尔玛有专门的部门负责收集市场变化对全球采购影响的信息，并根据具体情况适当调整采购政策。沃尔玛的采购政策主要有以下几条：首先是“永远不要买得太多”。沃尔玛认为库存过多会造成极大的成本浪费，而且会增加管理负担，所以沃尔玛提倡减少单品的采购数量，通过通信卫星、GPS 以及高效的物流系统来实现对库存的实时监控，实现零库存管理。其次是“物美价廉”。沃尔玛采购的第一个要求就是“物美价廉”。物美价廉的产品对消费者有很大的吸引力，沃尔玛最希望以会员价给顾客提供尽可能多的在其他地方买不到的产品。最后是“突出商品采购的重点”。沃尔玛一直积极地在全球范围内寻找最畅销的、新颖的、有创意的、令人心动的并能创造价值的产品。这样的产品能吸引更多的顾客。

沃尔玛全球供应商的选择

优秀的供应商是零售企业的重要资源，它对零售企业的成长具有重大影响。只有合适的供应商才能为沃尔玛提供合适的商品。沃尔玛在全球采购战略中，对所有的供应商都采取统一的标准。

沃尔玛对全球供应商的遴选非常严格，通常对每个供应商有半年到一年的考察期。要成为沃尔玛的供应商，必须满足以下条件：(1) 所提供的商品必须质量优良，符合国家以及各地方政府的各项标准和要求。(2) 所提供的商品价格必须是市场最低价。(3) 尊重个人、服务客户、追求完美、城市增值的文化认同。(4) 首次洽谈或有新品必须带样品。(5) 有销售记录的增值税发票复印件。(6) 能够满足大批订单的需求，在接到沃尔玛订单后，如有供应短缺的问题，应立即通知。(7) 连续3次不能满足沃尔玛的订单，将取消与该供应商的合作关系。(8) 供应商应提供以下折扣：1) 年度佣金：商品销售总额的1.5%；2) 仓库佣金：商品销售总额的3%～15%；3) 新店赞助费：新店开张时首单商品免费赞助；4) 新品进场费：新品进场首单免费。(9) 供应商不得向采购人员提供任何形式的馈赠，一经发现，将做严肃处理。(10) 沃尔玛鼓励供应商采取电子化手段与其联系。

沃尔玛在确定资源需求方面看重的是供应商所提供商品的质量以及价格。供应商的商品必须符合高品质的要求且价格最低，以此来实现其“天天低价”。秉承报价透明、直接采购、准时交付的原则，沃尔玛赢得了众多供应商的信任，形成了双赢的局面。

资料来源：宋文明．沃尔玛全球采购之变．中国经营报，2010-02-22；潘琳智．连锁零售超市的采购管理研究：以沃尔玛为例．中国市场，2016 (41)；周晶星．关于沃尔玛连锁经营运行模式的思考．商业现代化，2016 (10)；王贺霞．浅析沃尔玛供应链管理对我国连锁零售企业发展的启示．营销界，2021 (15).

---

2. 就近布局

如果生产企业与供应商的距离较近，则可以大大节约原材料或零部件的仓储及运输费用，使供应商实现对生产企业原材料或零部件订货的快速响应，同时，有助于双方人员的交流，进一步密切合作关系。产业集群之所以具有竞争优势，很重要的原因之一就在于生产企业与供应商在地理位置上的靠近。例如，以意大利的普拉托市为例，在不到100平方千米的范围内，拥有1.4万多家与毛纺业有关的中小企业，每个企业专门负责一个或数个产品的某个环节，如原料与设备进口、毛纺原料生产、纺纱、织布、印染、设备维修、运输、融资、成品销售与出口以及相关的科研与咨询等的运作。由于上下游企业之间的距离非常近，因而采购物流的费用大为节约。该市的梳毛产品占意大利同类产品出口总额的70%，占同类产品国际市场份额的50%。

以上两种供应商布局策略看似矛盾，但只要生产企业运用得当，完全可以达到相得益彰的效果。如果原材料或零部件的价格或质量在全球范围内存在较大的差距，全球采购所带来的采购价格节约、质量提升等利益大于储运费用增加、响应能力下降等损失，则在全球范围内进行供应商布局是明智之举。否则，就应该就近选择供应商，尤其是在各供应商的供货价格、质量差别不大的情况下，更应如此。

近年来，受疫情冲击，世界各国产业链都受到不同程度的影响。各国都看到了全球供应链的脆弱性，纷纷把产业链供应链安全置于更加优先的位置，实行“内顾”政策，产业链供应链出现了本土化、区域化趋势，叠加美西方推行的脱钩战略，对我国产业链供应链安全稳定形成新的挑战。有鉴于此，中国必须加强产业链供应链生态体系建设，优化产业布局和结构，提高产业链供应链稳定性和竞争力。

（三）采购时间及数量的优化

本书第 3 章中所介绍的定期订货与定量订货是优化采购时间及数量的传统方法。无论是采用定期订货还是定量订货，都承认一定数量的周转存货和安全存货是必需的，因此，必然占压一定数量的存货资金，形成一定数量的仓储保管费用，蕴含着一定程度的变价损失风险。而 JIT 采购的实施则致力于实现零库存的目标，希望将上述与存货相关的费用降到零。

所谓 JIT 采购，是指在需要的时间、需要的地点，能够采购到具有质量保证的所需要数量的原材料及零部件。JIT 采购是从 JIT 生产发展而来的，是 JIT 生产向采购领域的延伸。要进行 JIT 生产，除了需要企业内部生产的原材料及零部件供应及时之外，还需要企业外部生产的原材料及零部件供应及时。

当然，JIT 采购的实施需要具备一定的条件，不仅要求生产企业自身拥有较强的采购管理能力，而且要求供应商的生产能力和管理水平达到一定程度，以及社会物流产业发展到一定水平。有关 JIT 采购的详细讨论，我们将在下一节展开。

（四）采购质量的优化

原材料及零部件采购质量不仅关系到企业最终产品的质量，而且关系到采购物流的效率。如果采购的原材料及零部件质量低劣，最坏的情况是导致企业最终产品由于质量问题而在市场上丧失竞争力；即便企业能够在验收过程中发现原材料及零部件的质量问题，不合格的原材料及零部件的退货、返修也将给采购物流造成极大的压力，增加很多物流费用支出，甚至可能使正常的生产中断，对企业提升竞争力也非常不利。

6σ 管理法是近些年来流行的一种重要的质量管理方法。供应商是否实施 6σ 管理法可以成为生产企业判定供应商的产品质量、选择供应商的重要依据；在生产企业与供应商的战略合作中，已实施 6σ 管理法的生产企业致力于在供应商中导入 6σ 管理法，可以有效地实现对供应商供货质量的事前控制。以青岛澳柯玛为例，它之所以能够在 2002 年击败惠而浦、三星等国际品牌，一举成为通用电气公司冰柜产品的独家供应商，与其在通过 ISO9001 质量管理体系、ISO14001 环境管理体系和 OHSAS18001 职业安全卫生管理体系等国际认证后仍义无反顾地实施 6σ 管理法密切相关。

广角镜

6σ 管理法

6σ 管理法是摩托罗拉公司于 1987 年创立的一种质量管理方法，由于通用电气公司的前任 CEO 杰克·韦尔奇（Jack Welch）的大力推广而闻名全世界。

σ 是一个希腊字母，在统计学中用来表达数据的离散程度，即标准差。对于质量水平 ξ，其标准差的计算公式为：

$$\sigma = \sqrt{E(\xi - E\xi)^2}$$

在这一公式中，E 为期望值符号；$E\xi$ 为质量水平的期望值；$\xi - E\xi$ 为质量水平的离差；$(\xi - E\xi)^2$ 为质量水平的方差。一般情况下，质量大多服从正态分布的规律，靠近期望值的数据较多而远离期望值的数据较少，且分布平均。σ 描述的就是质量水平与其期望值的离散程度，σ 的值越大，表明超出质量允许的偏差范围的产品越多。传统公司的质量已提升至 3σ 水平，即产品的合格率已达到 93.32%，只有 6.68%为废品。通过将质量标准提高到 6σ 水平，收窄数据分布的范围，可以大大减少产品质量落在允许的偏差范围之外的概率。达到 6σ 水平意味着每百万机会缺陷数（Defect Per Million Opportunities，DPMO）只有 3.4 个。

6σ 管理法以提升质量作为主线，以顾客需求为中心，利用对事实和数据的分析，改进企业的业务流程，将质量意识与企业每个员工的日常工作融合在一起，将资源放在认识、改善和控制产生质量问题的原因上，而不是放在质量检查、售后服务等活动上，改变了传统的以检查审核为主的质量控制观念，从企业核心流程的角度保证了产品的质量。

（五）采购价格及服务的优化

在采购过程中，企业常犯的一个错误是过分注重采购价格的高低，而忽视了采购价格的真实内涵。事实上，采购价格是与一系列交易条件，如支付时间、送货服务，紧密结合在一起的。单纯追求低廉的价格而忽视其他交易条件，是极不明智的。例如，如果由供应商承担原材料或零部件的送货上门服务，哪怕采购价格高一些，也是合理的。因此，对于企业而言，采购价格应与供应商服务水平结合在一起进行考虑。

第 2 节　JIT 采购

一、JIT 采购的实现途径

为确保 JIT 采购的实现，需要在以下方面作出努力。

（一）减少供应商数量

JIT 采购对供应商的能力提出了严格的要求，要求供应商的生产能力较强，且具有较大的弹性，能够对订单的变化作出及时、迅速的反应，所提供的原材料及零部件的品质有保障。因此，必须选择少数优秀的供应商，甚至实施单源供应。这样，对于生产企业而言，容易实施对供应商的有效管理。否则，如果某种原材料及零部件的供应商太多，必然影响采购效率。

对于所需原材料及零部件种类繁多的生产企业而言，不仅同一种原材料及零部件的采购应减少供应商的数量，而且应致力于压缩所有原材料及零部件供应商的数量。在汽车制造业，欧美国家的整车企业大力压缩与其直接发生供货关系的一级供应商数量，由一级供应商提供各总成模块；每个一级供应商直接控制若干二级供应商，由二级供应商提供各子模块组件；每个二级供应商又直接控制若干为其提供零部件的三级供应商，形成金字塔形的供应商管理体系，以提高对供应商的管理效率。

以奔驰公司 20 世纪 90 年代后期在美国推出 M 型 SUV 为例，通过将整辆车分成车门、座舱等几十个大的模块，使一级供应商数量由原来的数百个减少到 65 个。作为 M 型车座舱模块的供应商，福尔德的派克电气分部将来自 35 个二级供应商的子模块组件组装成座舱模块，送达奔驰美国公司的汽车总装线，使得奔驰公司 M 型 SUV 的供应商管理效率大幅度提升。

（二）与供应商建立战略伙伴关系

JIT 采购的施行，需要企业与其供应商之间建立起长期合作、互利互惠的战略伙伴关系。在企业的产品开发过程中，应该积极吸收供应商的参与，让供应商真正了解企业对原材料、零部件的具体要求。

（三）确保原材料及零部件的质量

JIT 采购强调根据生产实际需要的数量采购原材料及零部件，不存在原材料及零部件的后备库存，为了确保生产过程不中断，要求供应商所提供的原材料及零部件具有绝对的质量保证。这种质量保证不是由生产企业的采购部门负责，而是由供应商负责。为了帮助供应商提高质量，企业应加强与供应商在原材料及零部件开发上的合作，确定并认真执行严格的原材料及零部件标准，派人员直接监督供应商原材料及零部件的生产过程。

确保原材料及零部件的质量，不仅可以使生产企业避免因原材料及零部件缺陷而造成的生产中断现象，而且可以形成原材料及零部件采购过程的免检制度，加快采购物流的进程。

（四）加强与供应商的信息沟通

JIT 采购建立在有效信息交换的基础之上，积极采用信息技术有助于保证生产企业与供应商之间的信息交换。JIT 采购要求生产企业与供应商进行信息共享，生产企业应让供应商能够很方便地了解自己的生产计划，以便供应商提前做好准备，及时供应。供应商应及时将原材料及零部件的生产情况、库存数量、发货情况反馈给生产企业。

（五）选择优质、高效的物流服务提供方，优化物流作业

对于 JIT 采购而言，任何送货延迟都会导致生产线的中断，造成难以弥补的损失。因此，选择优质、高效的物流服务提供方就显得至关重要，特别是要加强与有实力的第三方物流企业的战略合作关系。

JIT 采购使得每次采购的批量减少，批次变得频繁，为节省物流费用，供应商有必要在主要生产企业的周围建立配送中心，以提高物流响应速度。尤其对于离生产企业距离较远的供应商而言，更应该就近建立配送中心，以便消化长距离运输所可能产生的原材料及零部件供应的不确定性。由于小批量运输及配送将会增加运输、配送费用，因此，应积极寻找集装机会。同时，需要采用便于小批量原材料及零部件进行快速装卸搬运的设备。

二、JIT 采购的优点

JIT 采购的实施可以大幅度提升生产企业的采购效率。表 9－1 对 JIT 采购与传统采购进行了详细的比较。具体而言，JIT 采购可以使生产企业获得如下好处。

表 9-1 JIT 采购与传统采购的比较

比较项目	JIT 采购	传统采购
供应商选择	供应商数量较少，甚至实施单源供应	供应商数量较多
供应商关系	与供应商建立长期的战略伙伴关系	短期合作
相互支持	供应商参与生产企业的产品开发过程，生产企业指导供应商改进原材料及零部件生产的过程	很少相互支持
采购特点	小批量、多批次	大批量、少批次
质量检验	质量检验逐渐减少，直至实施免检制度	严格的质量检验
信息交流	快速、便捷、频繁的信息沟通，实现信息共享	沟通不及时、不方便，信息相互割裂
物流要求	围绕生产企业建立原材料及零部件配送中心	未能围绕生产企业建立原材料及零部件配送中心

（一）降低库存费用

JIT 采购是一种理想的原材料及零部件采购模式，它的极限目标是追求原材料及零部件的库存为零。根据国外一些实施 JIT 采购策略的企业的测算，JIT 采购可以使原材料及零部件的库存降低 40%～85%。① 这样，流动资金的占压数量大幅度降低，节约了存货的利息支出。同时，仓储面积也得到了大幅度节约，原材料及零部件仓储过程中的损耗下降，变价损失也相应减少。

（二）降低采购价格

由于生产企业减少了采购的来源，与供应商之间建立了战略合作关系，可以相应地提高供应商生产的规模经济性，为降低原材料及零部件的采购价格奠定了坚实的基础。同时，由于双方密切合作，有助于消除浪费，也为降低采购价格提供了可能。如供应商可以清楚地了解生产企业的生产计划，可以避免无谓的安全存货；双方之间简化了货物验收环节，可以节省货物验收费用等。

（三）在缩短交货时间的同时使交货的可靠性提高

JIT 采购的实施有助于加快产品的物流速度，缩短交货时间，同时，交货的可靠性也大幅度提高。供货商严格按照生产企业所要求的具体时点进行交货，这样既可以避免延迟交货可能导致的生产线被迫停产，又可以避免提前交货可能造成的仓储面积紧张。

（四）提高所采购的原材料及零部件的质量

JIT 采购的实施结果，将使企业购买的原材料及零部件的质量提高，因质量问题而向供应商退货、要求供应商返工、招致顾客投诉及退货、导致企业产品信誉下降等损失大为降低。

《本章小结》

本章在对采购的基本流程及地位进行简单回顾的基础上，从供应商数量、供应商布

① 吴清一．物流基础．北京：清华大学出版社，2000：85.

局、采购时间及数量、采购质量、采购价格及服务等方面提出了采购物流优化的具体途径，指出企业要实施 JIT 采购，需要减少供应商数量，与供应商建立战略伙伴关系，确保原材料及零部件的质量，加强与供应商的信息沟通，选择优质、高效的物流服务提供方，优化物流作业，最后讨论了企业实施 JIT 采购所带来的一系列好处。

课后案例讨论

宜家的经济采购模式

宜家是成立于瑞典的一个家具企业，如今已发展成为全球家具业巨头。宜家发展迅速的背后是其独特的经营模式。在市场上，宜家的优质低价形象深入人心，这是其独特的竞争优势。这一竞争优势的来源正是宜家的经济采购模式。

宜家产品低价优质的实现得益于其严格、完善的采购体系。宜家的采购体系（IWAY）是从价格、质量、货品上架率、可持续发展这 4 个角度去考核供应商的。就像一把椅子的 4 条腿，每一条腿都必须非常结实。而“IWAY”的执行与否，是宜家能否与供应商走到一起的根本所在。宜家对供应商的选择是非常苛刻的，目前在全球拥有 1 600 家供应商（其中包括宜家自有的工厂）。宜家进行大批量的经济采购，由供应商将各种材料从世界各地运抵宜家全球的中央仓库，然后从中央仓库再运往各个商场进行销售。这种采购方式能以最低的价格采购到质优的材料，给其他竞争对手极大的竞争压力。同时，宜家的采购办公室严格遵守采购时间流程，不接受超时报价。这不仅提高了采购效率，也能确保得到最低报价。

这种模式是否会被竞争对手模仿呢？由于宜家的大批量采购是其他竞争者无法匹敌的，所以模仿者无法以相同的低价获得原材料，产品要定位在低于宜家的价格，只有偷工减料或者是降低生产费用，然而降低生产费用的空间也不会太大，因为宜家的供货厂家的订单数量大，其单位生产费用、管理费用已经相当低了，且宜家在价格上所加的销售费用、管理费用也不会太高。如果没有足够的利润空间，模仿也就没有了原动力，偷工减料的产品也无法长期同宜家竞争。

随着亚洲市场特别是中国市场所占的比重不断扩大，宜家正在把越来越多的产品或者部分产品放在亚洲地区生产，这将大大降低运费。2022 年，宜家在中国采购的比例达到了 20%。目前，宜家正在实施零售选择计划，即由中国商场选择几个品种，由中国的供货商进行生产，然后直接运往商店的计划。

宜家如此严苛的采购政策在中国经历了一个怎样的过程呢？

“一开始，我们真觉得宜家的管辖范围太广了。”宜家最大的床垫产品供应商绍兴喜临门家具股份有限公司（以下称“喜临门”）国际业务总监这样说。

2001 年，宜家开始对国内床垫厂商进行搜索，并在地图上发现了喜临门。“当时的工厂还处于作坊阶段。”喜临门的国际业务总监表示，双方刚开始接触，宜家就把一个涵盖 75 条细则、中文翻译长达 19 页的“IWAY”条款丢给了喜临门，其中涉及工厂安全、环境保护、员工健康、保护森林资源等一系列标准。条款之烦琐，让喜临门当时的负责人不知所措。

喜临门副总裁表示，宜家给了他们一年的时间整改，直到 2002 年喜临门达到了“IWAY”中规定的环保等方面的要求后，双方才正式签订合同。喜临门副总裁表示，

2002 年的整改使得企业在后来上市时足以轻松地应对环保审查。

宜家表示，在确认它的供应商资质后，会通过宜家全球采购的优势，在一定年限内给该供应商足够的产能协议去保证其利润。事实上，为了帮助供应商改进工艺，宜家甚至会给供应商投资，用以购买自动化设备，从而降本增效。

宜家在中国有 400 多家供应商，目前只是向少部分供应商开放了卖场及库存数据，未来开放的比例应该会上升。

资料来源：蒋震宇．集中采购浅析．全国商情：经济理论研究，2010（7）；王倩．宜家供应链管理体系研究．中国海洋大学硕士学位论文，2012；杜文艳．浅议宜家家居的成本管理战略与差异化战略．中国乡镇企业会计，2017（9）；徐晓江．网络博弈视角下跨国公司供应链学习机制研究．大连海事大学硕士学位论文，2020.

结合案例内容，试回答下列问题：

1. 宜家集中采购的内容是什么？
2. 宜家集中采购的优势体现在哪些方面？

复习思考

1. 企业如果要提高采购物流的效率，需要从哪些方面入手？
2. 对于整车企业而言，要成功地实施 JIT 采购，需要注意哪些问题？

第 10 章　绿色物流

绿色物流是未来趋势。

——叶伟龙（中国远洋海运集团有限公司原副总经理）

学习导航

- 了解绿色物流的内涵及发展背景。
- 熟知绿色物流的主要内容及作用。
- 掌握回收物流的概念、种类及基本环节。
- 了解循环经济与生态工业园。
- 了解废弃物物流的概念、基本方式及废弃物的种类。

引例

远成打造绿色物流文化

“以心传递，微笑缔造星级服务；畅达天下，携手共创绿色物流”，这是 2011 年 4 月份远成集团开展全国签名活动推动绿色物流的口号。这两句话可作为物流企业推动绿色物流服务的行动指南。

作为首批国家 5A 级综合物流服务企业，远成物流在全国拥有 9 500 家标准化门店、210 个转运中心，物流网络覆盖全国 100%的省市。身为行业领先企业，远成物流在绿色物流领域深耕多年，一直致力于发展中国的绿色物流，其努力也得到了业界的认可，荣获“绿色物流领军企业”的称号。现在“绿色物流”已不仅是一个概念，而且在物流的发展领域已有很好的实践及政策的支持。特别是国外的发展经验与许多专家学者在这方面的努力研究，为绿色物流的科学发展提供了理论依据，使绿色物流成为物流发展的新方向。

对远成物流来说，在绿色物流方面受到触动的时间是在北京奥运会的筹备期间。政府整改指令，要求北京的货场取消柴油叉车，建议采用电池叉车；限制排污不达标的车辆上路。为此，远成物流首先在北京的货场更换符合要求的叉车，同时换上了一批符合排放标准的运输车辆。后来，远成物流派出了 50 多台车参与奥运会期间的绿色车队。奥运会结束以后，远成物流对绿色物流有了全新的认识：物流基地的布局、物流技术的投入与物流服务的改善都要综合考虑到绿色环保的因素。绿色物流已成为远成物流发展的新理念与新标准。

远成物流的实践主要包括以下几个方面：第一，做好物流基地的布局。如在成都青白江集装箱中心站旁边投资建设配套基地，将铁路物流与公路物流进行整合。第二，与汽车生产厂家实行战略合作，并推出交互营销的模式。如与福田汽车的合作，厂家向远成物流提供环保型汽车，远成物流同时也为厂家提供物流服务。第三，对各省际公司间的线路重新规划。将重新规划的线路定义为远成新干线。新线路优化简便，使用的车辆都是环保型卡车。第四，改进现场作业的物流技术。除了托盘的应用外，增加了包装笼的应用。如在为保洁公司提供物流服务时，就采用了这些专门的设备，减少了装卸与运输过程中对物品的损坏，也减少了物品的返回所造成的资源浪费。第五，加强安全生产与提高司机的操作技能的系统培训。公司从规范与校正司机的操作习惯的角度出发，推出了防御性驾驶培训系列，让司机每月都有一次机会在操作习惯上得到强化与校正。第六，获得 ISO14000 环境管理系列标准的认证。这为远成物流提升绿色物流竞争力打下了坚实的基础。第七，为响应国家“一带一路”的号召，2016 年，远成物流在秉承绿色物流理念的基础上提出以“创新、协调、绿色、开放、共享”的发展理念推动公司转型升级、共同迈向命运共同体的新经营观。

在远成物流看来，绿色物流是未来的发展趋势，是企业发展的重要法宝，对提高企业效益有非常重要的作用。有位学者曾这样说过，以环境为代价的发展模式是不行的，最终会毁灭我们赖以生存的地球。不重视绿色物流，就会断送企业的基业。专注于物流，就应以绿色物流为发展理念。自我国加入 WTO 至今，国内市场上各种资质的物流企业一直都在竞争与合作，远成物流的绿色标准是相对较高的，其竞争力还是比较强的，能满足大企业的服务需求。通过有效控制能耗、减少二次包装、降低碳排放、合理布局基地、优化线路规划等措施，在践行绿色物流时也降低了各个运作环节的成本，从而提升了企业自身产品服务的竞争力，也提升了企业的社会责任感。所以，重视绿色物流的实践有助于远成物流服务大型企业进行大宗物流。绿色物流具有长远的经济意义，可以拓宽发展空间。社会经济发展到今天，产业链的上游、中游、下游中不同环节的附加值在发生变化，附加值在向产业链的两端转移。产业链上游的研发、设计和下游的品牌、渠道附加值在上升，产业链中游的加工、组装、制造、仓储、运输、装卸、配送等价值在下降。另据统计，在这个投入与销售的过程中，其物流作业所占的劳动时间约为 90%。因此，物流的价值需要那些致力于整合资源、节能降耗的绿色服务企业进行深挖。

资料来源：远成助推物流业将成为北京支柱产业．新浪网，2010-04-23；腾飞的中国物流业 打造绿色物流文化的远成物流．物流科技，2012（1）；刘金娜．紧跟“一带一路”远成物流转型升级．中国经济时报，2016-01-01；艾末．远成集团：发力多式联运 建设“一带一路”物流网．现代物流报，2017-05-01.

第 1 节　绿色物流的概念及作用

一、绿色物流的内涵

所谓绿色物流（Green Logistics），又称环保物流（Environmental Logistics），是指利用先进的物流技术和设施，对运输、存货管理、装卸搬运、配送、包装、流通加工等物流活动进行合理的规划和实施，确保对使用过的废旧产品的回收处理及循环利用，达到降低环境污染、减少资源消耗的目的的物流活动。

从物流的概念中可以看出，绿色物流主要包含两个方面的内容：其一，对物流的各个基本构成要素进行污染控制，尽量采用对环境污染小的方案；其二，对使用过的产品进行妥善处理，积极开展回收物流，合理组织废弃物物流。绿色物流的结构体系包括了物流的各个环节，主要有绿色销售物流、绿色生产物流和绿色供应物流（如图 10－1 所示）。

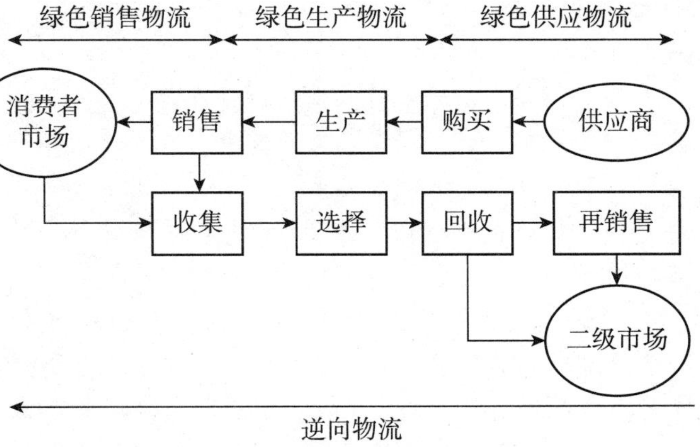

图 10－1　绿色物流的结构体系

二、可持续发展与绿色物流

绿色物流是可持续发展的重要内容之一，与绿色生产（又称清洁生产）、绿色消费、绿色营销共同构成节约资源、保护环境的绿色经济循环系统。

20 世纪 50 年代以来，生产力发展十分迅速，人类创造了前所未有的物质财富。但人类也因此付出了沉重的代价，即全球环境的不断恶化，地球资源的锐减，“三废”污染的加剧，人类的生存和发展受到了严峻的挑战。环境问题逐渐引起各国政府的极大关注，并采取了相应的环境保护措施与对策。

自 20 世纪 70 年代以来，全球掀起了绿色革命。1972 年联合国在瑞典斯德哥尔摩第一次召开了人类环境会议，发布了《人类环境宣言》，向全世界发出“只有一个地球”的强烈呼吁，被认为是最早的可持续发展思想。1980 年的《世界自然保护大纲》中最早使用了“可持续发展”的概念。1983 年联合国提出“综合发展观”，将发展看作包括经济增长、社会转型、自然协调、生态平衡等多方面因素的综合发展过程。1987 年世界环境与发展委员会将可持续发展定义为“既满足当代人需要，又不对后代人满足其需要的能力构成危害的发展”，被世界各国所接受。1992 年 183 个国家和地区的代表参加了在巴西里约热内卢召开的联合国环境与发展大会，大会签署了《里约环境与发展宣言》《21 世纪议程》等文件，正式将可持续发展战略作为人类发展的总目标。

面对日益增强的能源资源环境约束和人民群众对美好生活环境的需要，尊重自然、顺应自然、保护自然是全面建设社会主义现代化国家的内在要求。党的二十大报告指出，必须牢固树立和践行绿水青山就是金山银山的理念，站在人与自然和谐共生的高度谋划发展。美丽中国建设需要统筹产业结构调整、污染治理、生态保护、应对气候变化，协同推进降碳、减污、扩绿、增长，推进生态优先、节约集约、绿色低碳发展。

1996 年，国际标准化组织正式颁布了 ISO14000 环境管理体系，形成了明确的可持续发展战略的环境保护标准。

广角镜

ISO14000 环境管理体系

1996 年，国际标准化组织颁布了针对全球工业企业、商业部门、非营利性团体及其他用户制定的一系列环境保护标准——ISO14000，分别包括：

ISO14001，即环境管理体系——规范及使用指南规范。

ISO14004，即环境管理体系——原则、体系和支持技术通用指南。

ISO14010，即环境审核指南——通用原则。

ISO14011，即环境审核指南——审核程序——环境管理体系审核。

ISO14012，即环境审核指南——环境审核员资格准则。

其中，ISO14001 是该系列标准的主体和精华部分，是企业实施环境管理体系的依据。它规定了对环境管理体系的要求，明确了环境管理体系的诸要素，要求组织建立环境管理体系，确定环境方针和目标，实现并向外界证明其环境管理体系的符合性。

从 ISO14000 的工作内容来看，其核心包括“工业减废”“污染预防”“持续改善”三大部分。工业减废指企业参照所在国有关环境保护的法规与政策，根据自身的生产与销售活动产生污染的特点，自行限制与减少企业排放物中的污染成分总量，达到减少污染的目的；污染预防指通过生产工艺与包装方式的改进，预先消除企业生产与销售过程中的污染源；持续改善指企业开展环境保护工作的过程是一个循序渐进的过程。

ISO14000 的实施始终和节约能源、节约资源紧密地联系在一起，企业推行 ISO14000 的过程实际上就是规范管理、提高能源与资源的利用率，尽可能少污染或不污染环境的过程，实现由粗放型经营向集约型经营的转变，从而达到提高产品竞争力的目的。

可持续发展强调以下三个基本原则：其一，公平性原则，包括代间公平和代际公平。代间公平强调的是给世界以平等的分配权和平等的发展权；代际公平强调的是本代人不能因为自己的过度需求而损害后代人满足需求的条件。其二，持续性原则，即经济建设和社会发展不能超越自然资源和环境的承载力。其三，共同性原则，即可持续发展应成为全人类发展的总目标。

随着可持续发展目标的逐步确立，在生产过程中，绿色生产也得到了越来越多的重视，人们对从原材料到产品的整个工业生产过程进行综合污染预防，节约生产中的能源和物质消耗，实现污染物排放的最小化，减少对人类与环境的危害；在消费过程中，人们对环境和资源的忧虑逐渐转化为消费过程中的一种自律行为，更加倾向于节约资源、不污染环境、保护环境的消费；在营销过程中，企业的市场调查、产品开发、产品定价、分销和售后服务等活动都逐渐开始注重维护生态平衡、保护环境；在物流过程中，人们强调在抑制物流对环境造成危害的同时，形成一种能促进经济和消费健康发展的物流系统，对使用过的废旧产品进行回收处理或再循环利用。

绿色物流首先从发达国家兴起，美国、欧盟国家、日本等都通过立法限制物流可能对环境造成的不利影响，并提出发展循环型经济的目标。以将物流业作为本国经济发展生命线的日本为例，日本非常重视绿色物流，除在传统的防止交通事故、抑制道路沿线的噪声和振动等问题方面加大政府部门的监管和控制作用外，还特别出台了一些实施绿色物流的具体目标值，如货物的托盘使用、货物在停留场所的滞留时间等，来降低物流对环境造成的负荷。2001 年，日本政府出台了《新综合物流实施大纲》，其重点之一就是建立适应环境保护要求的新型物流体系。

三、绿色物流的主要内容

持续改善生态环境，推动绿色低碳发展，需要进一步推动绿色配送体系建设，促进绿色物流发展。在具体的运作过程中，绿色物流包括以下基本内容。

（一）物流环节的绿色化

1. 绿色运输

运输过程中的尾气排放是造成大气污染的主要原因。绿色运输的具体措施包括：使用清洁能源的运输工具或排放标准要求严格的运输工具，降低废气排放量；对工厂、配送中心的地理位置进行合理的布局与规划，缩短运输路线，实现节能降污的目标；积极使用第三方物流，提高车辆装载率；加强运输过程中的安全管理，避免在运输易燃易爆品、化学品等危险原材料或产品的过程中可能引起的爆炸、泄漏等事故的发生。

2. 绿色存货管理

在仓库建设前应进行相应的环境影响评估，避免仓库对周围环境的不利影响。如易燃易爆品仓库不应设在居民区，有害物品仓库不应设在重要水源地附近。在仓储过程中，妥善对货物品质进行保护，防止有害物质对货物的污染。对危险品的仓储进行严格的管理，防止危险品发生泄漏、爆炸等事故，对环境造成污染。

3. 绿色装卸搬运

积极采用节能降耗的装卸搬运设备，合理设计装卸搬运的路径。积极采用托盘、集装箱既是提高装卸搬运效率的重要手段，又是绿色装卸搬运的重要体现，可以减少对包装物的消耗，减少货物的损失，降低货物损毁、泄漏对环境造成的污染。

4. 绿色配送

通过有效地配置配送车辆，合理规划配送中心及配送路线，采用排污量小的货车车型，提倡共同配送，提高往返载货率等手段，达到降低能源消耗、减少污染排放量的目的。例如，积极开展夜间配送，可以避免白天的交通堵塞，节省燃料，降低排放量。

5. 绿色包装

绿色包装应符合以下特性：包装材料的利用率高，不出现过剩包装；包装过程节约能源；包装材料环保，对产品和人体不构成危害；包装物易于回收和再循环使用；包装材料在自然界容易降解等。

6. 绿色流通加工

积极提高流通加工的比例，通过变消费者分散加工为集中的流通加工，以规模作业提高资源的利用效率，便于集中处理消费品加工过程中所产生的废弃物，减少消费者分散加工所造成的环境污染。同时，在流通加工过程中，要优先选择能耗小、污染少的加工设备，加强对流通加工人员的合理组织和有效管理，减少对资源的消耗和对环境的污染。

（二）回收物流的积极开展

对于使用过的废旧物品中的再生资源，如果废弃不用，不仅形成浪费，而且对自然环境构成很大的压力。而积极开展回收物流，则能够充分利用现有资源，减少对原材料的需求，缓解对稀缺资源所构成的巨大的供应压力，对自然环境构成的压力也会大大减轻。

（三）废弃物物流的合理组织

对于废旧物品中基本或完全失去使用价值的部分，如果不对其进行适当的处理，任由其排放到环境中，将严重污染环境，不利于人类的可持续发展。合理组织废弃物物流，可以使废弃物的排放更加科学、合理，达到保护环境、实现可持续发展的目的。

四、绿色物流的作用

绿色物流的实施，无论是对企业还是对整个社会而言都是一件好事。概括而言，绿色物流具有以下几个方面的突出作用。

（一）保护人类环境

从整个社会的角度而言，绿色物流的开展有效地提高了能源和资源的利用率，减少了交通工具尾气的排放量，降低了环境对废弃物的承载压力，对于协调人类与自然环境的关系大有裨益。有关资料显示，用废钢铁代替铁矿石炼钢，可减少86％气体污染，减少76％水资源污染，降低40％耗水量，减少97％采矿废弃物。因此，废钢铁被称为钢铁工业的清洁资源。

（二）提高企业的经济效益

资源循环、重复使用等绿色物流举措有利于企业提高资源利用率，为企业带来可观的经济效益，成为企业重要的物流利润源泉。根据汽车零部件再制造协会的估计，全世界汽车制造业每年通过再制造而节约的原材料可以装满155 000节车皮，可以排列成约1 770千米长的火车。可见，其经济利益是非常可观的。

以海尔集团为例，该集团从2002年1月开始正式批量采用蜂窝纸板包装材料，以替代原来使用的泡沫塑料衬垫和木制板架材料。这一绿色包装材料的采用，取得了以下经济效益：第一，蜂窝纸板优异的抗压和抗弯曲性能，降低了产品的破损率；第二，蜂窝纸板的厚度较以前的包装衬垫薄，使得产品包装的外形尺寸减小，空调堆码由原来的 4 层增加到 6 层，节省了仓储和运输费用；第三，采用蜂窝纸板进行包装后，每台空调柜机的包装费用下降了 15 元～20 元。

（三）提高企业的竞争地位

顾客价值是决定企业生存和发展的关键因素。绿色物流中的回收物流，不仅可以满足资源再利用的需要，而且可以有效地确保不符合顾客订货要求的产品及时退货，有利于消除顾客的后顾之忧，增加顾客对企业的信任感及回头率，扩大企业的市场占有率。

（四）提升企业形象

随着可持续发展的观念不断深入人心，消费者越来越关注企业是否具有社会责任感，企业是否节约利用资源，企业是否注重保护环境，这些都成为决定企业形象与声誉的重要因素，尤其是对于开拓国际市场而言，企业形象至关重要。

美国已明确表示，从 2001 年开始，将对所有在其国内上市的商品进行绿色认证检查，并宣称美国厂商将在贸易绿色化方面同其他国家开展竞争。欧洲一些国家甚至认为，实施绿色认证不仅可以保护本国环境，而且可以将其他国家的许多商品拒之国门之外，有助于提高本国工厂的开工率和本国的就业率。例如，荷兰政府规定，汽车制造商必须将汽车使用的可回收材料比例提高到 86%；欧盟规定生产商必须将至少 45%的包装材料回收利用。因此，企业如果能够将绿色物流与绿色生产、绿色营销紧密结合起来，将有助于提升自己的形象，成为市场拓展的有力武器。

宝洁公司是绿色物流的践行者，在进行大量绿色物流实践的同时，也给公司树立了非常好的企业形象。

案　例

宝洁的绿色物流创新

宝洁公司是全球最大的日化产品生产商之一，在世界范围内享有广泛的信誉，也是《财富》500 强中十大最受赞誉的公司之一。公司的成就来源于对环保事业的大力支持，对社会责任的有力担当，以及其在绿色物流领域的一系列创新实践。

宝洁公司在绿色物流实践方面一直是行业的标杆，在其日常活动中有大量绿色物流的体现。第一，合理安排产品配送车辆，而且以绿色环保的车辆为主，以大量降低运输过程中的污染。第二，大力推广绿色环保包装，比如宝洁在加拿大进行的“棠妮”牌系列产品的绿色环保推广，通过产品包装的绿色设计，大量减少了包装的成本，增加了包装的有效利用，产品受到当地消费者的一致好评。

宝洁 2012 年在中国市场进行了其绿色物流的一个重要实践，即在江苏省太仓市太仓港经济技术开发区建立的华东物流基地正式投入生产。这个物流基地是宝洁在全球范围内建立的最佳的可持续发展物流基地，在多方面进行了绿色创新。在生产物流中，实现全面的信息化控制，严把质量关，以最低成本创造最大效益。在回收物流和废弃物物流方面的管理体现了其绿色物流实践的理念，通过回收和再利用，变废为宝，实现废弃物零填埋。宝洁将废弃物转化为工业技术原料，将生产中的副产品也进行收集和再利用。优化水资源的使用，实现了工业污水 100%处理净化及循环利用。

“落户太仓使得我们更接近华东地区的消费者，我们也能从消费者的即时需求出发，从而打造宝洁公司在中国乃至全球最具规模和高效的供应链，这一创新举措不仅会使原材料采购、生产制造、物流配送的环节和时间都大幅缩短，更将因为全面提高了供应链的运转效率，减少了原材料和产品运输的能耗，从而大大降低环境足迹，这也很好地反映了我们正通过各种努力实现公司的长期可持续发展愿景。”宝洁全球供应链运营官表示。

2013 年，宝洁联手中外运久凌储运公司开展了关于液化天然气运输项目的研究，并率先投入运行。测试结果表明：项目的实施有效减少了货车尾气排放，使尾气中不含硫化物和铅，一氧化碳、氢氧化物、氮氧化物的排放也降低了近 4 成。宝洁的绿色物流尝试不仅使货车性能有所提升，而且充分体现了节能环保的绿色物流理念。

资料来源：宝洁中国荣获“绿色企业”称号．中国质量新闻网，2013-03-11；王楠楠．“这是一次多方共赢的尝试”．交通建设与管理，2015（14）；杜娟．宝洁寻找自然的解决方案．可持续发展经济导刊，2020（9）．

第 2 节 回收物流

一、回收物流的概念及种类

所谓回收物流（Returned Logistics），是指对于生产、流通、消费活动中所产生的具有再利用价值的废旧物品进行加工、拣选、分解、净化等，使其成为有用的资源或转化为能源而重新投入生产或生活循环系统的物流过程。

回收物流包括以下种类。

（一）退货回收

顾客对所购买产品的质量、包装、款式、型号等方面不满意而向企业退货，或者企业发现产品存在质量问题，而对已经售出的产品予以召回，就会导致逆供应链的物流活动。

退货处理是否妥当，是企业产品售后服务的重要内容，对于消除顾客不满、建立顾客忠诚度，以及避免企业危机具有积极的作用。例如，日本本田汽车公司在 20 世纪 70 年代初所遭遇的缺陷车事件中，其退货处理就做得很好。当时，该公司刚打开销路的 N360 型轿车出现了严重的质量问题，车辆在行驶过程中出现摇晃、打转现象，造成了上百人的伤亡事故。受害者及其家属组成抗议联盟，使得本田汽车公司的生存受到威胁。面对这样的危机，本田汽车公司立即召开记者招待会，主动向社会认错，总经理在道歉之后引咎辞职。公司同时宣布回收所有的 N360 型轿车，赔偿顾客的全部损失。本田汽车公司还重金聘请消费者担任公司的质量监督员，并经常邀请记者光临企业参观，主动接受舆论监督。本田汽车公司的诚恳感化了消费者，挽救了危机中的公司。

由于退货理由不同，退货回收的处理方式也各不相同。如果仅仅由于包装、款式、型号等问题而出现退货，产品不必退回生产企业，而是在经销商处作适当处理，如重新包装即可；如果属于产品质量的缺陷，则需要退回生产企业予以返工或维修。

（二）维修回收

产品在使用过程中出现故障，就需要退回经销商或生产企业进行维修。维修回收的关键在于物流的时间周期和维修的速度。

（三）使用期满回收

产品使用期满后，对于还有一定的残余价值、零部件或原材料具有再次利用价值的产品，企业将之收集起来，进行拣选、加工，以便再次使用。

（四）包装回收

对于能够多次使用的包装物，企业与经销商及物流服务企业密切配合，建立常规的包装回收制度，可以大幅度节约包装费用，对保护环境也非常有利。

二、回收物流的基本环节

通常而言，回收物流包括以下基本环节。

（一）回收

企业委托经销商回收顾客所持有的废旧产品以及顾客退货或退回维修的产品。为开展有效的回收工作，生产企业必须与负责回收的经销商建立良好的关系，保持密切的接触与沟通。有些企业也从社会上的废旧物资收购站取得对生产有用的回收物资。

（二）运输

回收的货物需要选择合适的运输方式，挑选负责任的运输企业运回生产企业所在地。尤其对玻璃瓶、显示器等易碎物品而言，有效的运输对于确保回收物品的外观和质量非常重要。

（三）检验

对于回收的物品，根据其结构特点及原材料、零部件、包装物的性能确定可行的处理方案，包括：整理或加工后销售；分拆后零部件或原材料再利用；产品或零部件销毁处理等。

（四）分拆

对于较为复杂的产品，如机械设备、报废汽车、家电等，需要按照产品结构的特点将产品分拆成不同的零部件和原材料，才能进行再次加工利用。

（五）再加工

对回收产品或分拆后的零部件、原材料进行加工，恢复其价值。或者，对包装物进行拣选、清洗、消毒、重新贴标签。

（六）销毁处理

对于拣选出来的那些没有再次利用价值的产品、包装或产品中的零部件，通过各种有效的方式进行销毁，尽可能避免对环境造成危害。

三、循环经济与生态工业园

（一）循环经济的概念及层次

2023 年《政府工作报告》指出，加快传统产业和中小企业数字化转型，着力提升高端化、智能化、绿色化水平。全面加强资源节约工作，发展绿色产业和循环经济。传统工业社会的经济是一种“资源—产品—废弃物”单向流动的线性经济，其特征是高开采、低利用、高排放，人们高强度地开采和消耗资源，同时高强度地将污染和废弃物排放到水系、空气和土壤中，对资源的利用是粗放型和一次性的，通过将资源持续不断地变为废弃物来实现经济的数量型增长。

而循环经济的增长模式是“资源—产品—再生资源”，其特征是低开采、高利用、低排放，所有的物质和能源在这个不断进行的经济循环中得到合理和持久的利用，以便将经济活动对自然环境的影响降到尽可能小的程度。

通常而言，循环经济可以在两个层次上得以运用。

1. 企业内部的循环经济

企业内部的循环经济即合理组织企业内各工艺之间的物料循环。如 20 世纪 80 年代末，美国杜邦公司的研究人员将工厂当作试验新的循环经济理念的实验室，创造性地将循环经济三原则发展成为与化学工业相结合的“3R（Reduce，Reuse，Recycle，即减量、再用、再循环）制造法”，以达到少排放甚至零排放的环境保护目标。通过放弃使用某些对环境有害的化学物质、减少一些化学物质的使用量以及发明回收本公司产品的新工艺，到 1994 年，杜邦公司生产造成的废弃塑料物减少了 25%，空气污染物排放量减少了 70%。同时，公司利用废弃的牛奶盒、一次性塑料容器等废塑料，开发出了耐用的乙烯材料。前面提到的回收物流的基本环节主要侧重的是单个企业诸多业务环节之间的物料循环。

2. 企业之间的循环经济

通过将不同的企业联结起来，形成共享资源和互换副产品的企业共生组合，减少资源消耗和污染物排放。这种循环经济在生态工业园中表现得十分明显。

（二）生态工业园

生态工业园（Eco-Industrial Park）的概念在 1992—1993 年由美国 Indigo 发展研究所首次正式提出。它模拟生态系统物质循环的原理，采用废弃物交换手段使一个企业产生的副产品或废弃物可以用作另一个企业的投入或原材料，实现物质的闭路循环和能量的多级利用，形成一个类似自然生态系统的工业生态系统，达到资源、能量利用最大化和废弃物排放最小化（如图 10-2 所示）。

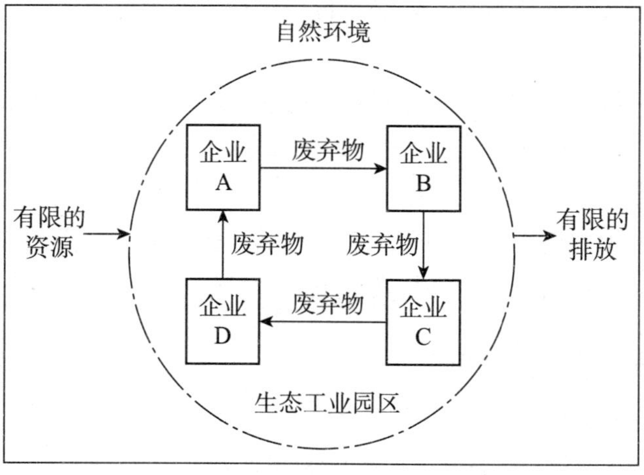

图 10-2　生态工业园示意图

丹麦的卡隆堡、美国马里兰州的巴尔的摩、弗吉尼亚州的查尔斯角、得克萨斯州的布朗斯维尔、田纳西州的查塔努加等地生态工业园的建设成效十分显著。

以丹麦的卡隆堡生态工业园为例，园区内的主体企业是电厂、炼油厂、制药厂和石膏板生产厂，以这 4 个企业为核心，通过贸易方式利用对方生产过程中产生的废弃物或副产品，作为自己的生产原料，不仅减少了废弃物产生量和处理费用，而且产生了很好的经济效益，形成了经济发展和环境保护的良性循环。其中，以煤为原料的电厂位于工业生态系统的中心，对热能进行了多级使用，对副产品和废弃物进行了综合利用。电厂向炼油厂和制药厂供应发电过程中产生的蒸汽，使炼油厂和制药厂获得了生产所需的热能；通过地下管道向卡隆堡全镇居民供热，由此关闭了镇内 3 500 座燃烧油渣的炉子，减少了大量的烟尘排放；将除尘脱硫的副产品工业石膏全部供给石膏板生产厂做原料；同时，还将粉煤灰出售供造路和生产水泥之用。炼油厂产生的火焰气通过管道供石膏板厂用于石膏板生产的干燥，减少了火焰气的排放；炼油厂的脱硫气则供给电厂燃烧。卡隆堡生态工业园还进行了水资源的循环使用。炼油厂的废水经过生物净化处理，通过管道每年向电厂输送 70 万立方米的冷却水。整个工业园区由于进行水的循环使用，每年减少 25%的用水需求量。

在发达国家，尤其是在美国，生态工业园的发展得到政府的大力支持。除了环境保护局和能源部一直致力于推动生态工业园的发展之外，美国总统可持续发展理事会还成立了一个特别工作组，专门研究如何将生态工业园的理论模型引入具体的实践中去。

在我国，广西贵港、广东南海等地被列为国家生态工业园建设示范点。广西贵港生态工业园利用甘蔗榨糖，在此基础上成功地建设了一个生态工业园的雏形，该雏形生态工业园由两条主链组成：甘蔗—制糖—废糖蜜制酒精—酒精废液制复合肥—复合肥回施甘蔗田；甘蔗—制糖—蔗渣造纸—碱回收。

第 3 节 废弃物物流

一、废弃物物流的概念及基本要求

所谓废弃物物流（Waste Logistics），是指对生产、流通、消费活动中所产生的不能再加以利用的废弃物进行妥善处理，以达到排放标准、减少废弃物对环境污染程度的物流活动。

废弃物物流的基本要求是：第一，低排放要求。废弃物物流应达到国家规定的废弃物排放要求，尽量降低对环境的危害。第二，低成本要求。由于废弃物物流不能增加企业的价值，如果废弃物物流的费用过高，将加大企业的开支，对企业造成沉重的负担。

二、废弃物的种类

按照不同的分类标准，废弃物可以分为不同的类别。

（一）按照废弃物的形态分类

按照废弃物形态的不同，废弃物可以分为固体废弃物、液体废弃物、气体废弃物。固体废弃物又称垃圾，其物流需要动用专用的垃圾运输车辆和处理设备。液体废弃物又称废液，其物流主要采用管道运输的方式，有时也使用专门的运输车辆。在经管道排放到自然环境以前，废液最好经过相应的净化设备的处理。气体废弃物又称废气，其物流采用通过管道系统向大气直接排放的方式，但最好经过相应的废气净化设备的处理。

（二）按照废弃物的来源分类

按照废弃物来源的不同，废弃物可以分为产业废弃物和生活废弃物。产业废弃物来自不同的产业：第一产业中的废弃物为农田杂屑，通常不需要专门处理，不需要开展物流；第二产业中的废弃物数量非常大，包括工业垃圾、废液、废气等，废弃物物流的规模很大；第三产业中的废弃物主要是建筑垃圾和一些生活垃圾，废弃物种类多，且较为分散，物流难度较大。生活废弃物的排放点非常分散，其物流需要耗费大量的人力。

三、废弃物物流的基本方式

废弃物物流主要采取以下基本方式。

（一）废弃物掩埋

对于对地下水不造成危害的固体废弃物而言，适合采用掩埋的方式，即在政府指定的区域内，利用原有的坑塘或重新挖坑，将废弃物倒入其中后用土掩埋表面。这种方式不占用土地，用于掩埋废弃物的土地仍可用作其他用途，如农田或市政、建筑用地，废弃物也不会污染环境。但挖坑、填埋的费用相对较高。

（二）废弃物焚烧

对于有机物含量较高的废弃物而言，适合采用焚烧的方式，以避免有机物发生生物化学反应而对水源、空气、土壤造成污染。

（三）废弃物堆放

利用堆放的方式处置废弃物一般在远离城市的区域进行，利用沟、坑、塘、谷等直接堆放废弃物，通过自然净化作用使废弃物逐渐沉降风化。堆放方式的处理成本较低，但物流距离较远，而且容易对环境造成危害。

（四）废弃物净化处理

在将废弃物排放到自然环境之前，对其进行净化处理，可以使企业的排放标准符合国家有关环境保护法规的要求，降低对环境的污染程度。典型的情况是对废液、废气的净化处理。

例如，对于啤酒工业而言，最大的污染物是生产过程中产生的污水。为了解决这一问题，燕京啤酒投入治理污水的资金达1亿多元，制麦工艺的水资源利用率由原来的20％提高到95％，每年可节水10万吨以上。处理后的水有80％以上用于公司绿化、锅炉麻石水膜除尘、冲洗厕所和冲洗马路等。

本章小结

本章介绍了绿色物流的内涵、发展背景及主要内容，指出绿色物流的实施无论是对企业还是对社会都大有裨益，有助于保护人类环境，提高企业的经济效益，提高企业的竞争地位，提升企业形象。回收物流包括退货回收、维修回收、使用期满回收、包装回收，其基本环节通常包括回收、运输、检验、分拆、再加工、销毁处理等，循环经济与生态工业园是回收物流的重要体现。按照不同的分类标准，废弃物物流可以分为不同的类别，废弃物物流的基本方式包括废弃物掩埋、废弃物焚烧、废弃物堆放、废弃物净化处理。

课后案例讨论

联邦快递：全球减排增速的践行者

世界快递巨头联邦快递在发展自身业务的同时，致力于节能和环保事业，在多个国家和地区获得了诸多环保奖项。联邦快递在节能和环保领域的探索，在节约大量成本的同时，也树立了其为公众利益负责的良好形象。

联邦快递每天向世界 220 多个国家和地区发送 1 200 多万个包裹，飞行里程约 50 万千米，行驶约 193 万千米。如果不考虑环保，那么这一系列的高强度物流活动将会对气候和环境造成严重的污染和破坏。

联邦快递在节能和环保领域进行的积极探索，取得了一系列令人瞩目的成果，如大规模采用高效飞机，提倡建立轻型车辆运输系统，增加对电力的使用，减少对石油的依赖等，这些既体现了联邦快递在保护环境、提高人类生存质量方面的社会责任，又在行业内树立了标杆，为其他企业树立了榜样。

大规模采用高效飞机

近些年来，联邦快递注意到现代飞机技术发展日新月异、新型飞机层出不穷、飞机燃油效率不断提高的现实和趋势，也开始引入一些新机型，如波音 777F 和波音 757。新机型拥有更高的燃油效率和更大的载货量，能够降低货运燃料消耗。例如，波音 777F 比先前的 MD-11 载货更多、耗油更少、飞行更远，大幅度减少了每一运输单位的成本和废气排放。经计算，波音 777F 可直飞 1 万多千米，比 MD-11 多 3 000 多千米；能运载 17.8 万磅（1 磅=0.454 千克）的货物，比 MD-11 多 1.4 万磅的载货量。但波音 777F 消耗的燃料却比 MD-11 少很多，同时每吨货物的废气排放量也比 MD-11 少很多。

使用电动汽车

电动汽车是指以车载电源为动力，用电机驱动车轮行驶的车辆。混合动力电动汽车是指车上装有两个以上动力源，包括有电机驱动的汽车，车载动力源包括蓄电池、燃料电池、太阳能电池等的发电机组。以上两种汽车能显著降低汽油的使用量，进而减少碳排放。联邦快递经过计算，365 辆混合动力电动汽车或者 43 辆电动汽车的二氧化碳排放量与 10 辆燃油卡车相当。

正因为如此，联邦快递在过去的几年中持续加大对电动汽车和混合动力电动汽车的购置力度，新能源汽车在车队中的比重不断提高，并在车辆电动化方面制定了阶段性目标：到 2025 年，联邦快递在全球新采购的车辆中 50%将是电动汽车；到 2030 年，这一比例将增加到 100%；到 2040 年，取派件车队将全部使用零排放的电动汽车。

降低燃油消耗

尽管联邦快递大量采用电动汽车和混合动力电动汽车，但是联邦快递车队中仍有大量的燃油汽车。针对这种情况，联邦快递开始致力于汽车燃油效率的提高，通过新技术来改善燃油效率。除了提高汽车的燃油效率，联邦快递还从细节入手来减少燃油消耗。就如何使用送货车辆这一问题，联邦快递通过试验和经验积累，明确了驾驶时会影响能源消耗的三种情况：开什么车、到哪里和由谁开。因此，联邦快递每年都会选用一批更高效的车辆上路，每天都会根据交通情况的变化来改变线路，还会不断向团队成员传授最优驾驶方法。

联邦快递在亚太地区推行了一个名为节能驾驶（Eco-Driving）的项目，这个项目旨在通过改变驾驶员的日常驾驶习惯，减少对环境的污染。日本的一位联邦快递代理商就是该项目的数百名团队成员之一，当时他作为速递员加入联邦快递，现在为所有日本驾驶员管理燃料消耗。这位代理商清楚地知道驾驶对环境的影响，因此他一直致力于降低燃油消耗。现在他每天都是先浏览东京街道的交通情况再去上班，从而能够为送货车辆提供最佳的行车路线。其他数量众多的联邦快递成员也在为改善环境质量而不懈努力。

联邦快递团队发现有 20 种行为可以减少车辆废气排放，其中包括缓慢加速、匀速、提前加速、慎用空调和减少空转时间等。联邦快递认为，减少废气排放的责任首先应落在驾驶员身上，若驾驶员了解并接受新的驾驶习惯，则节能计划必定成功。因此，联邦快递将“节能驾驶”提示放在车内突出位置，而驾驶员用的钥匙链上也印有节能驾驶的 5 项原则。结果卓有成效，自节能计划实施 18 个月以后，联邦快递的燃油效率提高了 14%。

联邦快递还在社区内指导节能驾驶，为所有有条件实施节能计划的操作站里的团队成员举办节能驾驶讲座，并邀请社区人士参与，为整个地区的节能降耗作出了巨大贡献。

资料来源：联邦快递推行节能驾驶 指明未来发展之路．凤凰网，2012-03-14；刘利．联邦快递推出全新冷藏运输包装选项．空运商务，2013（9）；杨云飞．联邦快递：加速向可持续发展商业转型．中国物流与采购，2023（9）；联邦快递公司官网．

结合案例内容，试回答下列问题：

1. 联邦快递的绿色物流体现在哪些方面？

2. 你认为联邦快递的绿色物流对企业的发展有什么影响？

复习思考

1. 实施绿色物流能够为企业带来哪些好处？

2. 企业实施绿色物流应从何处入手？

第 11 章　电子商务环境下的物流管理

物流公司就是电子商务企业的“腿”。

——李国庆（当当网联合创始人）

学习导航

- 掌握电子商务的内涵及基本运作程序。
- 熟知电子商务的类型。
- 熟知电子商务与物流的关系。
- 掌握电子商务环境下物流优化的考虑因素。
- 了解电子商务环境下物流优化的主要途径。

引例

亚马逊的物流之道

亚马逊自 1994 年成立起，经历了长达 8 年的亏损经营，到如今成长为全球最大的互联网零售商，除了其著名的网络服务（AWS）和 Kindle 出版业务（KDP）外，支撑其巨大网络零售帝国的就是物流。亚马逊创始人杰夫·贝索斯的理念是“我们要基于长远去创造更好的客户体验”，在物流管理上，亚马逊也是这样做的。

创造规模效应

长久以来，在网上购物的昂贵价格使顾客望而却步，转而选择实体店，为了扭转这种情况，亚马逊独辟蹊径，将免费送货作为促销手段，而且不断降低免费送货的门槛。这种免费物流、薄利多销的竞争方式吸引了大量的新增用户、订单量和重复购买，扩大了亚马逊在网络零售业的市场份额。亚马逊还可以凭借 1.47 万亿美元的市值与物流公司谈判，以达成更低的费率。用户订单量上升、物流成本下降、议价能力增强是亚马逊为自身发展设计的构想。

然而，免费物流的促销手段却产生了巨大的物流成本和财务负担，如果不能消化这些成本或从别的渠道获得利润补贴，那么只会造成更大的损失，这个构想就会从一开始便陷入困境。从亚马逊向用户收取的配送费用来看，其实只占到其向第三方物流公司支出成本的 38.9%，免费送货服务确实是亚马逊对用户的“倒贴”。

对此，亚马逊的战略是，通过优化管理来不断降低物流成本，以较低的促销成本获得较高的销售收益，再回馈并吸引更多消费者，以期形成一个良性循环。这对亚马逊的物流管理系统和物流成本控制能力都有极高的要求。同时，亚马逊通过自身打造的卓越的物流系统创造了新的利润增长点，在物流上获得了源源不断的财务收益。

不遗余力地削减物流成本

在仓储上，亚马逊有着独特的“混沌模式”，顾名思义，亚马逊仓库里的货物就是杂乱无序地摆放的，但在这表面无序的背后，有着精密的信息技术支持的秩序、效率与便利。在亚马逊的仓库里，商品都是随机摆放的，仓库人员将商品任意放在空货架上以后，会扫描该商品，由计算机记录下商品的编号和位置。根据订单提货时，计算机会从数据库中提取出商品的位置信息，并计算出最优的拣货路径。仓库中的数据是实时更新的，每件商品从货架上取下时都要扫描信息。这种存储模式对于人而言，依然是井井有条的。混沌的存储模式为亚马逊减少了很多工作量，比在固定位置存储更有效率地利用了空间，不需要培训员工如何记住商品存放的位置，也不会因为相似商品的位置邻近而拣错。

通过与供应商建立良好的合作关系，亚马逊保有了最少数量的存货，实行零库存运转。例如，亚马逊一般只将 200 种最受欢迎的畅销书归入图书库存里。在顾客从亚马逊网站下了购书订单后，亚马逊才会从出版商那里进货。顾客在预订时或拿到货时向亚马逊支付书款，亚马逊则在订单交易成功 46 天后向出版商支付费用。这种模式不仅使亚马逊的存货周转速度很快，而且资金周转比一般书店要顺畅很多。

亚马逊的配送中心根据所储存商品的种类设立，不同的商品由不同的配送中心存储和发货。这样可以提高配送中心的专业化程度，降低管理和运转费用。因此，当顾客在网站上下单后，亚马逊需要查询配送中心的库存，在配送中心没有现货的情况下，可向供应商订货。在顾客订货时，亚马逊会提醒顾客不要将现货和需要等待的商品放在一张订单中。发货时，亚马逊将相同类别的现货一起运输，以缩短顾客下单后的等待时间，这种组合包装提高了运输的批量，降低了运输的单位成本。

在配送业务方面，亚马逊将物流运输完全委托给第三方物流公司，如美国国内配送业务委托给美国邮政和 UPS，国际物流业务委托给国际海运公司等专业公司，这样的方式不仅减少了非核心业务的投资，降低了经营的风险和不确定性，而且可以利用第三方物流公司的专业优势。

积极寻找利润增长点

目前，亚马逊在全球拥有 1 750 个物流中心，覆盖 180 多个国家和地区。为尽可能从物流中心获得更多收益，亚马逊扩大了产品和服务范围，以将这些物流中心打造成新的利润枢纽。2015 年 10 月，亚马逊推出了“亚马逊物流+”，向商户提供第三方物流服务，正式跨界物流行业。这样，亚马逊不仅将自己的平台提供给第三方商家，而且利用自己的物流中心向第三方商家提供了订单处理、包装、发货、第三方配送对接和退货等全套流程服务。亚马逊从第三方零售商通过其网站平台出售的商品中抽取约 10%的利润，如果第三方零售商选择使用亚马逊的仓库和配送完成订单，还需要交纳一定的费用。具体来说，打包 1 件产品需要支付 0.6 美元～1 美元，处理 1 磅（1 磅＝0.454 千克）产品需要支付 0.37 美元～0.4 美元，占据 1 立方英尺（1 立方英尺＝0.028 3 立方米）仓储空间需要支付 0.45 美元。目前，第三方交易在亚马逊整体交易额的比重达到 40%，随着外部商家逐渐增多，第三方销售额不仅推动了亚马逊的业绩攀升，而且带来了较为可观的仓储、物流使用收入。

资料来源：亚马逊存储管理：破解混沌之道．和讯网，2012－12－12；谈亚马逊的物流促销策略．中国物流与采购网，2013－10－21；董军．亚马逊物流＋向电商基础设施供应商转型?．中国经营报，2015－11－02；张文娟，陈定，曹烨．亚马逊的物流模式对我国物流产业发展的启示．管理观察，2016（36）；吕锦源．亚马逊在中国跨境电商平台发展的 SWOT 分析．中国储运，2022（2）.

第 1 节　电子商务与物流的关系

一、电子商务的内涵及发展

（一）电子商务的概念

所谓电子商务（Electronic Commerce），是指基于计算机网络平台，按照一定的标准开展的商务活动。电子商务的概念有广义和狭义之分。

IBM 公司对电子商务的理解就是广义的电子商务，强调的是计算机网络的商业化应用，电子商务的内容不仅包括企业之间基于计算机网络开展的交易活动，而且包括企业基于内部网的管理过程。狭义的电子商务仅指企业之间基于计算机网络开展的交易活动。在这里，我们主要使用狭义的电子商务概念。

（二）电子商务的基本运作程序

电子商务的基本运作程序如下。

1. 信息发布及查询

企业在网站上发布商品及服务信息，顾客通过互联网查找所需要的信息。在这一过程中，企业与顾客之间可以通过互联网进行交互式的信息交流与沟通。这种信息沟通渠道大大缩短了买卖双方的时空距离，减少了信息搜寻费用。

2. 磋商及交易

对于品牌知名度高、标准化程度高的商品，如图书、音像制品、品牌家电等，顾客可以按照企业提出的标准化交易合同提交电子订单，立即开展交易过程。对于品牌知名度不高、标准化程度较低的商品，顾客需要通过互联网与企业就交易条件进行具体磋商后才能决定购买，在与企业就各项具体的交易条款达成一致后，顾客再填写电子订单。企业在收到电子订单之后，再向顾客发送购物账单，包括商品的单价、数量、应付款、税额及运费等，顾客确认后，输入信用卡号及密码，这些信息经加密后发送到电子银行，电子银行检验有效后通知商家发货。

3. 发送货物

企业确认顾客支付货款后，采取自己送货、买者提货、委托第三方物流企业开展货物配送等方式向顾客发货。只有将商品送到顾客手里时，整个交易过程才告结束。

（三）电子商务的发展

电子商务的发展始于20世纪60年代电子数据交换技术的运用。20世纪90年代互联网技术的发展，为电子商务的蓬勃发展奠定了深厚的基础。中国互联网络信息中心（CNNIC）发布的第54次《中国互联网络发展状况统计报告》显示，截至2024年6月，我国网民规模近11亿人（10.996 7亿人），我国网民使用手机上网的比例达99.7%，互联网普及率达78.0%。

受互联网行业发展的影响，最近30多年来电子商务发展迅速。当代中国，网信事业的发展一直呈现突飞猛进、生机勃勃的景象。2023年，我国网上零售额达15.42万亿元，同比增长11%，连续11年成为全球第一大网络零售市场。截至2024年6月，我国网络支付用户规模达9.69亿人，较2023年12月增长1 498万人，占网民整体的88.1%。2024年上半年，网络购物市场保持稳健增长，在促消费中日益发挥积极作用。数据显示，上半年全国网上零售额达70 991亿元，同比增长9.8%。其中，实物商品网上零售额同比增长8.8%，占社会消费品零售总额的比重为25.3%。

二、电子商务的类型

电子商务的交易主体包括企业（Business）、消费者（Consumer）、政府（Government）。因其交易主体的不同，电子商务可以分为以下主要的类型。

（一）B2B型电子商务

B2B型电子商务即企业之间开展的电子商务。这种电子商务的特点是交易量较大，交易对象相对集中。其基本形态包括网上采购、网上销售等。网上采购指的是企业建立专门的采购网站，通过网络采购自己生产或经营所需要的原材料、零部件或产品。网上销售指的是企业建立专门的销售网站，通过网络销售自己生产或经营的产品。开展B2B型电子商务，对于卖方而言，可以节约信息发布费用；对于买方而言，可以节约信息搜寻费用；对于双方而言，交易磋商费用均可以下降。

（二）B2C型电子商务

B2C型电子商务即企业与消费者之间的电子商务，企业通过网络销售自己生产或经营的产品。这种电子商务的特点是购买者数量众多，且较为分散，每次的交易量不大。对于消费者而言，通过电子商务进行交易，可以实现足不出户购物的目的，非常方便；对于企业而言，可以增加销售渠道。只要B2C型电子商务组织合理，买卖双方就都能节约交易费用，有助于降低商品的交易价格。

（三）C2C型电子商务

C2C型电子商务即消费者之间的电子商务，这种形式的电子商务对于销售二手货极为有利。此时，电子商务网站充当电子市场或拍卖场所，为交易双方提供一个交易的平台。

C2C 型电子商务的特点是买卖双方均数量众多，且较为分散，每次的交易量较小。由于双方均是个人行为，交易的可信程度大打折扣，违约比例较高。

（四）B2G 型电子商务

B2G 型电子商务即企业与政府部门之间的电子商务，包括通过互联网实施政府采购、开展政府工程招标等。这种形式的电子商务通常交易量较大，双方之间的信誉有较大的保证。B2G 型电子商务对于规范政府支出或投资行为大有裨益，有助于加强廉政建设。

三、物流：电子商务的基础

从以上对电子商务概念的分析中我们可以看出，电子商务的有效实施需要信息流、商流、资金流、物流的紧密配合，缺一不可。我们可以用以下公式来形象地表述电子商务的四流合一：

电子商务＝网上信息传递＋网上交易＋网上结算＋现代物流

影响和制约电子商务规模发展的因素是多种多样的，诸如消费习惯、电子支付系统、社会信用状态等都制约着电子商务的发展。而在我国，首要的问题是如何获得物流系统的支撑。尽管计算机网络能够完成信息传递、交易磋商、货款支付等过程，但除了极少数电子文档类的产品，如软件、电子书籍等，可以直接通过网络以电子的方式传输给购买者之外，绝大多数商品仍需要通过网络之外的物流环节完成从卖方向买方的实体转移过程。缺乏物流系统的有效支持，商品不能及时送到购买者手中，电子商务就会失去买方基础与发展的依据。因此，现代物流构成电子商务的基本环节和重要保证，电子商务的发展离不开物流的支持，物流发展必须与电子商务发展同步，高度发达的物流活动构成电子商务的基础。离开现代物流系统，电子商务的发展难以想象。

案　例

“饿了么”的开放物流

“饿了么”创立于 2008 年，是集在线外卖、生鲜配送、即时配送和餐饮业供应链服务于一体的大型电商平台，以“Make Everything 30min（让一切在半小时内送达）”为使命服务消费者。“饿了么”推动了中国餐饮行业数字化，将外卖这种新的就餐方式培养成中国人的饮食习惯。截至 2022 年，“饿了么”平台已经覆盖全国 2 000 个城市，用户量达 2.6 亿人。目前，“饿了么”已获得包括阿里巴巴、蚂蚁金服、中信产业基金、华人文化产业基金和红杉资本等在内的世界顶级企业和投资机构的投资。

蜂鸟系统助力“饿了么”

对于外卖平台，时效性是最直接影响消费者用餐体验的因素。在消费者心中，一份热气腾腾的外卖总是与“五星好评”挂钩。因此，送餐的及时性便成为外卖平台成功的关键。在“饿了么”的配送体系中，蜂鸟系统发挥着无可替代的重要作用。

用户在“饿了么”App 上下单后，订单会被推送到蜂鸟系统后台；通过自动匹配程序，蜂鸟系统会挑选最适合该项任务的第三方配送团队；团队接单后，会派遣配送员按照蜂鸟系统所规划的最佳路线前往商户取餐；而后，外卖会被配送员送达顾客手中，完成从线上到线下的服务闭环。

蜂鸟系统的核心包括一个中央调度系统和配送员的 App 客户端。通过客户端，调度员和配送员可以管理订单、人员和账单。配送员的业绩将被汇总至调度员的系统中，以便进行订单调配；调度员也可将调度权交于蜂鸟系统。通过智能学习，调度员的习惯可被模仿，日积月累的数据帮助系统形成自动化调度。对于每个配送员，蜂鸟系统在5分钟内就可以结算一天的账款。

在让调度员尽情发挥的同时，系统也提高了配送员的配送效率。蜂鸟系统联合腾讯地图，为配送员们智能规划线路。系统2014年上线至今，已经积累了超过1亿条配送数据，可通过智能计算路线，提供准确的定位导航信息，有效降低配送员的空驶时间。系统甚至可以通过销售预测和天气变化情况推测爆单发生的时间和位置，提前进行配送员调配。依靠多维度的配送员模型和订单模型，上述这一切都会在0.5秒内完成，准确率高达98%。

开放物流体系

在外卖市场呼风唤雨的同时，"饿了么"也不忘将触角伸向传统物流行业。对于进军物流业，"饿了么"的设想是：用户可以在"饿了么"平台上开店，也可以只使用"饿了么"的配送服务。对于"饿了么"来说，服务对象不局限于外卖、生鲜、零食企业，所有的中小型企业都可以成为客户。

首先，"饿了么"拥有强大的物流配送能力。在蜂鸟系统上，注册的配送员数量高达300万人，这为"饿了么"提供了强大的运力支撑。在非就餐高峰时段，如上午及下午，配送员多处于空闲状态，运送快递包裹便成为可能。配送员的收入会因此增加，平台也会获利，形成双赢。

其次，App"蜂鸟飞侠"的上线让快递揽件和配送成为可能。经过研发，"饿了么"将蜂鸟平台对接现实物流技术，配送员使用"蜂鸟飞侠"处理日常快递业务。具体操作方式是，快件到达快递站点后，配送员通过"蜂鸟飞侠"扫描快件二维码，即可实现揽件。App还会显示异常单、失败单标记，同步快递公司数据，便于用户随时查询快件信息，简化调度流程。

最后，"饿了么"积极开展配送员培训。"饿了么"将技术操作和行为规范作为培训的主要内容，帮助员工实现从配送员到快递员的转变。同时，配送员的配送车上也相继安装了便于装载快件的篮子，以确保快递工作有序、高效。"双十一"期间，通过开放物流体系，除外卖订单外，"饿了么"每天的配送单量达到100万单。

资料来源：汪传鸿．"饿了么"的平台梦：扩充品类开放物流．中国中小企业，2015（11）；弓长颖．"饿了么"上线蜂鸟配送系统，未来的开放社会化物流平台．36氪网，2015-06-09；王彦丽．"饿了么"借势双11宣布进军传统物流．现代物流报，2016-11-18；蓝莓财经．即时配送：火热的赛道，内卷的玩家．大数据时代，2021（4）．

第2节 电子商务环境下的物流优化

一、电子商务对物流的基本要求

要确保电子商务健康、持续地发展，物流活动需要满足以下要求。

（一）加快反应速度

电子商务的开展，使得购买者在收货与订货之间存在着一个时间滞后期。这种滞后期的存在，使得购买者为了及时满足自己的需要而提前订货。如果开展电子商务的企业具有较高的物流效率，能够加快反应速度，则可以缩短顾客的订货提前期，有助于吸引更多的购买者。

（二）降低物流费用

相对于传统交易而言，电子商务的开展有助于节约以下费用：第一，相对于做广告、发产品目录等促销形式而言，在网络上宣传产品能够大幅度节约促销费用；第二，实现无纸贸易，能够节约文件处理费用；第三，提高订单下达及处理的效率，减少数据重复录入的次数及重复录入中的错误，节约相应的交易处理费用；第四，在网上达成交易，可以减少不必要的差旅费支出；第五，由于交易双方能及时沟通供需信息，可以减少不必要的库存，降低存货费用；第六，节约相应的店铺租赁费用。

但如果物流费用过高，企业节约的各种费用很可能被它所抵消。不少实施电子商务的企业，其网上销售额增长很快，但因物流费用过高，导致效率低下，真正盈利的并不多。因此，降低物流费用对于提高电子商务的竞争力至关重要。尤其对于 B2C 型电子商务而言，如何消化物流费用这一问题则更为突出。

（三）确保物流服务质量

在电子商务中，买卖双方通过网络开展交易，通常不能直接见面。若想使购买者满意，除了卖方所提供的产品须具有较为严格的质量保证之外，产品的物流过程也必须具有较为严格的服务保证。否则，物流过程中一旦造成产品的包装损毁、品质破坏，那对于卖方及其产品的形象都不利。即便卖方最终能够向买方确认这种损毁主要来自物流运作过程中的破坏，买方的退换货也会增加成本，并使得订单的履行周期大幅度延长。

二、电子商务环境下物流优化的考虑因素

企业一旦开展了电子商务，在组织相应的物流活动时，就需要认真考虑以下几个因素。

（一）电子商务的类型

对于 B2B 型、B2G 型电子商务，由于买卖双方相对比较集中，且交易量一般比较大，企业自营物流相对而言有较大的规模经济，可控性也较强，因此，自营物流的比例高一些。而对于 B2C 型、C2C 型电子商务，由于买卖双方比较分散，且交易量较小，采用第三方物流的比例非常大。

（二）顾客的地理分布

顾客的地理分布决定了企业物流服务的范围。如果企业的电子商务主要局限于某一城市内，为了加强物流活动的可控性或节约物流费用，可以考虑自己建立配送队伍。如果企业的顾客分布在全国各地乃至全世界，则建立配送队伍的难度很大，对于节约物流费用也没有什么好处，应考虑与有实力的第三方物流企业合作。

对于消费者较为集中的地区，应提供较为严格的物流服务承诺（如规定较为严格的送货时间），具有一定的规模经济性基础。否则，是不合算的。例如，对于订货集中的大城

市中心区，规定配送时间为订货后 24 小时之内，而对于订货较为分散的城郊区，则可规定配送时间为订货后 2 个工作日之内。

顾客的地理分布也影响产品的运输包装及配送费用。如果顾客属于同城顾客，则可以不进行专门的运输包装，只做简单的运输包装即可，收取的配送费用可以低一些。否则，就有必要进行专门的运输包装，收取的配送费用就有必要提高。

（三）商品的品种

不同的商品品种，决定着顾客不同的期望值。例如，在 B2C 型电子商务中，对于纯净水而言，配送速度是顾客的首选因素。此时，配送服务企业应致力于提高响应速度；而对于图书而言，配送费用是顾客最关心的。此时，配送服务企业应致力于采取一切能够压缩费用的措施。而对于字画、古陶瓷等艺术品而言，确保货物的品质在配送过程中不受损伤是顾客最关心的。此时，配送服务企业应对货物进行有效的运输包装，并确保配送过程中的文明作业，如果有必要，还应对货物进行相关的投保。

（四）企业的规模与历史

如果开展电子商务的企业规模比较大，或者拥有物流方面的经验，那么在一定的地理区域内组织自营物流将会收到一定的成效。否则，不能轻易地开展自营物流，而应积极地采用第三方物流。

三、电子商务环境下物流优化的主要途径

为了促进电子商务的健康发展，企业可以从以下几方面入手，致力于优化物流活动。

（一）合理进行配送中心的布局

对于电子商务企业而言，配送中心的布局是加快物流速度、降低物流费用的关键。配送中心的设置，关键要考虑配送量及配送里程这两个因素。某一地区只有在达到配送量最低规模经济水平的基础上，才有必要设置配送中心。同时，配送中心的设置必须考虑配送里程数，如果某一地区的配送里程数远远超出了企业对购买者承诺的时限要求，就有必要考虑增设新的配送中心。

（二）通过物流外包或共同物流计划降低物流费用

对于规模不大的企业或规模虽大但电子商务规模较小的企业而言，将物流外包给专业化的第三方物流企业去做往往是明智之举。或者几个开展电子商务的企业共同制定物流计划，共享物流设施，也可以节约物流费用。对于从传统交易模式起家的电子商务企业而言，充分利用传统业务的物流渠道，也是共同物流计划的重要内容。尤其是在企业电子商务的发展初期，由于电子商务的交易规模还不够大，实施物流外包或共同物流计划尤为重要。

（三）建立适合电子商务要求的物流信息系统

在电子商务中，买卖双方通过计算机网络打交道，而不像有形店铺那样，消费者可以到商店直接与售货员进行交涉。同时，在下达订单之后，消费者需要经历一个等待过程，这种等待过程对于消费者而言是一个“黑箱”，缺少透明度。有鉴于此，为了有效地消除消费者可能产生的顾虑和不必要的担忧，开展电子商务的企业必须建立有效的物流查询系统，只要消费者清楚自己的订单号，在任何地点、任何时候都可以通过计算机网络查询到

自己所订商品的订货处理及发运情况。

本章小结

本章介绍了电子商务的概念、基本运作程序及发展，指出按照交易主体的不同，电子商务可以分为 B2B 型电子商务、B2C 型电子商务、C2C 型电子商务、B2G 型电子商务。现代物流构成电子商务的基本环节和重要保证，电子商务对物流的基本要求是：加快反应速度，降低物流费用，确保物流服务质量。在电子商务环境下，物流优化必须考虑电子商务的类型、顾客的地理分布、商品的品种、企业的规模与历史等一系列因素，合理进行配送中心的布局，通过物流外包或共同物流计划降低物流费用，建立适合电子商务要求的物流信息系统。

课后案例讨论

京东的自营物流

京东商城成立于 2004 年年初，是我国 B2C 市场上最大的网购专业平台之一。京东商城自从成立以来，其营业额飞速增长，2016 年达到 6 582 亿元，实现盈利 9 亿元，一举扭转了以往全年亏损的局面。这一快速增长与京东的自营物流布局密不可分。

走出价格战

京东商城刚出道便以价格打天下，曾经依靠低价策略成功并快速地进入了市场。京东商城的战略逻辑是，通过低成本、低价扩大电商市场份额，认为市场份额达到一定程度后自然就会盈利。京东商城引以为豪的是 5.5%的毛利率，认为一家零售平台必须提供远低于线下连锁的成本，才能为 B2C 产业带来价值。

带着这种战略思考模式，在 2010 年 12 月和 2011 年 3 月，京东商城先后向当当网发起了两轮图书网络销售价格战。2012 年 8 月，京东商城再次向苏宁、国美“约战”。不过这次，国家发改委介入了 3 家商城价格战的调查，发现这 3 家商城都存在涉嫌虚构原价和欺骗消费者的行为，对京东、苏宁和国美均进行了行政处罚。

在持续亏损的情况下，京东商城的低价模式理所当然地受到了外界的质疑。中国电子商务研究中心的分析师认为，“要盈利的话，就要摆脱价格战的怪圈，回归到传统零售的本质……因为价格战对电商来讲就是内耗”。中国电子商务研究中心证券分析师认为，“京东商城低毛利率运营，从长期看是一个非常不健康的财务状态”。

或许是认识到了价格战对于企业盈利没有什么作用，现在京东商城的商品价格并不比同行便宜，其毛利率也开始提升，为公司的盈利做好准备。在价格回归一般水平后，京东商城的主要利润来自与供货商签订的包销协议中获取的产品差价和返点收益，以及网上商务平台的使用费。不过，这些利润并不足以支撑京东商城在人力成本、技术、物流和营销等方面的庞大开支。于是，在电子商务的两大组成部分——网上商务平台与物流之间，京东商城将目光转向了物流模式变革。

与第三方物流“分手”

还有一个原因促使京东商城的物流模式变革，那就是第三方物流无法提供稳定而高效的服务。

京东的物流配送服务主要有 4 种模式：FBP 模式，由京东商城负责全部的采购和销售；LBP模式，商品由第三方卖家发到京东仓库，由京东商城开发票；SOPL模式，商品由第三方卖家发到京东仓库，由商家开发票；SOP模式，京东商城直接向顾客发货并开发票。在开启这次物流变革之前，京东商城的物流运输由第三方物流公司包办。

由于京东商城向顾客提供的商品品种繁多，涵盖3C，包括大家电、百货、食品和图书等，每种商品要求的物流配送服务质量不尽相同，这对第三方物流公司来说是很大的挑战。而国内第三方物流市场仍处于零散分割状态，难以提供稳定和高效的服务，这导致京东商城对第三方物流公司的服务颇为不满。

京东认识到，未来电商的竞争在很大程度上是物流的竞争，不是所有电商都有实力提升物流的服务质量，达到较低的物流损害率、较高的服务弹性、较低的配货差错率。所以，在价格战失利而且难以找到适合收购的第三方物流公司后，京东选择了自建物流的模式，并着力将其塑造为京东商城制胜电子商务的核心竞争力。在自建物流的定位上，京东的业务量足以支撑一个专业的物流公司，同时京东也在酝酿向第三方开放，直接参与物流业的市场竞争。

自营物流的启动

决定"自立门户"后，京东斥资约100亿元，布局和建设属于京东支配的物流中心和信息网络。从2007年开始，京东开始构建独立物流系统，在仓储、配送、基础设施以及人员建设等多个方面加大投入，力求以此支撑百亿级的业务规模。2010—2022年，代表着时效性和高服务质量的"亚洲一号"仓储物流中心在43个重点城市建成，其中，江苏昆山的"亚洲一号"物流中心已经成为全球最大的全流程无人分拣中心，分拣能力高达9 000件/小时。

倚仗着前期大量资金的投入与基础设施的建设，京东的仓储物流网络遍及全国一二线城市及部分三四线城市。通过211限时达（用户11点前下单，23点前签收商品）、次日达等时效性服务，各式商品以难以置信的速度送达顾客手中，及时性似乎已经成为京东的代名词。在其背后，京东的点对点支持与大数据分析起到了至关重要的作用。基于用户生成的历史数据，京东可以于产品投放前预测每个城市、每个街区乃至每个社区的产品需求，从而告知生产厂家产品投放的具体地点，以确保达到缩短运输距离、降低成本和节约时间的效果。当然，撒网式的多级物流中心布局也在三四线城市中遇到了瓶颈，由于难以覆盖全国，京东不得不与"旧相好"第三方物流公司合作。不可否认的是，京东的物流网络正在朝着全方位、深层次的方向延伸，无论是乡镇、农村还是偏远地区，"京东狗"这一京东吉祥物的身影出现得越来越频繁。

自营物流的新发展

截至2022年，京东已经坐拥43个"亚洲一号"仓储物流中心、1.8万个配送站、超过3 000万平方米的仓储设施，覆盖全国94%区县。大件物流网、中小件物流网和冷链物流网的三网布局已经初步形成。

与此同时，京东也不忘借助高科技手段提高配送效率，拓展服务方式。新成立的X事业部（即智慧物流事业部）负责人表示：未来机器人将应用在仓储、配送过程中。无人仓、无人车以及无人机这三大法宝将成为京东在未来仓储运输环节中的得力助手。

无人仓用智能机器人代替了传统人力进行仓库管理。机器人通过海量样本进行自主学习，以胜任分拣、搬运和储藏等以往只能靠人的双手才得以完成的工作。这样一来，一方面，人力费用的节约为产品压缩成本预留了空间；另一方面，智能仓储以其精准性和快速性提高了物流配送效率。无人车的设计解决了配送“最后一公里”的问题。京东目前研发的小型无人车可以置放 1～5 件中小型包裹，以 2m/s 的速度运行。其配备的激光感应系统可以探测到来往车辆与行人，使无人车及时避让。同时，通过内置 GPS 电脑，无人车可以自动规划路线。当然，无人车目前还处于实验阶段，仍存在着诸如路线偏差、速度慢、相关法律体系建设滞后等问题。除此之外，无人机配送项目的研发和实验同样昭示着京东不会把眼光局限于现在，而是聚焦于长远。

资料来源：孙墩墩．京东商城自建物流优势逐渐显现．速途网，2012-07-02；汤浔芳．探营京东华北仓 刘强东的物流版图雏形．21 世纪经济报道，2013-05-14；卢红霞，吴雨晨．京东自营物流模式分析．物流工程与管理，2015 (1)；谢兰星．跨境电商视角下的智慧物流变革及走向：以京东和菜鸟物流为例．武汉商学院学报，2022 (5)；刘晓鹏．京东物流：进一步发力大宗供应链．中国物流与采购，2022 (18).

结合案例内容，试回答下列问题：

1. 当当网负责人曾表示“有钱也不自建物流”，京东商城却执着于打造自己的物流版图，你如何看待二者之间的差异和出发点？

2. 京东商城的自营物流战略，其利弊各是什么？

复习思考

1. 为什么说现代物流构成电子商务的基础？

2. 在电子商务环境下，物流优化需要考虑哪些主要因素？

第 12 章　物流外包与第三方物流

全球配送物流对我们是难得的机会。专业化的服务是中国企业缺乏的，这也是我们的利润增长点。

——陈峰（海航集团有限公司董事局董事长）

学习导航

- 掌握核心竞争力的概念、特点、形成及运用。
- 掌握外包的概念、优势及具体形式。
- 了解第三方物流的概念及发展状况。
- 了解第三方物流企业的竞争优势及给货主企业带来的好处。
- 了解第三方物流企业得以发展与壮大的具体途径。
- 了解货主企业对第三方物流进行选择与优化的具体措施。

引例

日日顺物流：由企业物流到物流企业

我国物流行业格局长期以来一直存在重一二线城市、轻三四线城市的现象，“最后一公里”曾经是很多物流和电商企业的痛点，在大件物流的配送中表现得尤为突出。海尔电器旗下的日日顺物流通过自身足够多的深入乡镇的经销商弥补了这一缺陷。

日日顺物流成立于 2010 年，为了达成通达三线、四线城市的目的，日日顺物流发展初期以加盟为主。2013 年，日日顺自营门店不到 1 000 家，而加盟门店近 2 800 家，代理加盟制有效利用了海尔集团几十年积累下来的经销商，不但可以共享加盟商在当地的社会资源，也降低了管理中的代理成本。日日顺物流在全国建立了 7 600 多家县级专卖店，2.6 万个乡镇专卖店，1 000 多家社区店，19 万个村级联络站，并在全国 2 800 多个县建立了物流配送站，布局了 1.7 万多家服务商。

同时，日日顺物流与海尔集团其他业务部门共享底层的日日顺配送体系，以规模效应分摊了成本。单纯凭借海尔自身产品的销售，日日顺物流在低线城市的规模就得到了基础保障。

2013 年 12 月，阿里巴巴集团与日日顺物流合作，以 5.41 亿港元认购日日顺物流 9.9%股权，共同提升大件物流“最后一公里”配送服务。阿里巴巴集团首席运营官对于此次合作如此评价：“阿里希望通过日日顺物流，推动整个物流大件服务标准的建立，对天猫及淘宝的大家电商品和大件商品，从行业格局上有进一步突破。”

通过此次合作，日日顺物流从企业物流向物流企业/第三方物流平台的发展迈出了一大步。从以海尔自身的家电产品配送安装为主，拓展至为家电、家具、健身器材、电动车等行业客户提供运输、仓储、配送、安装服务。针对大件物流行业缺乏统一服务标准的现实情况，日日顺物流联合家电、家具、健身器材等品牌商，制定了国内居家大件智慧物流全流程服务标准“天龙八步”：聚焦物流体系的仓、干、配、装、揽、鉴、修、访八大关键流程，针对每一关键环节做出标准化定义，同时向用户做出了“按约发货、送货上楼、进村入户、专业服务”等承诺。

面对信息化、智能化升级趋势，日日顺物流在智能化之路上不断探索。不同于小件商品当交付完成，整个物流服务也就终止的特点，大件商品通常是端对端（仓库到客户）的全链条、全流程作业，仓库作业需要充分考虑后端车辆运、配、装，注重全流程作业的协调性。而且，大件商品标准化程度更低，具有体积大、较重、容易损坏、附加值高等特点，给大件智能仓储领域的仓储智能化带来巨大挑战。日日顺物流经过多年探索，于 2020 年 6 月正式启用大件物流首个智能无人仓，集中应用全景智能扫描站、关节机器人、龙门拣选机器人等多项智能设备，采用视觉识别、智能控制算法等人工智能技术；所有智能装备以三维数字孪生技术进行建模。该智能无人仓投入使用之初，库存利用率即提高了 4 倍，物流作业运行更加精准高效。此外，智能设备还可以更好地保护商品，实现商品质量零损失。

资料来源：庞彪．阿里联姻海尔投资物流．中国物流与采购，2014（1）；李冰漪．填补行业空白的日日顺“天龙八步”．中国储运，2016（12）；江宏．大件物流行业发展与变革．物流技术与应用，2018（12）；任芳．日日顺物流 再树大件智能无人仓新标杆．物流技术与应用，2020（7）.

第 1 节 核心竞争力与第三方物流

一、核心竞争力

（一）核心竞争力的概念

核心竞争力（Core Competence）又称核心能力。1990 年，美国战略管理专家普拉哈拉德（C. K. Prahalad）和加里・哈默尔（Gary Hamel）在《哈佛商业评论》上发表了论文《公司的核心竞争力》，文中指出：从短期来看，公司产品的质量和性能决定了公司的竞争力，但从长期来看，起决定作用的是造就和增强公司的核心竞争力。核心竞争力的概念提出之后，得到了学术界和企业界的广泛认同。该论文也成为《哈佛商业评论》被转载次数最多的文章之一。

所谓核心竞争力，是指企业长时期形成的，蕴含于企业内质之中，超越其竞争对手又不易被竞争对手所模仿，能够显著实现顾客所看重的价值的独特能力。

（二）核心竞争力的特点

核心竞争力是企业借以在市场竞争中取得并扩大优势的决定性力量，它具有以下几个特点。

1. 价值性

核心竞争力能够为顾客带来长期性、关键性的价值，如显著降低成本、提高产品质量、提高服务效率等，这些价值是顾客十分看重的。这些独特的价值为企业创造长期性的竞争主动权，使企业得以获得超过同业平均利润水平的超值利润。如微软的成功在于其不断开发更新、更强的操作平台的能力。

2. 不易模仿性

核心竞争力必须为企业独自拥有。它是在企业发展过程中长期培育和积淀而成的，孕育于企业文化内，深深融合于企业内质之中，为企业员工所共同拥有，难以被其他企业所模仿和替代，也无法完全交易。如佳能公司利用其在光学镜片、成像技术和微处理控制技术方面的优势形成自己在光学仪器领域的核心竞争力，并成功进入复印机等二十多个领域。如果企业的某种竞争能力易于模仿或其竞争对手也有，则这种竞争能力就很弱，不能称其为核心竞争力。

3. 延展性

核心竞争力是一种基础性的能力，构成企业向更有生命力的新业务领域进军的支持性平台，为企业不断创造新的利润增长点。如本田公司凭借其卓越的发动机技术这一核心竞争力，进入表面上似乎与公司业务无关的多种行业，在汽车、摩托车、割草机、水下引擎和发电机等领域均建立起强大的竞争优势。夏普公司的核心竞争力液晶显示技术使其在笔记本电脑、袖珍计算器、大屏幕电视显像技术等领域都获得了很大的发展空间。索尼公司也是凭借微型化这一核心竞争力，在微型彩电市场、微型摄像机市场技压群雄。

4. 时间性

核心竞争力具有一定的时间性，企业若要保持核心竞争力的领先地位，必须对其进行持续不断的创新、发展和培育，否则，随着时间的推移，将会丧失核心竞争力。

（三）核心竞争力的形成

企业通常通过以下 3 种途径获得核心竞争力。

1. 内部开发

在企业具备较强的资金实力、拥有较强的经营管理者和科技开发者队伍的前提条件下，可以通过内部开发逐步培养自己的核心竞争力。为了形成自己的核心竞争力，集中企业资源从事某一个或几个领域的专业化经营成为很多企业的共识。

2. 外部购买

企业通过外部购买的方式获取支持企业发展的核心竞争力，其实质是将其他企业的核心竞争力内部化，包括购买技术和诀窍、并购拥有某种核心竞争力的企业等。从 20 世纪

80 年代末开始，欧美等发达国家掀起了一轮又一轮的并购热潮，如波音公司兼并麦道公司，花旗银行和旅行者公司合并，英国埃克森石油公司与美国美孚石油公司合并，都与提升企业的核心竞争力有关。我国的一些优秀企业也进行了一系列的海外并购以获得核心竞争力，如联想集团收购 IBM 的 PC 业务，海尔以 55.8 亿美元并购通用家电，万达集团收购美国传奇影业。

3. 联合开发

通过建立战略联盟，可以实现企业间的资源共享，降低研发成本与风险，使企业能够通过认识、消化、获得并利用其他企业所开发的技能和知识，加速自身核心竞争力的开发过程。

（四）核心竞争力的运用

在建立起自己的核心竞争力以后，企业可以通过以下途径充分发挥核心竞争力的积极作用。

1. 依托核心竞争力开展多元化经营

由于核心竞争力具有很强的延展性，企业可以凭借核心竞争力拓展新的经营领域。在多元化经营问题上，关键不在于能不能进行多元化经营，而在于企业有没有能力进行多元化经营，企业核心竞争力的强弱决定了其多元化经营的深度和广度。如摩托罗拉公司凭借其建立在无线通信技术基础上的核心竞争力，不仅在核心业务——交换机产品市场上享有持久的优势，而且在 BP 机、双向移动无线装置、蜂窝电话等通信产品市场上也遥遥领先。

2. 依托核心竞争力开展企业并购

优势企业依托核心竞争力对弱势企业开展并购活动，输出自己的先进文化和管理模式，可以充分扩展核心竞争力的作用范围，有效壮大企业的规模经济水平，提高企业的经济效益。

3. 对非核心业务进行外包

基于对自身所拥有的核心竞争力的深刻认识，企业应重新审视自己的价值链，确定自己的核心业务范围，集中资源搞好核心业务，将增值能力低或根本不增值的业务环节外包给在这些方面拥有核心竞争力的其他企业，充分发挥自己的竞争优势。

二、外包

（一）外包的概念及兴起

所谓外包（Outsourcing），是指将企业内部生产各种投入品，如原材料、零部件、最终产品及服务等，转变为从外部供应商处购买。其基本思想是：企业通过整合利用其他外部最优秀的专业化资源，缩小自己的经营范围，将资源集中于最具竞争优势的价值链环节，以降低成本，提高效率，充分发挥自身的核心竞争力，增强对环境的应变能力。

20 世纪 80 年代后期以来，外包之风由美国刮起，逐渐蔓延到日本、欧洲，成为世界制造业的发展趋势，受到众多企业的推崇。此外，外包的业务也由制造业向服务业延伸。英特尔、通用电气、汉莎技术、赛门铁克、微软等众多全球 500 强企业都纷纷将自己的制造业务或服务业务外包给新兴经济体，中国、印度、墨西哥、菲律宾等是这些外包业务最主要的承接国。

（二）外包的优势

外包之所以能够得到迅速发展，与其特有的竞争优势密切相关。

1. 有助于形成和提升企业的核心竞争力

外包可以使企业缩短战线，集中力量培养和提升自己的核心竞争力。例如，耐克公司凭借独特的设计、新颖的造型、优良的质量占领市场，但自己却不生产一双鞋。而是将所有的生产外包给其他企业，把公司的所有人力、物力、财力等集中起来，全部投入产品设计和市场营销这两大部门中去，全力培植公司强大的产品设计能力和市场营销能力，这两项能力成为耐克有力的竞争武器。仅在我国，就有上海、天津、广东、福建等地的工厂为耐克鞋进行贴牌生产。

2. 大幅度节约成本

专业化分工能够带来职能效率的提高，许多企业通过集中精力做好其某一种或数种零部件或原材料的供应商管理，虽然企业规模有限，却可以在某一个或数个特定的细分领域中做大、做强，形成并发展自己的核心竞争力，规模效应显著。通过将某些业务环节外包，企业可以大幅度节约成本。尤其是在全球化趋势日益增长的大背景下，将特定业务外包到资源和服务价格相对较便宜的国家和地区，能直接降低企业的生产成本。美国纽约业务外包研究所的一项调查显示，节约经费是企业外包最重要的原因，有 64%的被调查企业由于经费问题而实施外包。例如，苹果公司将 iPhone 的组装业务外包给富士康公司，无论是从招聘工人和管理人员的规模、费用、速度来看，还是从工作强度和工资标准来看，将组装业务外包都为苹果公司带来了很多优势。

3. 实现对市场的快速反应

外包的采用有助于适应快速、多变的市场环境，实现新产品尽快上市的要求。企业针对市场机会，通过一系列的合同可以迅速集成资源，在最短的时间内，设计、制造、销售受市场欢迎的产品。例如，我国台湾地区的宏碁电脑将在台湾全部生产的系统转变为在台湾生产主板、外包装和监视器等关键零部件，其他部件则外包给销售地厂商生产，并在销售地组装销售，新产品的上市时间提前了 1 个月，这样一来，产品能更迅速地满足消费者的个性化需求。

4. 规避经营风险

外包的一个重要特征就是与外部合作伙伴共同分担风险。由于上市时间缩短，由技术或市场需求的变化所造成的产品风险下降。同时，由于战略联盟的各方都可以利用企业原有的技术和设备，因而从整体上降低项目的投资额，降低各企业的投资风险。

（三）外包的形式

按照企业外包项目内容的不同，外包可以划分为不同的形式。

1. 生产外包

生产外包是外包最重要的形式。在计算机行业中，为避免因硬件更新换代的速度加快而造成的存货损失，IBM、惠普等公司不仅将许多像电路板这样的组件的生产外包给一些知名的电子产品公司，而且进一步将组装工作外包给分销商。例如，惠普把所有计算机、打印机和服务器的生产都外包出去；康柏只生产占营业额 10%的高档服务器，其他业务也都外包出去。

2. 研究开发外包

研究开发外包可以使企业充分发挥“外脑”的作用，加快新产品、新技术的开发进程，抢占市场先机。欧美制药企业广泛采用合同研究组织的形式，将新药研发业务外包给专门的公司，制药业的合同研究组织已经成为一个迅猛发展的独立产业。

3. 管理职能外包

为节约管理费用开支，提高管理效率，企业可以取消某些职能部门，将其职能交给外部专业机构来承担。例如，将人力资源交给专业的人才交流中心进行管理，由人才交流中心负责人员调动、职称评定及党团关系接转等工作；将信息系统的管理外包给信息系统服务商，由其进行专业化的管理，并向用户提供所需要的信息服务。

4. 售后服务外包

将售后服务功能委托给专业化公司经营，可以使企业提高售后服务水平，加快售后服务速度，减少费用开支。如科龙、华宝、春兰等多家空调企业与空调经销商南京苏宁公司合作，由苏宁公司为购买空调的顾客提供安装、维修、保养等服务，不仅节省了这些空调生产企业的人力、物力支出，而且为顾客提供了更为专业化的服务，使顾客更加满意。

5. 物流外包

企业为了降低成本，提高物流效率，将原材料、零部件、产成品的运输、仓储、配送等物流业务外包给专业的物流公司，是近些年的发展潮流，在制造企业中成为一种时尚，整个物流服务业也因需求渐旺而得到了较快的发展。

三、第三方物流的概念及发展

（一）第三方物流的概念

物流外包需求的增加，直接促成了第三方物流（Third Party Logistics，TPL）的发展。所谓第三方物流，是指企业以签订合同的方式，在一定的期限内将全部或部分物流活动委托给物质资料供应方、需求方之外的第三方——专业的物流企业来完成。由于第三方物流以合同为基础，因此又称合同物流（Contract Logistics）。

（二）第三方物流的发展状况

虽然现代意义上的第三方物流是一个相对年轻的行业，但由于企业对第三方物流的需求呈迅速增长之势，全世界的第三方物流市场也呈现出潜力大、增长率高的特点。

《2023 北美电商市场研究报告》显示，2022 年北美第三方物流市场持续增长，外包物流达到 3 000 亿美元，受疫情及地缘冲突影响，较 2021 年略有下滑，但将时间线拉长到 10 年来看，除 2021 年的跌幅 23%之外，北美第三方物流市场是稳中有升的。随着需求的增加，美国第三方物流行业开始由以往关注离散服务（运输管理或仓储）的交易型业务模式向提供端到端物流解决方案的一站式服务模式转变。

第三方物流的理念在 20 世纪 90 年代传入我国。2001 年，我国第三方物流的市场规模达到了 400 亿元。2009—2022 年，我国第三方物流市场呈快速增长态势，由 4 167 亿元增长至 7.1 万亿元。随着第三方物流服务范围不断拓展、专业化逐渐增强、物流行业整合升级，有序、理性、全方位、高水平的第三方物流服务时代很快就会到来。

广角镜

第四方物流

第四方物流（Fourth Party Logistics，4PL）由美国埃森哲（Accenture）咨询公司在 1998 年提出，是指以第三方物流为基础，能够全面整合整个物流和供应链系统、提供全面解决方案的物流服务集成商。第四方物流能够弥补第三方物流在综合能力、资源调配、战略规划方面的局限。

资料来源：孙泽南，谢庆红．第四方物流发展综述．中国储运，2022（8）.

第 2 节 第三方物流企业

一、第三方物流企业的竞争优势

（一）第三方物流企业的竞争力

相对于货主企业的自营物流而言，第三方物流企业具有以下竞争力。

1. 专业化优势

通过专业化的发展，第三方物流企业已经积累了不同物流市场的专业知识，包括运输、仓储、装卸搬运等具体的物流作业知识、物流管理知识、物流市场开拓知识等，同时，拥有专门化的物流设备和设施，能够提高物流作业的效率。

2. 信息系统优势

信息技术的支持使第三方物流企业多功能、多任务的处理成为可能。为了为多个企业提供更有效的服务，第三方物流企业投入大量资金建立了专门的信息管理系统，为快捷地处理繁杂的物流业务提供了很好的技术支持，能够高效地进行跨运输方式的货物追踪，提高供应链管理效率，并提供相关的增值服务。

3. 业务网络优势

第三方物流企业的基本特征之一就是能够将众多货主企业的物流集成在一起，让物流设施、人力得到更有效的利用，使物流作业具有较大的规模经济效应。例如，由于集中配载多家客户的货物，第三方物流企业可以从运输公司得到更为低廉的运输报价，大幅度降低单位运输费用；由于集中管理多家企业的库存，第三方物流企业可以有效地节约库存费用。

4. 服务能力优势

一般而言，一旦签订了第三方物流合同，货主企业与第三方物流企业往往就能建立较长期的战略合作伙伴关系。第三方物流服务的内容往往是多功能甚至是全功能的，能够针对货主企业的个性化需求提供定制化的服务。

（二）货主企业选择第三方物流企业的利益

正因为第三方物流企业具有以上竞争优势，才使得货主企业选择第三方物流企业能够获得以下利益。

1. 集中资源于核心业务

对于大多数生产企业和流通企业而言，物流往往不是它们的核心竞争力，将物流活动外包给第三方物流企业去完成，可以使它们将资源集中在企业的核心竞争力上，以便获取最大的投资回报。如果企业不顾自身的物流管理能力如何，而不惜斥巨资建立自营物流，如此形成的“大而全”“小而全”的粗放型物流活动，必然会拖累企业自身的核心竞争力，不利于企业依托供应链的力量参与国内、国际竞争。

2. 降低物流费用

货主企业将物流外包给第三方物流企业，可以使自己在物流方面的固定成本转化为可变成本，只需要向第三方物流企业支付服务费用，而不需要企业内部通过维持物流基础设施来满足物流需要。尤其对于产品销售季节性波动较大的企业而言，选择第三方物流的效益则更为明显。企业选择第三方物流以后，可以分享第三方物流企业的规模经济效应，降低单位运输费用，减少货物仓储数量，从而压缩物流可变成本，提高物流管理的效率。

3. 提高物流服务水平

对于需要向客户提供较广泛的物流服务内容、对物流服务要求较高的企业而言，最好将物流外包给有实力的第三方物流企业去做，由对方承担针对企业的个性化服务，可以有效地提高企业对客户的服务水平。越来越多的企业客户认为，第三方物流公司可以提供基于全球范围的战略和运营价值，其管理物流和供应链的核心能力可以为客户的成功作出重要贡献。柯瑞德、罗宾逊、联合包裹、辛克等世界顶级的第三方物流公司，凭借其以顾客为导向提供的持续的物流服务创新满足了客户需求，多次蝉联全球前十强第三方物流企业。

二、第三方物流企业的发展与壮大

为实现第三方物流企业的发展与壮大，确保物流产业的可持续发展，需要做好以下几项工作。

（一）实现物流功能的多样化

第三方物流企业应站在货主企业的角度提供有利于物流合理化的综合物流服务，其服务范围不能表现为某种单一的功能。第三方物流企业必须熟悉货主企业及物流活动的发展规律，具有物流系统开发和创新的能力。目前，我国许多第三方物流企业是由传统的运输、仓储或物资购销企业转型而来的，虽然大多冠以“物流企业”的名称，但仍以运输、仓储等物流业务为主，加工、配送、定制等增值服务功能还未起步，不能提供多方位的物流服务。因此，实现从单一功能向多功能乃至全功能的转变是我国第三方物流企业发展与壮大的当务之急。《“十四五”现代物流发展规划》提出，鼓励物流企业（第三方物流）与商贸企业深化合作，优化业务流程，发展共同配送、集中配送、分时配送、夜间配送等集约化配送模式，优化完善前置仓配送、即时配送、网订店取、自助提货等末端配送模式。同时，深化电商与快递物流融合发展，提升线上线下一体化服务能力。

（二）与货主企业建立战略联盟

对于第三方物流企业而言，由于企业外包的物流服务在其业务总量中占有较高的比例，有的甚至构成其全部的业务内容，因此，长期赢得该项物流合同至关重要。有鉴于此，第三方物流企业必须致力于与货主企业建立长期的合作关系，深入了解客户的需求，与货主企业彼此信任、密切合作，在使货主企业的价值得到不断提升的过程中建立和拓展自己的生存和发展空间。

（三）建立、健全物流信息系统

第三方物流企业要实现与货主企业的战略联盟，实现物流服务的综合化，需要建立与货主企业动态互联的信息系统，采用现代化的物流信息手段，包括计算机网络技术、机电一体化技术、语音识别技术、全球卫星定位系统（GPS）、射频识别装置等，使第三方物流企业能够整合自己的业务流程，融入货主企业的生产经营过程，实现与货主企业的信息共享，让货主企业能够对物流各环节进行实时跟踪、有效控制与全程管理，与货主企业形成相互依赖的市场共生关系，降低物流费用。

（四）培养企业的物流人才

第三方物流企业必须突破现有的经营模式，从人才入手，尽全力掌握从事第三方物流事业的技术与方法，并建立与之相适应的企业经营管理组织。要解决目前专业物流人才缺乏的问题，较好的办法是加强物流企业与物流科研院所的合作，使理论研究和实际应用相结合，造就更多熟悉物流运作规律并具有开拓、创新精神的人才队伍。

（五）注重与货主企业的文化融合

第三方物流企业应考虑与货主企业在企业文化方面的协调与沟通。不同的企业文化创造不同的企业理念，双方在物流方面的合作，归根结底是双方员工之间的合作，能否接受代表不同企业文化的对方员工，直接影响着第三方物流企业的合作能否健康运作，只有良好的文化融合才能保证联盟的正常化和持久发展。

案　例

上海联华：冷链物流的运作

生鲜产品的运输困难是，在仓储、运输和装卸的过程中，因为冷链缺失容易导致产品腐坏，这会造成20%～30%的产品损耗，使得物流成本超出30%～40%。要解决生鲜产品的运输损耗问题，需要建设高质量的冷链物流。但是，由于冷链物流的成本较高，使用冷链物流而增加的成本甚至可能高出节约的损耗成本，这就是冷链物流发展中的最大矛盾。

上海联华在发展的过程中，凭借其母公司世纪联华超市较大的市场需求量，在一定程度上通过规模效应缓解了需求量与成本之间的矛盾。其在经营冷链物流的过程中，在达到较高的物流服务水平的同时，保持了较低的物流运作成本，具体来说，就是做到在较短的周期里，使物品快速流转，配送给顾客，并保持物品的色泽和鲜度。快速、高质量的服务水平，以及较低的物流配送费率，已经成为联华超市的核心竞争力。

订单管理

上海联华对订单实行全部电子化管理。各个门店将所需的各种商品的数量和到货日期汇集到联华数据通信平台，传送到生鲜配送中心生成门店要货订单。生鲜配送中心根据发货指令产生两条清单，一条指向采购部门，另一条指向加工部门。指向采购部门的清单连接供应商服务系统，会在 10 分钟之内将原料订单发送给供应商，供应商在接到要货订单后，会立即组织提供货源、安排生产和物流运输。指向加工部门的清单会直接发给各车间控制加工流水线的计算机控制系统，各种肉类的切片、丝、丁，以及后续的自动分盒、称重、分拣和贴标都是由计算机自动控制的，只需要操作工监视电子屏即可。而产品的加工和原料的供货顺序，也是由系统终端根据要货时间和送货距离自动安排的。

在计算机系统的精密控制下，一件货品从原料投入到包装完毕，整个过程一般不超过 20 分钟。上海联华完成为 30 家门店配送 6 000 箱商品的任务，从门店要货到最终配货发车只需要 40 分钟，可以保证生鲜产品当日加工、配送和销售。

物流计划和运作

收到门店的订单后，上海联华的物流计划部会制订线路、人员、车辆、批次、生产和配货 6 个方面的物流计划。线路计划即电子排单系统根据运输车辆、送货量、往返时间、送货门店数、油耗等信息，生成最优的送货清单，减少重复运输，提高配送效率。人员计划是指根据订单及时分配拣货人员、配货人员、加工包装人员、运输人员。在线路安排和人员安排的基础上，由系统提供自动排车功能，人工调整排车顺序，满足门店的个性化需求和货物的质量要求。批次计划指根据订单总量、车辆和人员安排，确定加工和配送的批次。在确定批次计划后，协调加工状况、场地和物流设备的情况，做好生产计划和配货计划。上海联华的物流计划旨在降低物流成本并实现资源的优化配置。

在货品配送过程中，上海联华先将货品放在待发库区域，然后在夜间送到各个门店，以方便门店在隔天清晨将新鲜的货品摆上架。在依照计划路线将货品配送到各个门店时，上海联华会抽样检查路线的准确性。货物装车的同时，系统自动计算出每个门店的每批货物使用的笼车和周转箱，装货人员和门店接收人员据此核对和签收发货单。由于配送数量非常准确，门店只需要清点包装总量和退回前次配送使用的笼车和周转箱即可，整个过程只需要 5 分钟，效率非常高。

资料来源：上海联华生鲜食品加工配送中心物流案例．中国物流与采购网，2011－01－04；孙婷．世纪联华超市冷链物流体系构建研究．现代经济信息，2013（16）；张瑜，陈华艳．生鲜食品物流配送模式的问题及优化研究：以上海联华超市股份有限公司为例．中国商论，2015（11）；赵皎云．浙江联华：打造先进物流系统赋能新零售．物流技术与应用，2019（4）；赵皎云．杭州联华：以先进技术为生鲜物流提速．物流技术与应用，2020（7）．

第 3 节　第三方物流的选择与优化

一、物流服务提供方的选择

对于货主企业而言，首先需要确定是自己（或企业的经销商或供应商）承担物流服务，还是选择第三方物流企业提供物流服务。在对物流服务提供方作出选择时，主要需要考虑以下几方面因素。

（一）企业规模

只有当企业的生产经营达到一定的规模时，自营物流才具有效率。在供应商或经销商的规模较小时，由它们提供物流服务也同样缺乏效率。正是基于这一点，对于大多数中小企业而言，选择第三方物流企业承担物流服务是明智之举。

（二）企业发展战略

对于规模较大的企业而言，到底由谁提供物流服务，需要结合企业的发展战略进行决策，应有助于企业将有限的资源集中在核心竞争力上。因此，企业首先要考虑物流系统是否已经构成或可能培育成企业的核心竞争力，具体从以下几个方面进行判断：第一，物流系统是否高度影响企业的业务流程；第二，企业在物流系统的建设方面是否拥有独特的优势或足够的资源，且这些优势或资源能使公司在行业中领先；第三，这种领先地位是否在较长时期内难以被同行其他企业所模仿。

如果答案是肯定的，那么就可以断定物流系统在战略上处于核心竞争力或潜在核心竞争力的地位，实施自营物流比较有利，否则，应选择第三方物流企业或由供应商、经销商承担相应的物流功能。由于物流系统是多功能的集合，各功能的重要性和相对能力水平在系统中是不平衡的，因此还有必要对各功能进行具体分析，如果某项功能的替代性很弱，第三方物流企业或供应链的上下游节点企业难以完成，企业就应积极维护并发展该项功能，使其保持旺盛的竞争力。

（三）财务利益

如果企业的物流系统不属于企业的核心竞争力，短期之内也看不到其有望发展为核心竞争力的迹象，则企业应从财务利益的角度选择有助于降低物流总体费用的服务提供方。如果企业的产品线单一、生产规模大且产品销售地相对集中，则采用自营物流较为有利；如果原材料具有特殊的理化性质，对运输、储存条件要求严格，则由供应商提供物流服务具有较高的效率；如果经销商规模较大且已经成立自营物流机构，则由经销商提供物流服务能够节约物流费用。当然，随着第三方物流企业的发展、壮大，第三方物流凭借其专业化的优势在物流市场份额中所占的比重将不断提升。值得一提的是，企业不能单纯从财务利益的角度出发来选择第三方物流，否则极易使企业失去潜在核心竞争力的培育机会。

（四）物流服务范围

如果企业所要求的物流服务种类繁多，则应选择多功能或全功能的第三方物流企业承担物流服务，这样有助于确保服务质量，保证对客户的服务水平。

二、第三方物流企业的选择

企业一旦决定采用第三方物流，就需要进一步确定选择哪家第三方物流企业提供物流服务。这不仅关系到物流服务本身的质量和费用，而且选择不当还会影响企业总体战略的实现。因此，对于第三方物流企业的选择应非常谨慎。在美国，许多企业对第三方物流企业进行选择的过程往往需要半年到一年的时间。

在选择第三方物流企业时，需要考虑以下问题：

第一，第三方物流企业的总体能力是否可以胜任外包的项目，包括规模化和专业化水平如何，信息化程度是否满足信息高效传递和方便查询的要求，运输、仓储、装卸搬运、配送、包装加工等物流环节的能力如何，是否与各专业物流企业建立了紧密的合作关系。

第二，第三方物流企业能否提供定制化的物流实施方案，在时间和服务方式上能否满足企业的特殊要求等。

第三，第三方物流企业的资信程度如何，对物流服务过程中的商品损毁、缺失如何进行赔偿。

第四，第三方物流企业的物流服务报价和物流服务水平是否匹配。

第五，第三方物流企业的服务费用结算条款如何，是否允许一定期限的延期支付。

在确定第三方物流企业以后，企业应与其签订物流合同，将物流服务要求细化。在物流外包的过程中，由于服务要求没有量化或不明确，会导致企业与第三方物流企业之间的理解出现偏差，第三方物流企业认为已经达到甚至超过服务要求，而企业则认为第三方物流企业未认真履行合同条款的有关规定。为此，应在物流合同中详细列举第三方物流企业所应具备的条件和达到的服务要求，能够量化的指标应尽可能量化，以减少不必要的扯皮和纠纷。

三、第三方物流的优化

在与第三方物流企业签订完物流合同之后，企业应从以下方面努力，致力于对第三方物流进行优化。

（一）密切与第三方物流企业的战略合作关系

第三方物流合同的签订，使得企业与第三方物流企业的利益捆绑在一起。尤其是当第三方物流企业承担的是全功能、一体化的物流服务时，更是如此。对于企业而言，第三方物流企业的运作效率直接关系到其供应链总成本和响应速度，关系到其竞争的成败。有鉴于此，企业必须密切与第三方物流企业的战略伙伴关系，信守承诺，努力克服自身的机会主义行为。

（二）强化与第三方物流企业的信息沟通

信息沟通不畅是许多企业物流外包效率低下的主要原因之一。因此，企业首先应完善自身 ERP 系统的建设，并强化基础数据的收集、存储和维护工作。在对第三方物流企业进行选择时，需要考虑到双方信息系统的有效兼容问题。在与第三方物流企业签订完物流合同后，双方应就信息系统联网中可能遇到的问题展开深入调研、讨论，并提出有效的解决方案，以实现信息系统的无缝连接。

（三）共同设计物流操作指南

由于不同企业之间的物流要求千差万别，企业实施物流外包，不能一包了事，应与第三方物流企业一起就各项具体的物流活动进行详细讨论，确定合理的业务流程、信息沟通渠道，编制物流操作指南，供双方参考使用。物流操作指南能够使双方对口人员在具体的作业过程中步调保持一致，减少偏差与失误，同时也为检验对方作业是否符合要求提供了标准和依据。

（四）对第三方物流企业进行动态考核

货主企业应对第三方物流企业的服务态度、服务质量、服务费用等方面进行动态综合评价。对于各方面都比较满意的第三方物流企业，续签第三方物流合同；对于某些方面未能令人满意的第三方物流企业，按照物流合同的条款要求其限期整改；对于主要的条款未能令人满意的第三方物流企业，则应考虑更换物流服务提供商。

本章小结

本章在对核心竞争力的概念、特点、形成及运用进行讨论的基础上，指出外包有助于形成和提升企业的核心竞争力，外包的具体形式包括生产外包、研究开发外包、管理职能外包、售后服务外包、物流外包。第三方物流虽然是一个相对年轻的行业，但在专业化、信息系统、业务网络、服务能力等方面具有很强的竞争优势，能够为货主企业带来一系列的好处。此外，还探讨了第三方物流企业得以发展与壮大的具体措施，分析了货主企业选择物流服务提供方及具体的第三方物流企业时应注意的问题，提出了货主企业对第三方物流进行优化的具体措施。

课后案例讨论

顺丰："三流合一"的电商、物流和零售梦

顺丰快递成立于1993年，总部位于深圳，其拥有自建的服务网络，以及稳定、统一、高质量的服务和极佳的安全性能，堪称快递行业的标杆企业。目前，顺丰正在向两个方向扩张产业链，即向上做电商和第三方支付，向下做零售。顺丰在快递行业的成功经验能否复制到上下游、实现三流合一的协同效应还有待时间的检验。

第三方物流

顺丰快递作为第三方物流企业，应该说是非常成功的。顺丰在国内拥有近3万个营业网点，覆盖范围包括300多个大中城市和近3 000个县级市镇。国际业务涉及200多个国家和地区。

顺丰能将公司规模扩大到如此广大的区域，原因在于它的直营模式。就我国（不含港澳台地区）来说，顺丰将全境分为华北、华东、华中、华南和东北5大区域，每个区域都有一个区部，区部下设分属各个城市的分公司，分公司下面又设有点部。顺丰的规划部根据不同区域的客户数量和送货频率计算出一个服务半径，在每隔一个服务半径的距离内设置一个点部，这样能够确保一线快递员在一小时内到达服务半径里的任何地点。每个点部都设有收派员、仓库管理人员、组长和经理等，他们每天都和快递客户直接往来，构筑了顺丰巨大的配送网络。

第三方快递行业竞争激烈，为了打破这种白热化的竞争僵局，顺丰的战略是"让资金流、信息流和物流三流合一"，创造出不同于国内任何快递公司的全新产业模式，依靠这个模式取得产业链上的成功，具体说来，就是向上做电商和第三方支付，向下做零售。

逆流而上做电商

顺丰多年前就开始考虑向电子商务延伸。由于顺丰大多采用航空邮件，所以快递价格较高，不被一般电商接受，所以顺丰2010年的全部业务量中仅有8%来自电子商务。目前国内电商行业的发展速度达到了200%～300%，而物流行业的增长速度却只有40%。随着电子商务市场的迅猛发展，仅淘宝一家电商每天的包裹量就超过了顺丰和EMS的总和，顺丰逐渐意识到不可能放任自己远离电商这个"金主"。然而，电子商务市场已被"四通

一达”（申通、圆通、中通、汇通和韵达）瓜分，陷入了低端的价格战，第三方物流公司逐渐丧失话语权和利润空间。再加上用工成本和燃油费的不断上涨，顺丰的业务利润持续下降。无门槛、高成本和低利润已经酝酿了国内第三方物流行业的危机。

电商企业的发展，由于关键环节——物流的成本过高、服务质量不过关也进入了“瓶颈”期。对此，电商企业选择了向下游延伸，即自建物流。2010 年，京东宣称将投资 15 亿美元用于在全国建设 1 200 亩的物流平台。2011 年，阿里巴巴表示将实行大物流计划，第一期启动 100 亿元人民币建设物流平台。如果进展顺利，大物流计划还将加入代收货款服务，使资金流与信息流、物流汇合，实现三者的全面整合。原来的服务对象电商企业和第三方物流企业形成了新的“竞争与合作”关系。

由此，多方因素已经将顺丰逼到实行战略变革的关口，面对自身的中高端定位、广大的电商市场、利润空间的缩小和电商对物流的入侵，顺丰选择了向上开拓，进入电商领域。顺丰建立了直属的电商网站“顺丰 E 商圈”（食品和日用品）、“顺丰优选”（高端食品）和“尊礼会”（高端礼品）。为了避开现有电商企业的锋芒，顺丰选择了生鲜食品和高端礼品这些传统电商的薄弱点。同时，由于日常业务涉及大量的支付环节，顺丰还打造了自己的支付平台——第三方支付工具顺丰宝，以保证资金安全并降低金融成本。

顺流而下做零售

点部的运营是顺丰的一项庞大成本开支，点部的人工成本占顺丰总成本的 40%，此外还要支付房租、制服和车辆成本，一个 20 人的点部一年的开支在 150 万元左右。基于美国 UPS 和联邦快递的成功经验，顺丰决定将数量众多的点部改造成便利店，使顾客在点部收发快递时顺便购买一些商品，这样能够增加营业点的功能和收入来源。同时，由于快递行业中的“最后一公里”——“门对门”配送服务一直是物流行业的难题，将点部改造成便利店也有利于顺丰在最后的关键时刻实现满意的客户体验、赢得客户青睐和再次选择。

早在 2007 年，顺丰就与台湾的全家、OK 便利店和莱尔福的门店进行了合作，在零售的同时提供 24 小时的取件服务，取得了很大成功。在此基础上，顺丰有更大的信心将“便利店取件”模式复制推广。通过与便利店达成合作，在其中设立“授权代办点”，客户可以以一定的优惠价格享受寄收快递服务，提供这些优惠价格的目的是培养客户自行到店内收发件的习惯。

对于顺丰来说，向下做零售似乎比向上做电商要容易些。顺丰与零售店的合作项目初显成效，但是试水电商的项目在很长时间里难以告捷。因为物流企业若想整合电商业务，就必须在从产品营销到后台技术的每个环节都有竞争力，都必须投入大量资金进行优化，不是有了前台网站就可以万事大吉的。第三方物流和电商的融合已是大势所趋，虽然目前物流和电商企业的互相渗透还未动摇市场格局，但未来双方难免要陷入一场混战。不甘落后、坚持探索新模式的顺丰，已经在这场厮杀中迈出了第一步。

资料来源：陈纯丽．顺丰跨界做电商：为圆“零售帝国梦”．中国经营报，2013－05－26；孟爱华，丁雪峰．基于线上线下融合的顺丰速运物流电商一体化发展模式探析．物流技术，2015（8）；张嘉昕．以顺丰优选为例分析电商时代的生鲜冷链物流发展．物流技术与应用，2020（S1）；胡玉婷，周志华，庞紫薇．基于线上线下融合的顺丰速运物流电商一体化发展模式探析．中国储运，2022（4）.

结合案例内容，试回答下列问题：

1. 在当前的市场环境下，作为“第一个吃螃蟹的人”，顺丰快递进行纵向整合能够依托哪些条件？又会有哪些优势和劣势？

2. 面对第三方物流行业的激烈竞争和电商企业的跨界竞争，顺丰快递的出路只有进行跨界竞争吗？

复习思考

1. 企业在决定是否选择第三方物流企业时，应该考虑哪些因素？

2. 第三方物流企业如何才能实现与货主企业的长期合作、共同发展？为实现这一目的，货主企业又需要作出哪些努力呢？

第 13 章　供应链管理

中国企业同世界级企业的一个显著差距，就体现在供应链管理上。

——李东升（TCL 集团董事长兼 CEO）

学习导航

◆ 掌握供应链及供应链管理的概念。

◆ 了解供应链管理与相关概念的区别。

◆ 了解供应链管理相对于纵向一体化的竞争优势。

◆ 熟知供应链管理的基本步骤。

◆ 了解选择供应链成员企业应注意的事项。

◆ 了解传统企业组织结构的缺陷及供应链管理对企业组织结构变革的要求。

引例

深圳创捷公司：做创客的“保姆”

创捷供应链有限公司（以下简称创捷）成立于 2007 年，前身是创捷科技有限公司进出口事业部。经过多年深耕，创捷已发展成为一家集供应链管理、进出口贸易、供应链系统研发于一体的综合性供应链运营商。公司获得 ISO9001：2008 国际质量管理认证，并且是海关总署认定的 AA 类企业，2012 年荣获“联想 2012 财年年度优秀合作伙伴”的称号。创捷以“垂直电商＋供应链金融生态圈”的供应链管理模式为大量小微企业提供供应链管理服务。而这一模式的构建，要从 2009 年说起。

找准创客的痛点

成立之初，创捷与其他传统供应链服务公司一样，主要业务是为制造业企业提供报关、物流外包等服务和代理部分外国品牌。2009 年前后，“制造业之都”深圳聚集起大批以电子产品制造业为主的中小型企业，形成了一个年产值达 6 000 亿元、行业容量约为 2.4 万元的大型产业集群。但如此蒸蒸日上的行业却存在着严重的管理缺陷：数量庞大的中小企业埋头于传统分工模式，各自负责采购、设计、制造、物流等环节，缺少一个价值链的整合治理者。

同时，由于自身条件限制，这些电子产品制造业的企业主多为年轻的创客：他们有创意、有技术、有能力，但苦于没有资金、没有信用积累、没有供应链渠道。面对融资难的困境，不少创客选择去借高利贷。虽然资金得以周转，但也将企业置于巨大金融风险之中；此外，创客团队的人数偏少，这意味着一个人既要钻研技术、搞设计，又要跑银行、跑海关、跑税务。创客们经常疲于奔命，无法真正发挥自己的专长。

帮助创客们走出“婴儿期”

找准了痛点和需求点之后，“垂直电商+供应链金融生态圈”的供应链管理模式被创捷确定下来。首先，创捷以SAP公司的ECC 6.0产品为基础，整合了供应商关系管理系统、仓库管理系统、货物运输管理系统、银企直联系统、金税系统，搭建了E-SCM（E-Commerce Supply Chain Management）平台。该平台将供应链管理的各环节嵌入价值链，打破了传统上下游协同合作的模式，利用互联网自助化的模式与业务伙伴实时交流信息，以达到供应链不同业务之间的协同一致。所有业务都由客户端发起，系统后台匹配相应的设计商、工厂采购、制造商、国际结算、物流运输等。依托此平台，创客们可以及时、有效地和上下游企业进行信息交换，提高信息响应速度，并以此降低物流成本，省时省力。

创捷负责人表示：“跨界聚合可以产生巨大能量。在产业分工越来越走向专业、精深时，需要更多像创捷这样的企业打通上下游，实现产业链的价值整合，使边际成本最终趋于零。”目前，E-SCM平台聚集了大批创客，他们是平台的“管理员”，而创捷便是平台的“协调员”，还另外管理70多家工厂的轻生产管理平台，以及3 000多家供应商、60多家集成商、30多家设计商和众多物流公司、银行、海外终端用户等。产业生态圈已经逐步形成。

着眼于供应链金融

为了解决创客们融资难的问题，创捷提供了供应链金融服务。通过数据和结构分析，创捷可以判定金融风险，并从银行获得授信，向创客们放款。此模式与银行以企业为主体的金融服务和阿里巴巴、京东以大数据为核心的金融服务不同，更好地解决了风控问题。截至目前，创捷共放贷约数百亿元，坏账仅有120万元，风险率极低。

目前创捷已是聚集了手机、平板电脑等智能移动客户群的行业领头公司。许多业界巨头如技嘉科技、联强国际，以及国内一批优秀的OEM、ODM手机制造厂商，都依赖于创捷的供应链服务。

资料来源：董金鹏．创捷供应链：创客“保姆”．中外管理，2015（9）；杨阳腾．产融生态供应链助力企业腾飞．经济日报，2015-05-30；刘沙．创捷供应链有限公司的信息化发展研究．广西师范大学硕士学位论文，2015；宋华，卢强．基于虚拟产业集群的供应链金融模式创新：创捷公司案例分析．中国工业经济，2017（5）.

第1节 供应链管理的概念与发展

一、供应链及供应链管理

所谓供应链（Supply Chain，SC），是指围绕核心企业，由从原材料采购开始，到制成中间产品再到制成最终产品，最后到销售给最终顾客的所有产权独立的参与者，即供应商、制造商、经销商、最终顾客、物流服务提供商乃至供应商的供应商、经销商的经销商等形成的网链结构（如图 13－1 所示）。

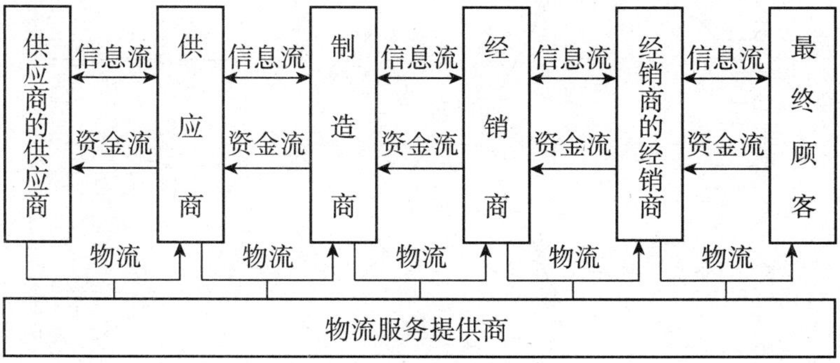

图 13－1　供应链示意图

供应链管理（Supply Chain Management，SCM）则是从系统、合作的观点出发，对供应链中的物流、信息流和资金流进行设计、规划和控制，最大限度地减少供应链中各成员的内耗和浪费，通过整体最优来提高全体成员的竞争力，实现全体成员的共赢。供应链管理思想的出现，使上下游企业之间摈弃了传统的单纯竞争的方式，开始向竞合方向发展。通过协调上下游企业之间的运作，减少上下游企业之间的内耗，提高供应链的整体竞争能力和经济效益，最终使供应链中所有的成员企业都得到实惠。

上述供应链及供应链管理的概念强调了以下内容。

（一）开展整体最优的集成化管理

供应链管理的概念建立在效率能够通过上下游企业之间的信息共享和协同运作得以提高的信念之上。上下游企业之间通过建立相互信任的伙伴关系，以供应链的整体最优为目标，利用现代信息技术，加强企业之间的合作，强化供应链的整体竞争实力，使供应链中所有的成员企业都受益。供应链管理将带来革命性的变化：未来的竞争不只是企业与企业之间的竞争，更是供应链与供应链之间的竞争。

（二）实施鲜明的顾客导向

供应链管理的基本目标被概括为“7R”，即将合适的产品或服务（Right Product or Service），以合适的数量（Right Quantity）及合适的成本（Right Cost），按照合适的状态或包装（Right Condition or Packaging），在合适的时间（Right Time）、合适的地点（Right Place），送到合适的顾客（Right Customer）手中。最终顾客的需求是供应链中物流、资金流、信息流的驱动源，顾客满意是供应链管理的出发点。

（三）围绕核心企业展开管理

供应链的构建及供应链的优化围绕核心企业展开。核心企业是供应链中的领导企业，是构建供应链和实施供应链管理的推动力量，一般是供应链中实力最为强大或市场号召力最强的企业。核心企业所建立的一套管理技术和管理办法在其上下游企业中逐步应用和推广，是供应链建立和健全的基础。由于与核心企业直接相邻的上下游企业大多不只是一家，因此，实际运作中的供应链往往呈现出以核心企业为交汇点的发散式网链结构（如

图 13－2 所示)，而并非如图 13－1 所示的简单的串联模式。

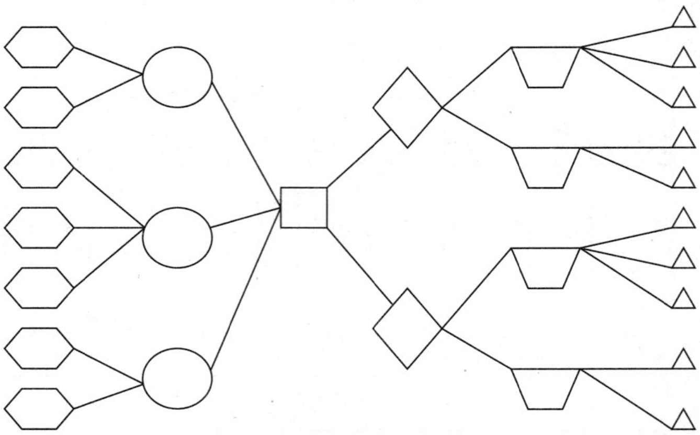

图 13－2　以制造商为核心企业的供应链示意图

（四）节点企业之间不涉及产权关系

供应链管理对上下游企业关系的优化和资源的整合，是在保留各企业产权独立的基础上展开的。供应链上的节点企业之间不存在产权关系，是彼此独立的企业。

二、供应链管理与相关概念的比较

为了进一步明确供应链管理的内涵与外延，有必要将供应链管理与相关的一些概念进行比较。

（一）供应链管理与战略联盟、虚拟企业

战略联盟（Strategic Alliance）是指两个或两个以上有着共同利益和对等经营实力的独立企业为达到占领市场、减少风险等目的而通过签订长期协议的形式所结成的优势互补或优势相长的利益共同体。而虚拟企业（Virtual Enterprise）是指为实现对某种市场机会的快速反应，通过 Internet 技术将拥有相关资源的若干独立企业集结起来，以及时地开发、生产、销售多样化、客户化的产品或服务而形成的一种网络化的临时性利益共同体。

无论是供应链管理，还是战略联盟、虚拟企业，都强调企业之间以合作代替对抗，通过在企业之间重新进行资源整合，协调运作，提高所有协作企业的整体竞争力。所不同的是，供应链管理主要关注的是处于上下游的企业之间的纵向整合，而战略联盟和虚拟企业整合的范围不仅包括纵向整合，而且包括横向整合，如不同企业利用各自的科研优势合作开发新产品；战略联盟更强调企业之间合作的长期性，而虚拟企业则强调对快速多变的市场机会的把握，企业之间的合作具有临时性的特点。

（二）供应链管理与纵向一体化

供应链管理与纵向一体化（Vertical Integration）虽然涉及的都是上下游企业之间的关系，但在企业之间的产权关系上，两者是不同的。纵向一体化是指在商品生产和流通过程中处于上下游关系的企业之间的并购，涉及上下游企业之间的产权交易；而供应链管理本质上是一种纵向限制（Vertical Restriction），上下游企业之间通过签订具有约束力的协议，确保其交易关系的稳定，降低交易费用，供应链上的节点企业在产权上处于独立的地位，不涉及企业之间的产权交易。

（三）供应链管理与一体化物流

一体化物流（Integrated Logistics）是物流的高级形式，指不同企业之间通过物流上的合作，达到提高物流效率、降低物流费用的效果。虽然一体化物流与供应链管理均贯穿从原材料采购到最终顾客消费的全过程，但不同的是，一体化物流侧重研究的是物质资料运动过程及相关信息流动的优化，而供应链管理不只是研究物质资料运动过程及相关信息流动的优化，还研究供应链成员企业采购、生产、销售等决策的优化以及与物质资料相关的资金流动过程。因此，供应链管理的内涵和外延要比一体化物流更深刻和广泛。

三、供应链管理的发展历程

1985 年，侯里翰（Houlihan）第一次提出了“供应链”的概念，指出供应链是由供应商、制造商、分销商、零售商、最终顾客等组成的系统，在这个系统内，物质从供应商向最终顾客流动，信息流动则是双向的。人们开始关注上下游企业之间的价值合作与协调问题。

20 世纪 80 年代末期以来，随着全球制造（Global Manufacturing）的广泛开展，供应链管理逐渐在生产企业中得到较为普遍的应用。国际上的一些著名企业，如通用电气、惠普、IBM、戴尔、通用汽车、福特、可口可乐等纷纷导入供应链管理，重新设计了企业的采购、生产、销售等业务流程，显著提高了企业的运行效率，形成了新的竞争优势。沃尔玛等流通企业亦凭借供应链管理实现了快速发展。供应链管理成为 21 世纪企业适应全球竞争的一种有效途径。美国 PRTM 咨询公司对汽车、家电、化工、计算机、医药、半导体、电信等行业 225 家公司的研究表明：供应链管理做得好的公司与一般公司相比，其供应链管理的成本占总销售收入的比例要低好几个百分点。

在传统的计划经济体制下，中国企业为维持正常生产，从主营产品向上游产品无限延伸。因此，普遍出现“大而全”“中而全”“小而全”的“全能”企业，企图万事不求人，上下游企业之间的专业化协作程度较低。时至今日，中国工业专业化协作的生产经营体系尚未得到充分发育，大中小企业之间没有形成合理的分工体系，大多数企业以自我配套生产为主，较少加入社会化生产协作当中，在不同规模的企业之间没有建立起联动机制，多数中小企业并不是围绕着为大企业提供原材料、零部件或其他服务而建立起来的。以机械工业为例，约有 80%的企业属于这种“全能”企业，自制件和自铸锻件所占比例为 80%～90%，而在发达国家，机械制造企业零部件的自制率一般只有 20%左右。因此，引进供应链管理的先进思想和方法，提高企业竞争力，成为摆在我国企业面前的迫切课题。事实上，海尔等企业在这方面已经迈出了可喜的步伐。

第 2 节　供应链管理的竞争优势

一、纵向一体化在新形势下的不适应性

进入 20 世纪 90 年代以来，企业的经营管理环境呈现出许多新的特点，具体表现在：

科学技术的发展导致产品更新换代的速度不断加快，加快产品的上市时间和快速响应市场需求变动变得极其重要；随着卖方市场向买方市场的转变，消费需求日益呈现出多样化、个性化的趋势；经济的全球化趋势使得企业之间的竞争日益激烈……这些新特点使得企业的市场环境日益向动态化的方向发展。

在动态化的市场环境下，作为优化上下游企业之间关系的纵向一体化表现出很强的不适应性，具体表现如下所述。

（一）缺乏快速响应能力

企业无论是实施前向一体化还是实施后向一体化，都必然涉及产权交易。而产权交易需要花费少则数月、多则数年的时间，包括为实施并购开展先期调研和可行性分析的时间、寻找合适的潜在并购对象的时间、与潜在并购对象进行谈判的时间、为实施并购筹措资金的时间、取得政府有关批文的时间、签订并购合同以后企业整合的时间等。而众多的市场需求却都具有即时性的特点，实施纵向一体化所需要的较长的时间周期，使得纵向一体化缺乏快速响应能力。

（二）加大了市场风险

对于专用性程度较高的资产而言，纵向一体化所进行产权交易的结果使资产得以在企业内部沉淀下来。而市场机会却变化迅速，在并购完成以后，市场需求和竞争态势可能已经发生了翻天覆地的变化，纵向一体化的潜在风险大大增加。

（三）不利于形成和强化核心竞争力

过分强调纵向一体化，必然使得企业战线拉得过长，将企业有限的人力、物力、财力分散到众多的领域，使企业难以集中资源发展和强化核心竞争力和核心业务。尤其是在企业尚未形成自己的核心竞争力的情况下，盲目进行规模的扩张，必然以失败告终。

韩国大企业在东南亚金融危机中遭受重创，就是一个典型的教训。它们过度开展多元化经营，同时跨越十几个乃至二十几个产业，大大加重了资金负担，造成了企业的高利率、高负债、高外债，挖空了企业核心竞争力的实力基础，因此，面对金融危机的冲击，其抵御力不强。事实上，即使是 IBM 这样的大型跨国公司，从 20 世纪 80 年代末起就已经开始不再进行纵向发展，而是与其他企业建立了广泛的合作关系。

因此，随着企业经营环境的变化，纵向一体化的趋势必然减弱。面对新的竞争形势，企业实施纵向一体化必须非常慎重，需要具备以下条件：在现有的业务环节已建立明显的核心竞争力；资产具有足够的专用性；市场需求和竞争形势相对稳定；企业资源能够确保纵向一体化所需；纵向一体化的实施周期不能太长；等等。否则，最好不要实施纵向一体化。

二、供应链管理的竞争优势分析

在竞争中，既要抛弃单打独斗的做法，又要克服纵向一体化的不利因素，供应链管理便应运而生。通过将竞争的焦点转移到供应链与供应链之间，供应链管理可建立同一供应链内部上下游企业之间的合作机制，以实现供应链整体最优为条件确保所有节点企业竞争力的增强和收入的提高。所有节点企业出于改善自身利益的需要，将努力克制自己的机会主义行为，减少相互之间无谓的消耗，实现与纵向一体化相似的减少专用性资产的损失，降低交易的不确定性，使经常性交易趋于稳定的效果，最终达到降低交易费用的目的。

（一）快速响应复杂多变的市场需求

为了满足复杂多变的市场需求，仅仅依靠企业内部集成即使在资源上行得通，在时间上也可能行不通。供应链管理将资源集成的范围扩展到企业外部，与有实力的供应商、经销商结成伙伴关系。基于这种企业运作环境的产品制造过程，从产品的研究开发到投放市场，周期大大缩短，而且顾客化导向更强，敏捷性大大提高。例如，美国通用电气公司为了提高其竞争优势，通过强化供应链管理，已经将备货时间从 3 周压缩到 3 天。

（二）具有柔性高、风险低的特点

在供应链管理模式下，在集成所需资源的基础上，由于供应链节点企业之间在产权上是相互独立的，因此不会出现纵向一体化情况下专用性资产由于企业之间的并购而在企业内部沉淀下来的问题。在市场形势发生巨大变化的情况下，企业可以通过对供应链成员的重新整合来适应新的变化，体现出较高的柔性，潜在的专用性资产固化的风险得以有效化解。

（三）通过合作伙伴的优势互补巩固和强化企业的核心竞争力

与纵向一体化必须完成所有的业务环节相比，供应链管理强调将企业资源集中在经过仔细挑选的少数具有核心竞争力的核心业务上，而将其他虽然重要但不具备核心竞争力的业务环节外包给世界范围内的专业企业去做，并与这些企业保持紧密的合作关系，依托供应链构筑一条企业之间的核心竞争力链条，从而使企业的运作提高到世界级水平，而所需的费用则与自己亲力亲为相等甚至更少，节省了巨额投资。这样，不仅有助于企业巩固已有的核心竞争力，而且可以通过提升整条供应链的竞争力而强化自己的核心竞争力。

广角镜

产业链供应链建设的全球视野

当前，全球产业体系和产业链供应链正呈现多元化布局、区域化合作、绿色化转型、数字化加速的态势。习近平总书记在浙江考察时强调，从全球视野布局产业链供应链建设，不断提升产业链供应链韧性和安全水平。我们要积极主动适应和引领全球新一轮科技革命和产业变革，准确把握全球产业链供应链新变化，扎实推进新型工业化，加快建设现代化产业体系，构筑起新的大国竞争优势。

资料来源：金观平．产业链供应链建设要有全球视野．经济日报，2023－10－11.

案 例

上汽集团的汽车供应链管理

上海汽车工业（集团）总公司（以下简称“上汽集团”）是中国五大汽车集团之一，它能够在国际汽车公司大举进入、本土汽车企业不断涌现的夹击下，以及在石油及原材料价格持续上涨、竞争造成汽车零售不断降价等因素的影响下，依旧保持行业领军的佳绩，其供应链管理能力功不可没。

“准时制”生产

上汽集团在汽车生产与制造上引入了“准时制”生产理念，从以库存为中心完全转变为以订单为中心的生产模式。上汽集团在“准时制”生产中，加强对客户需求的预测与跟踪，从客户订单开始，通过将一道道工序向前推的方式从供货商处索要原材料和零部件，即采用从后向前“反应式”的生产方式，在最大程度上降低库存、生产和物流成本，实现生产的平准化和柔性化。

为了使“准时制”生产更加顺利，提高零部件供应商的配套和协调能力，上汽集团还采取了建设仓储物流园区、异地建厂、产能与物料计划、循环取货等措施。

上汽集团在中国、韩国、印度和美洲、欧洲都参与建设了物流集散中心，在当地循环取货，并利用船运与各地的集散中心连通。世界各地的物流集散中心和船运勾连使得上汽集团的供应链能够延伸到全球。上汽集团建设仓储物流园区的出发点是，寻找一个能够将计划、采购与发货收货、库存转移、仓库盘点、包装、开箱、拼箱无缝衔接的物流集成基地，以提高存货周转率和生产效率，实现供应链的可视化管理。

为了进一步缩小供应商的供货半径，减少物流运输的成本，上汽集团选定与各个零部件供应商关联的物流园区，向零部件供应商推荐，由它们自主选择与园区签订服务合同以实现异地建厂，推动一些集成度高、体积大的零部件制造商聚集在一起。

上汽集团的供应商数量非常多，即使经过了精心筛选，供应商的质量也难免良莠不齐，而且供应商市场也存在不确定性。为了尽可能减少规划产能与零部件供应之间的偏差，上汽集团注重在供应商月度大会平台上，与供应商进行生产计划和产能信息的沟通，不断进行“准时制”库存的优化，尽可能实现零库存，还将集团的供应链管理和订货流程方法传授给供应商，以提高供应商合理规划产能的能力，增强上汽集团在全球范围内的竞争力。

在这些基础上，上汽集团将循环取货付诸实施，取代了供应商自行送货的方式。上汽集团循环取货的频次和批量与其生产节奏相一致，循环取货的范围覆盖了长三角 150 多家零部件供应商，降低了 67.5%的物流成本，管理成效非常显著。

非核心业务一体化外包

上汽集团也注重将非核心业务外包，这样就能在核心业务上集中更多精力和优势。上汽集团采用协作加工形式，将高附加值的零件生产和装配外包给外部生产商，实现完全模块化的 OEM 供货。外部协作的二级供应商直接向加工商供货。

对于附加值比较低的装配活动，则完全交由第三方物流公司完成。虽然我国目前专门做汽车行业的第三方物流公司本身的技术和服务能力尚弱，不能独立提供完整的物流解决方案，还需依靠制造企业进行计划，但上汽集团已经开始将物流业务外包给安吉天地汽车物流公司，这使得上汽集团的物流成本下降了 30%以上。

在数量繁杂、单件成本较低的包装物上，上汽集团实行包装一体化管理，将零散的料箱与料架聚集起来，集中批量采购，节省了采购成本。上汽集团下属的几家制造企业，仅在包装一体化上节约的成本就有 1 亿多元，还在 5 年内将料箱周转天数由 8 天减少至

3 天。

上汽集团以“准时制”为核心，以非核心业务一体化外包为辅助，实施了供应链的精密管理，在集团公司和供应商企业之间实现了利益共赢，降低了整条供应链的成本，提升了供应链的整体绩效和竞争能力。

在新时期，上汽集团不忘科学技术的重要性，提出了数字化物流发展规划。依托大数据、人工智能、物联网、机器自动化等技术，上汽集团打造了智能化供应链；通过把握汽车供应链业务范围广泛、环节多的特点，构建互联互通的数字化信息系统。自动化立体库、智能调度技术、无人叉车等创新项目的研发与投产进一步提升了上汽集团供应链管理能力和绩效。

资料来源：叶永明．上汽集团应用物流外包提升制造企业核心竞争力．中国物流招标网，2008-04-25；蒋朕．基于自主品牌业务发展的物流拉动系统构建．上海汽车，2012（9）；王玉．上汽通用的智能制造与智能物流探索．物流技术与应用，2017（9）；杨雅斌．上汽通用汽车零部件入厂物流模式研究．物流工程与管理，2017（7）；金琳．上汽安吉物流：规划引领数智能力提升．上海国资，2022（3）.

第 3 节 供应链管理过程

一、供应链管理的基本步骤

一般而言，供应链管理主要包括以下四个步骤。

（一）计划

在这一阶段，企业确定供应链的基本类型，确定哪些合作伙伴作为供应链的成员企业，确定供应链的每个环节执行什么样的流程，并确定供应链管理的目标。

企业首先应判断自己所生产的产品的不同类型，以此确定供应链的类型。根据其需求特点，企业生产的产品可以分为两大类，即功能性产品和创新性产品。功能性产品主要面向基本需求，具有生命周期较长、需求稳定、便于预测、改型变异程度低等特点。相反，创新性产品主要面向创新性需求，生命周期较短，需求不稳定，难以预测，改型变异程度高。

二者在上市速度要求、季末降价幅度、平均缺货率、边际贡献率等方面的差别也很大，功能性产品生命周期较长的特点使得其对新产品上市速度的要求不高，一般不会出现因为过季而降价的现象，创新性产品生命周期较短的特点必然要求其加快新产品的上市速度，而一旦产品过季，必然要大幅度降价；由于功能性产品的式样、规格、型号、款式等相对简单，因而缺货比率较低，而创新性产品的式样、规格、型号、款式等则较为繁杂，缺货比率较高。相对于功能性产品而言，为消化额外的市场性成本，创新性产品要求更高的边际贡献率。

对于不同类型的产品，需要设计不同的供应链。与功能性产品相匹配的是精益型供应链，又称有效型供应链，其核心是消除一切形式的浪费，以尽可能节约产品成本，在市场上形成比竞争对手更有利的价格优势。与创新性产品相匹配的是敏捷型供应链，又称反应型供应链，其核心是提高产品的可获性，以尽快满足复杂多变的市场需求，充分利用每一个新的市场机会。

在供应链的基本类型确定之后，就应选择符合该类型供应链的成员企业。对于有效型供应链，选择成员企业的基本标准是成本节约优先，在同等质量和服务水平的条件下，选择报价最低的原材料及零部件供应商、物流服务提供商以及条件最优惠的经销商。对于反应型供应链，选择成员企业的基本标准是对产品或服务订单的响应速度，选择响应最迅速的原材料及零部件供应商、物流服务提供商以及产成品经销商。

而后，对诸如工厂、配送中心的位置和能力，在各个地点生产或存放的产品类型和数量，根据不同交货行程采用的运输模式以及将要使用的信息系统的类型等问题进行决策，并对供应链的整体运行绩效及不同环节的运行效果确定预期目标。

（二）实施

在这一阶段，企业与经筛选合格的潜在成员企业在友好协商的基础上，签订较长时间的合作协议。在根据优化供应链的需要不断改进企业内部业务流程的基础上，建立能与成员企业便捷沟通的信息系统，实现数据共享。所有供应链的成员企业基于共同的利益，密切合作，共同提高供应链的整体绩效。其中，关键是要将单个商业应用提升为能够运作于整个供应链过程的集成系统，建立一套适用于整个供应链的电子商务解决方案。

供应链信息系统的建立必须以企业内部 ERP 为基础，所有成员企业以供应链中核心企业的 ERP 系统为核心来完善自己企业内部的 ERP 系统。核心企业内部成功实施了 ERP 后，就为供应链成员企业之间的信息共享打下了坚实的基础。

广角镜

ERP 系统

ERP 系统以 MRP（物料需求计划）为基础、以供应链管理为核心思想发展而来，整合企业内部管理所需要的财务、人力、物流等业务模块，数据具有高度共享和一致性，为企业的战略制定和日常决策提供依据。

（三）评估

供应链管理是一个不断完善的过程。在供应链运行一段时间之后，核心企业需要对运行状况进行跟踪，找出实施效果与预期效果的差距。为此，核心企业需要确定对供应链绩效进行评价的主要指标。指标的设置没有必要面面俱到，关键应针对当前供应链管理中存在的主要问题进行选择，把握住问题的重点和实质。通过比较分析，为进一步制订更为完善的供应链整合计划提供依据，同时将评估结果反馈给各成员企业。

（四）优化

通过分析各种评估结果，核心企业应找出阻碍供应链绩效提高的各种原因。在借鉴优秀供应链成功经验的基础上，核心企业提出供应链优化方案，确定自己及各供应链成员企业的努力方向、改进重点及实施步骤。如果成员企业未达到绩效要求，或配合不到位，核心企业应限期要求它们改进自己的活动；如果成员企业在要求的期限内仍难以达到要求，核心企业应考虑更换合作伙伴；如果核心企业在供应链管理方面存在问题，则应进一步提高自己的管理效率；如果供应链协议本身存在分工不合理、分配不公平的问题，双方应通过友好协商的方式致力于完善供应链协议。

二、选择供应链成员企业应注意的事项

选择合适的合作伙伴作为供应链的成员企业，是企业供应链管理成功的关键。选择成员企业，需要注意以下事项。

（一）成员企业必须拥有各自的核心竞争力

选择的成员企业必须拥有各自的核心竞争力，并能够实现不同企业之间核心竞争力的有效结合，才能提高整条供应链的运作效率，从而为企业做出贡献。这些贡献包括及时准确的市场信息、快速高效的物流、快速的新产品开发、高质量的消费者服务、产品总成本的降低等。

（二）成员企业必须有强烈的合作意愿

信任是供应链各成员企业进行有效合作的纽带与保证。实施供应链管理时，企业要改变传统的买卖观念和思维方式，与合作企业共担责任、风险与成本，同时共享成果与收益，这是企业间建立长久信任关系的唯一有效途径。企业间只有建立了信任关系，供应链的运作效率才能得到保证和提高，企业才能赢得长久的竞争优势。在选择合作伙伴时，一定要先了解清楚该企业以前与其他企业的合作情况，以明确该企业是否适合长期合作。

（三）成员企业应尽可能实现地理上的相对集中

这一点对于处理总装厂与零部件供应厂商的关系极其重要。如果总装厂与零部件供应厂商的距离较近，可以使零部件供应厂商提高对总装厂零部件订单的反应速度，减少零部件的储运费用。以汽车总装厂与零部件供应厂商为例，日本丰田汽车公司总装厂与零部件供应厂商之间的平均距离为 95.3 千米，日产汽车公司为 183.3 千米，克莱斯勒汽车公司为 875.3 千米，福特汽车公司为 818.8 千米，通用汽车公司为 687.2 千米。丰田汽车公司平均距离近的优势，充分转化为管理上的优势。丰田汽车公司的零部件厂商平均每周向总装厂发运零部件 42 次，而日产公司为 21 次，通用汽车公司为 7.5 次。显然，日本汽车公司的平均存货费用要低于美国汽车公司。

（四）成员企业必须“少而精”

在供应链管理思想出现之前，企业为了确保其原材料、零部件的供给及产成品的出售，往往同时与许多家供应商和经销商打交道，但与任何一家供应商和经销商都没有建立长期、稳定的关系。一旦市场形势发生变化，要么企业蒙受损失，要么供应商或经销商蒙受损失。而供应链管理则强调在选择合作伙伴时的目的性和针对性要强，以“少而精”为原则建立长期合作的伙伴关系，以减少合作对象过多所导致的搜寻费用、签约费用、合同变更费用等交易费用的增加。

第 4 节 供应链管理与企业组织结构变革

一、传统企业组织结构在供应链管理环境下的不适应性

在传统企业组织结构下，企业无论是采用直线职能制、事业部制，还是控股公司制，职能管理都是其基本特色。这种职能管理强调的是按照管理活动的相同性或相似性，将从事相同或相似活动的管理人员集中在一起，组成计划、采购、生产、销售、物流、人事、行政等若干职能部门。由于每个职能部门内的成员集中精力管理某个领域的事务，因此可以获得专业化分工的效率。同时，由于部门内成员有着相同或相似的专业背景及价值取向，所以彼此之间的沟通也更容易。

面对供应链管理的需要，传统企业组织结构表现出强烈的不适应性，向企业最高管理层提出了变革企业组织结构的要求。这种不适应性具体表现在以下几个方面。

（一）业务流程被人为割裂

尽管职能管理有助于专业化程度的提高，但却将完整的业务流程分割在多个职能部门，使得每个职能部门所从事的工作只是整个流程中的一部分。例如顾客订货处理流程，需要依次经过众多的职能部门，销售部门接受订单，财务部门在确认顾客的资信水平之后，由采购部门负责购进原材料或零部件，再由生产部门组织生产，生产完成后由物流部门进行配送。

业务流程被人为割裂，容易造成以下不良后果：第一，为了使业务流程的各环节衔接起来，需要许多管理人员作为企业管理的信息储存器、协调器与监控器，使得业务流程的大部分时间耗费在部门之间的衔接工作上；第二，业务流程在各部门之间的顺序流动，使得必须完成上一环节的工作才能进入下一环节的工作，一旦某个环节出现延误，则很可能造成延误的累积，延误程度进一步加剧；第三，缺乏对整个业务流程负责的机构或人员，对于业务流程中出现的问题，部门之间容易扯皮，责任不清；第四，各部门之间可能增加很多重复劳动。企业内部部门林立所导致的业务流程被肢解，必然影响整条供应链的管理效率，使供应链的响应速度大大降低，成本不断提高。

（二）局部优化的结果并非导致全局优化

系统观念是企业实施供应链管理所必须具备的基本观念，供应链管理的竞争优势源于核心企业对各节点企业的有效集成，而这种集成又必须以企业内部的有效集成为基础。但在传统的企业组织结构下，由于各职能部门具有不同的任务目标与考核标准，使得各部门的本位主义现象较为严重，各部门追求利益最大化的过程可能互相冲突，部门利益最大化未必带来企业整体利益最大化。

例如，生产部门为追求单位产品生产的低成本，倾向于扩大生产规模，但生产规模的扩大却造成产成品的大量积压，给物流部门造成巨大的仓储压力；物流部门为降低运输费

用，对不同区域市场的供货必须凑足整车才发运，打乱了销售部门的促销计划；销售部门为了提高销售业绩而采取各种促销手段的结果是产品在一年内的某一时期销售数量迅速增长，造成这一时期生产部门的超负荷运转，但由于市场容量的限制，其他时期的销售数量又大为减少，造成生产部门能力利用不足等。

（三）机构臃肿导致企业缺乏效率

层次繁多、等级森严的金字塔形组织体系，必然容易滋生人浮于事、办事拖拉、官僚主义严重等现象，使企业管理缺乏效率。这种低效率的官僚机构，一方面使得企业对实施供应链管理缺乏足够的动力与勇气；另一方面，即使实施供应链管理，也必然因为效率低下而以失败告终。

（四）授权不足及分工过细影响顾客满意度

顾客满意是供应链管理的出发点。一方面，传统企业组织结构将权力过分集中于企业的较高层次，必然影响顾客服务水平。在企业具体的运作过程中，以下问题经常出现：企业员工由于缺乏高层管理者的充分授权，受制于严格的规章制度及死板的办事程序，无法切实做到令顾客满意。面对有利的市场机会，企业员工必须逐级汇报，取得高层管理者的认可，致使企业反应迟缓，市场机会白白损失。另一方面，过细的分工使得员工得不到有效的锻炼，业务技能只能侧重于某个领域，影响综合顾客服务水平。

二、供应链管理环境下的企业组织结构变革

为了有效地推进供应链管理的实施，真正发挥供应链管理的竞争优势，要求企业对传统组织结构实施业务流程再造工程，从传统组织结构强烈的职能导向转变为供应链管理环境下组织结构鲜明的流程导向，以克服传统组织结构所表现出来的种种不适应性。这种新型组织结构的基本构架如下。

（一）以流程为中心

企业的基本组成单位不再是刚性的职能部门，而是不同的业务流程。整个企业的组织结构以主要流程为主干，每个流程都由专门的流程负责人进行领导，由各类专业人员组成的团队管理流程中的各具体环节，各关键流程负责人直接受企业最高管理层的领导。由于有专人负责，流程不再是被职能部门割裂开来的片段式的任务流，而是处于有效的掌控之中，围绕提高顾客价值，变得十分紧凑。

（二）实施团队工作法

以流程为中心的企业组织结构需要高度负责任且具有多项技能的员工队伍做保证。而团队工作法（Team Work）的运用，是有效确保员工责任心、合理集成员工技能的重要方法。团队工作法与以往每位员工分别负责完成一个完整业务流程的一部分不同，而是由若干员工组成一个小组，共同负责完成一个完整的业务流程。团队工作法强调基于成员之间的信任与成员的一专多能，打破传统职能部门的界限，对不同的业务流程，建立不同的工作团队。

流程管理团队成员必须搭配合理，考虑成员之间的优势互补。团队一般应由具有各种技能、背景、专长及不同视野的人组成。这种多样性可以使团队从各种角度去研究与分析问题。当各种人才都齐备时，创新与平衡的观点就会出现。加入流程管理团队的成员，必

须具有较强的协作意愿。在自己的技能范围内当好主角，在其他人的技能范围内甘愿当好配角，并善于汲取别人的长处来充实、完善自己。良好的沟通是高效的流程管理团队必不可少的条件。沟通要讲究方式、方法，常见的沟通途径有团队会议、午餐讨论、电子邮件、私下会谈等。有效的沟通需要团队成员表达自己的真实感受，若成员不能表达自己的真实感受，就难以保证工作计划的实施进度，即使实施了，也难以取得较好的效果。团队工作方式要求将决策的权力和责任下放到每一位团队成员，优秀的流程管理团队负责人不一定非要指示或控制他人，他们往往扮演教练和支持者的角色，对团队提供指导和支持，但并不试图去控制团队。对于企业最高管理层而言，则应给团队提供完成工作所必需的各种资源。

（三）职能部门成为流程管理团队的人力资源库

尽管企业仍存在计划、采购、生产、销售、物流、财务、行政等职能部门，但这些职能部门的重要性已退居流程之后。这些职能部门成为流程管理团队可资利用的人力资源库，它们的主要职责是不断培养并向各流程管理团队输送优秀的专业化人才。职能部门的负责人在特定的职能范围内，承担起雇用、培训专门人才的职责。随着流程管理团队对人员素质的要求不断提高，人力资源部门的重要性日益突出，它负责统筹规划、统一管理各职能部门员工的招聘、培训、激励等工作，以使流程管理拥有源源不断的合格的专业化人才供应来源。

（四）充分利用信息技术

信息技术是企业组织结构变革的坚强后盾。内部网（Intranet）的建设，构筑了组织结构变革的网络基础。制造企业通过电子数据交换或互联网在与供应链合作伙伴有效进行信息沟通的基础上，通过建立和完善 Intranet，将涉及企业安全性的信息相对封闭在企业内部，实现了各流程内部、各流程之间、各部门内部、各部门之间以及各流程与各部门之间、企业高层管理者与各流程、各部门之间有效的信息沟通。

需要注意的是，充分利用信息技术并不是简单地实现原有业务流程处理的自动化，而应将信息技术作为业务流程再造的推动器。对于原有符合信息技术要求的业务流程，信息技术运用的目的在于通过自动化提高处理效率；对于通过信息技术的运用能进行简化的业务流程，应致力于删除原有的不增值的环节；对于与信息技术的要求相去甚远的业务流程，应将原有流程推倒重来。随着现代信息技术的普遍运用，企业应逐渐新建一些对增加顾客价值有益的业务流程。

（五）组织层次向扁平化方向发展

一方面，信息技术的应用使企业信息传递更为方便、直接，传统组织结构中主要用于沟通上、下管理层次之间信息的中间管理层次可以大为减少乃至取消；另一方面，团队工作法的运用以及对团队成员的充分授权，使得流程管理团队的管理幅度由传统金字塔形的7～8 人发展到 20～30 人。企业组织结构从层次高耸向层次扁平的方向发展。组织层次扁平化的结果是决策与行动之间的延迟减少，企业变得更为灵敏，企业的反应能力增强。

本章小结

本章首先介绍了供应链管理的概念，并将供应链管理与战略联盟、虚拟企业、纵向一体化、一体化物流等相关概念进行了比较，描述了供应链管理的发展历程。其次，分析了纵向一体化在新形势下表现出来的种种不适应性，指出了供应链管理相对于纵向一体化的竞争优势。再次，介绍了供应链管理的基本步骤及核心企业选择供应链成员企业应注意的事项。最后，针对传统企业组织结构在供应链管理环境下所表现出来的不适应性，提出要求企业对传统组织结构实施业务流程再造工程，从传统组织结构强烈的职能导向转变为供应链管理环境下组织结构鲜明的流程导向。

课后案例讨论

盒马鲜生：大数据时代的电商供应链

盒马鲜生创立于 2015 年，2016 年 1 月开出首家店铺，被视为阿里巴巴新零售样本。在新型生鲜电商模式下，盒马鲜生采用前置仓模式，将门店超市与仓库结合，店仓一体加速调配，每个门店都能覆盖到配送的“最后一公里”。盒马鲜生依托阿里巴巴强大的数据和技术支持，通过大数据分析、智能化技术等现代信息技术，从供应链、库存仓储到物流配送形成强大的物流配送服务体系。

线上线下双渠道模式相互引流

盒马鲜生采用线上线下双渠道模式。通过线下开设门店，让消费者进店购物体验，提升消费者信任度，在这个过程中，通过大数据技术精准计算每位消费者的到店频数、交易数据等，将消费者引流至线上购物；而线上 App 则依托其实体门店，提供门店 3 千米范围内、30 分钟快速送达的配送服务。

大数据一体化供应链和完整的冷链运输物流体系

盒马鲜生以大数据、云计算技术资源为基础，建立了一套全新的供应链体系，各网点数据互联互通。可根据其零售终端的数据倒推需求采购计划，从而预测门店的商品品类，预判消费者需求和购买趋势，不仅实现了以订单数据来反向驱动采购计划，而且实现了传统商超无法比拟的数字化按需智能供货。

盒马鲜生采用全球直采模式，借助阿里巴巴集团的全球采购资源，从全球寻找优质货源，打造全球农产品基地，通过冷链运输把产品运至门店。国内直采分为两种情况：一种是直接前往产地做品控质检，进行采购，批发到盒马鲜生的加工中心；另一种则专门针对作为日常消费大类的蔬菜及肉类制定，直接与本地大型蔬菜基地、牲畜养殖基地等供应商进行合作，当日采摘、宰杀，当日销售。同时，盒马鲜生与众多餐饮品牌联营合作，餐饮品牌在盒马鲜生店内开设餐饮档口，消费者可以在档口直接点单，也可以先挑选食材，再由餐厅提供食材加工服务。

盒马鲜生自建供应链中心，在生产环节，已签约数百个农业直采基地，其中有 100 多个盒马村；在销售环节，覆盖全国数十个城市，开出数百家门店，以供应链中心为枢纽，覆盖周边门店，减少了物品的流通次数，将生鲜损耗率控制到最低，同时提升加工品质。

门店仓储和智能配送调度系统

从门店效率看，盒马鲜生通过对其门店的历史订单数据进行演算分析，来预测不同区域、门店的商品需求情况，形成一套完善的智能库存分配体系，提高了门店的库存周转率。客户在盒马鲜生 App 线上下单后，商品会通过店内的悬挂链自动传送分拣，节省了大量的人力成本，门店空间利用效率大大提高。从配送效率来看，盒马鲜生的智能履约集单系统不断地优化订单履约成本，根据线路、时序、客户需求、温层、区块将订单串联起来，形成最佳的配送批次；智能店仓作业系统精确定位商品的货位，根据门店的销售情况平衡店员数量并对不同工种之间进行及时调换和分配，合理有效地安排店员的工作内容；智能配送调度系统实现了人、货、场三者之间的优化匹配，实现配送效率的最大化。

资料来源：夏轩．从阿里巴巴的“盒马鲜生”看零售行业新业态的重构．中国市场，2018（34）；姜方桃，骆诗雨，邓淇丹，等．新零售背景下电商平台食品安全问题的研究分析：以盒马鲜生电商平台为例．电子商务，2020（9）；蒋雨桐．新零售背景下盒马鲜生的商业模式分析：基于九要素画布模型．投资与创业，2022（15）.

结合案例内容，试回答下列问题：

1. 盒马鲜生的供应链有哪些特点？它是利用哪些技术和管理经验实现的？

2. 电商企业的供应链管理要突出哪些环节？如何在这些环节中实现平衡？

复习思考

1. 供应链管理与纵向一体化最本质的区别是什么？相对于纵向一体化，供应链管理具有哪些竞争优势？

2. 对于核心企业而言，在选择供应链合作伙伴时应注意哪些问题？

3. 传统企业组织结构对供应链管理的实施构成了哪些障碍？供应链管理对传统企业组织结构提出了哪些变革要求？

第 14 章　物流费用管理

供应链制胜的关键是永远都要比对手更好地控制成本。

——山姆·沃尔顿（沃尔玛创始人）

学习导航

- 了解物流费用的概念及分类。
- 掌握物流费用的特点。
- 了解物流费用管理的概念及作用。
- 掌握物流费用管理的具体措施。
- 了解定额物流费用管理法与 ABC 法。

引例

神龙汽车的物流费用管理

神龙汽车有限公司（以下简称“神龙汽车”）是由东风汽车公司与法国 PSA 集团合资兴建的汽车生产经营企业，于 1992 年成立，总部位于湖北武汉，主要经营东风雪铁龙和东风标致牌汽车，在全国拥有 4 个生产基地和 4 个大型工厂，整车年产能力达到 12.7 万台，先后荣获全国卓越管理最高奖——“全国质量奖”、湖北省最高质量荣誉奖——“长江质量奖”等多项大奖。作为全国领先的汽车生产厂商，神龙汽车是如何降低物流成本的呢?

在价值链中，神龙汽车负责供应物流、生产物流和销售物流三个环节，上游承接供应商，下游连通经销商，是价值链的领导者。这对神龙汽车的物流费用管理提出了很高的要求。第一，汽车生产所需的零部件种类繁多，导致运输成本和储存成本上升，物流管理难度提高，仓储成本与缺货风险水平难以达到平衡。第二，为了保证生产过程中零部件供应的及时性，供应物流的管理压力有所增加。第三，由于汽车产品本身属于贵重物品，运输途中易出现挤压、磕碰等损耗，并且要实现 2～5 天全国零部件或整车配送的目标，销售物流管理尤为困难。

神龙汽车秉承着发挥物流专业性的理念，将大部分物流业务外包给中国远洋、大田、武汉邮政等专业物流公司，并与它们结成战略合作伙伴，助力公司物流经济化、规模化发展。这样便使产品的装卸费用、运输流转费用及仓储费用大幅降低。

对于无法外包的业务，公司建立了现代化的物流体系，与信息系统配套，努力降低物流成本。通过采用货物直送、带动式供货、看板供货及同步发货等供货模式，神龙汽车压缩了库存量，降低了库存成本；与供应商共同投资研发的产品包装器可以循环使用，削减了包装开支；所搭建的物流信息系统，连接了供应商、经销商、物流服务企业等供应链各环节，提升了信息传递效率。

同时，神龙汽车启动 APOLO 计划优化生产物流，降低物流费用。APOLO 是 Amelioration du Poste et Logistique Alternative 的缩写，即工位优化和交替式物流，核心思想是向上游转移非增值活动、提高劳动生产率和降低库存。在汽车生产线上，由于需要同时生产 10 种不同型号的汽车，经常出现零部件堆积的情况，导致生产线生产效率低下。虽然公司可以采用增加生产线数量、减少生产环节、放慢生产节拍的方式，但也无法彻底改变生产物流成本较高的局面。为此，神龙汽车改进了生产线的物流流程，在保证零部件供应数量的前提下，采取少量多次的配送原则，缩小零部件配送容器尺寸，以此减少堆积事件的发生。此方法的效果立竿见影，节约物流面积达 20%，工人的操作时间大幅减少，物流成本也有所下降。

神龙汽车还十分注重运输成本的控制。公司成功动员了座椅、玻璃、车灯等供应商在公司周边建立生产基地，以缩短运输里程，节约运输费用。此举还有利于降低储存费用和防御供应链风险。在此基础上，对于供应商单独供货的模式，神龙汽车也力求改变。以往的单独供货模式存在运输批量不足、存储量上升等问题，神龙汽车采用集中配送模式，通过集配商，将附近供应商的零部件统一配送，不仅减少了物流费用，还形成了规模化效应。

资料来源：陈正林．企业物流成本生成机理及其控制途径：神龙公司物流成本控制案例研究．会计研究，2011 (2)；神龙汽车有限公司．企业供应链风险管理．企业管理，2015 (6)；徐慧．企业物流成本控制研究：以神龙公司为例．物流技术，2015 (7)；孙利．忧与优："疫"中汽车供应链的湖北样本．汽车纵横，2020 (3).

第 1 节　物流费用及物流费用管理

一、物流费用的概念及分类

物流费用又称物流成本，是指物流活动过程中所消耗的物化劳动和活劳动的货币表现。按照不同的分类标准，物流费用可以分为不同的类别。

（一）依据物流费用的用途分类

按照其具体用途的不同，物流费用可以分为以下几种。

1. 物流作业费用

物流作业费用是指直接花费在物流各种具体作业环节上的费用，包括运输费用、订货费用、仓储保管费用、配送费用、装卸搬运费用、包装费用、流通加工费用等。

2. 物流信息费用

物流信息费用是指用于物流信息收集、整理、存储、传递等的费用，包括物流信息系统软硬件支出、系统维护费用、通信费用等。

3. 物流管理费用

物流管理费用是指对物流活动进行组织管理的费用，包括物流管理机构的办公费用、物流管理人员的工资福利支出等。

（二）依据物流费用的发生领域分类

按照其发生领域的不同，物流费用可以分为采购物流费用、生产物流费用、销售物流费用、回收物流费用、废弃物物流费用。

（三）依据物流费用的支付方式分类

按照其支付方式的不同，物流费用可以分为以下几种。

1. 外包物流费用

外包物流费用是指将物流服务外包给企业以外的机构去做而支付给这些机构的费用。对于企业而言，由于需要直接付费，因此，外包物流费用较为明显，容易核算。

2. 自营物流费用

自营物流费用是指企业自己承担物流服务而花费的费用。相对于外包物流费用而言，许多类型的自营物流费用由于较为分散，因此不容易核算。

二、物流费用的特点

与企业其他方面的成本开支相比，物流费用具有以下几个特点。

（一）隐蔽性大

在很多情况下，物流费用表现得不直观，具有较大的隐蔽性，容易被忽略。物流费用的隐蔽性，主要表现在以下几个方面：

（1）现行的企业财务会计制度中未单独列出物流费用科目，物流费用分散在销售费用、管理费用、产品生产成本等科目中，难以获得有关物流费用的总体信息。因此，通常而言，企业对外包物流费用，如支付给外部运输企业的运输费用、支付给社会配送中心的仓储与配送费用等核算较清楚，而对自营物流费用，尤其是企业内与物流相关的人工费、设备折旧费等缺乏明确的核算。

（2）企业无法真实掌握许多类型的物流费用。例如，与存货相关的费用，绝大部分企业主要关注仓储保管费用、货物损耗，有一部分企业在计算物流费用时会核算存货的利息支出，而将存货的变价损失核算到物流费用中的企业则比较少。这样，就使得与存货相关的费用核算不完全，不能反映真实的费用支出情况。

（3）对于物流费用，企业往往只计算总数，而对于物流总费用在不同物流活动之间的分配则不甚明了，因此，无法核算不同物流活动的绩效。

（二）替代效应

物流费用的替代效应指的是企业内部不同的物流活动之间、企业的物流活动与其他活动之间、供应链不同节点企业的物流活动之间在费用上所存在的此消彼长现象。物流费用的替代效应体现在以下几个方面。

1. 企业内部不同物流活动的替代效应

不同的物流活动，在费用上并不是不相关的，许多物流活动在费用上的替代效应非常明显。例如，订货费用与仓储保管费用之间就存在着替代效应。订货数量越大，单位产品的订货费用就越低，但所订产品的库存时间就越长，单位产品的仓储保管费用就越高。

2. 物流费用与其他成本之间的替代效应

物流费用与企业其他方面的支出也存在着替代效应。例如，物流费用与采购成本的替代效应就非常明显，原材料或零部件订货批量的缩小，固然大大节约了存货费用，但可能提高采购价格。

3. 供应链节点企业之间物流费用的替代效应

在供应链不同的节点企业之间，物流费用的替代效应同样存在。例如，要确保对顾客订单的履行速度，在生产企业的订单处理时间延误 1 天的情况下，如果第三方物流企业的送货时间提前 1 天，则可以弥补订货处理延误所造成的损失。

（三）横向可比性差

对于物流费用具体包括哪些内容，不同企业的理解和认识极其不同，使得它们所核算的物流总费用的实际内涵和外延大相径庭。这样，就带来了一个管理上的问题，即企业间难以就物流绩效进行有效的比较分析。

（四）综合反映性明显

由于物流活动涉及企业采购、生产、销售、回收、废弃等各个业务领域，因此，如果能够对各个业务领域的物流费用加以仔细的核算，物流费用就能够成为反映企业总体管理水平的一个综合性指标。只要检查企业的物流费用水平，就能对企业的整体经营管理水平有较准确的了解。

三、物流费用管理的概念及作用

所谓物流费用管理，是指通过对物流活动最终消耗的费用进行管理，以达到改进物流作业活动、提高物流管理效率的目的。从这一定义中我们可以看出，物流费用是物流费用管理活动的落脚点，而物流费用管理的目的是改进物流作业活动、提高物流管理效率。物流费用管理无论是对于企业还是对于整个国家而言，都具有重要的作用。

（一）物流费用管理对企业的作用

1. 物流费用管理是提高企业物流效率的基础

企业某项物流活动的效率及物流总体管理水平如何，关键取决于物流服务水平与物流费用支出的匹配是否合理。而要对这种匹配关系进行有效的分析，首先需要清楚地了解物流费用支出情况，对物流费用进行及时、准确的核算，以便发现差距之所在。物流服务水平与物流费用支出不匹配的那些活动就成为企业提升物流效率的重点环节。物流服务的总体水平与物流费用总支出不匹配的企业，应下大力气抓好物流管理工作。

作为物流费用管理的重要手段，物流费用预算应成为物流绩效改进的重要手段。通过为每项物流活动确定具体、明确的费用预算标准，就可以实现对物流绩效的事前控制，促使物流作业人员和管理人员致力于提高物流活动的绩效。

2. 物流费用管理有助于企业降低成本，提高价格竞争力

物流费用是企业产品总成本的重要组成部分，加强物流费用管理，可以使物流作业人员及管理人员关心物流费用的支出情况，致力于降低物流费用，从而降低产品的总成本，为企业产品降低价格奠定深厚的基础。国家发展改革委、中国物流与采购联合会统计调查显示：工业企业物流费用率（物流费用占销售额的比重）为 8.6%，批发和零售业企业物流费用率为 7.4%。物流费用率一直延续回落走势，但回落幅度有所趋缓，仍有进一步的挖潜空间。

（二）物流费用管理对整个国家或地区的作用

物流费用对于任何国家或地区而言，在 GDP 中都占有相当的份额，总体而言，发达国家的物流费用占 GDP 的比重呈现不断下降并趋于平稳的趋势。以美国为例，美国 2012—2022 年的商业物流费用占 GDP 的比例如图 14-1 所示，可以看出，美国商业物流费用占 GDP 的比例一般处于 7%～8%，由于通货膨胀和过热的劳动力市场所致，2022 年美国商业物流费用占 GDP 的比例达到了 9.1%，比 2021 年增加了 19.6%。2012—2022 年我国物流总费用占 GDP 的比例已由 19%降至 14.7%，但与发达国家和地区相比仍处于较高水平。可见，我国的物流费用水平仍高于发达国家，物流管理的效率与发达国家相比还有差距，强化物流费用管理对于提升我国的整体经济实力具有重要的意义。

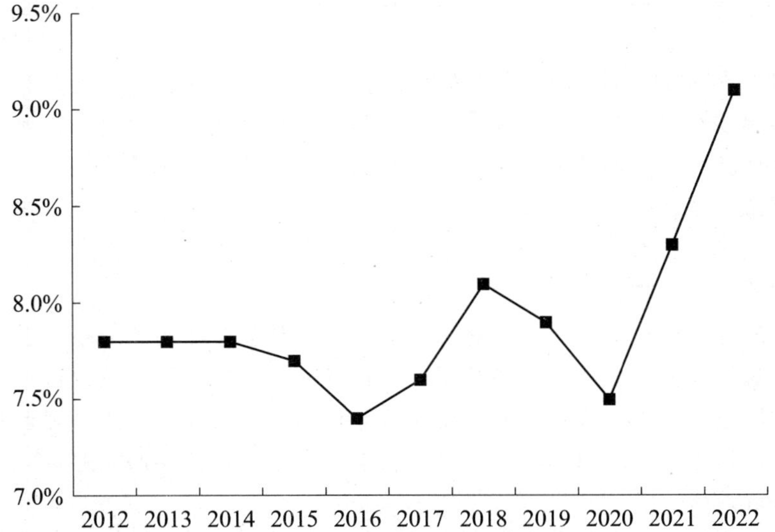

图 14-1　美国 2012—2022 年商业物流费用占 GDP 的比例

案 例

利丰集团对物流成本的控制

作为一家跨国商贸公司，利丰集团的主要业务分为经销、贸易出口和零售三项。秉承着供应链管理的理念，利丰集团将自己定位为服务供应链运作商，通过为客户提供设计、采购、生产、分销等服务将供应链各环节整合，降低物流成本，提升物流服务质量。

利丰集团的拉式系统

作为供应链服务提供商，利丰集团控制着供应链上游的业务。传统的推式系统强调“库存安全”，企业的订单数量会设定得略高于市场需求，以防出现缺货断货的情况。当产品滞销时，下游企业便会减少订单，产生“牛鞭效应”，库存堆积。这时，企业不得不采取降价销售的方式，以亏损的代价减少库存水平。

而利丰集团则采用拉式系统，以客户为中心，将市场需求立于供应链服务中的主导地位。虽然没有专业的工厂和员工，但利丰集团与超过 1.5 万家供应商保持着紧密联系，建立了虚拟生产网络。按照客户所描述的产品需求，利丰集团会从供应商所提供的方案中遴选出理念匹配、价格合理的产品设计，供客户选择。之后，利丰集团会将产品的设计图纸交由生产厂家，并将剩余的所有环节分配给不同的专业企业。一方面，客户的产品需求得到充分满足；另一方面，不同分工企业的专业性得以发挥，生产、仓储、物流等成本都有所降低。

2011 年，利丰集团和耐克中国合作，协助耐克中国物流中心的运作。利丰集团负责服装、鞋类、运动装备以及耐克高尔夫产品在内的物流运营。值得一提的是：该物流中心的投资与建设由耐克中国负责，而物流管理环节则由利丰集团全权掌控。通过引进仓库管理系统（WMS）、射频无线技术、语音终端引导技术等，仓储管理人员能够在短时间内定位产品位置，完成分拣、装箱等相关操作，并提供贴标签、组合商品等流通加工服务。在利丰集团的运作下，耐克中国物流中心的物流成本得到大幅降低，效率显著提高。

利丰集团也曾为 Diageo 公司提供增值服务。针对不同消费市场的产品，利丰集团将产品贴上不同标签加以区分，以便在半自动化的生产线上进行快速包装。利丰集团将尚未包装的产品存放在自己的物流包装中心，在投放数量下达后，再将产品进行包装封箱、运输至各个经销商。这样一来，产品与市场的距离被缩短，物流运输费用也会随之减少。同时，Diageo 公司的产品投放速度也会相应增加，可谓一举多得。

利丰集团的第四方物流

第四方物流是指以第三方物流为基础，能够全面整合整个物流和供应链系统，提供全面解决方案的物流服务集成商。利丰集团不仅仅将眼光局限于提供物流服务，而是立足于全价值链，力图整合上下游各环节的活动。依靠信息网络系统，利丰集团打造了虚拟供应链，虽然没有实体仓库和运输车队，但却能将全球物流合作伙伴联系起来，形成了覆盖全世界的物流网络。

对于客户的需求，利丰集团能够在后台进行快速匹配，提出高效、便捷、快速的物流运输方案。上游企业的前置时间、物料存储供应、生产规划的灵活性、产品设计和质量等是评估的重点。而到了下游企业，评估体系则会考察市场反应、销售预测、存储地点等指标。通过串联上下游企业、打通价值链，利丰集团可以提高物流运输效率，降低物流费用。

凭借着对物流成本的控制和服务型供应链企业的经营理念，利丰集团在供应链领域一直保持领先，并且作为案例，被多次写入《哈佛商业评论》。2022 年利丰集团的营业额超过 1 304.05 万元，在零售行业受到互联网冲击的今天，利丰集团取得这一成绩令人赞叹。

资料来源：刘林艳，宋华．服务化商业模式创新架构与要素研究：以利丰为例．管理案例研究与评论，2014（1）；汝楠．香港利丰集团的供应链模式探究．物流工程与管理，2017（9）；王曼霖．香港利丰集团的供应链管理对我国加工贸易公司的启示．现代营销（信息版），2020（1）.

第 2 节　物流费用管理的措施与方法

一、物流费用管理的措施

要达到降低物流费用、改进物流作业活动、提高物流管理效率的目的，物流费用管理可以采取以下措施。

（一）制定物流费用标准并进行有效的控制

企业需要就物流各项具体的作业环节及整体物流活动制定相应的费用标准，使得物流费用管理具有明确的努力目标和考核依据。在此基础上，围绕所制定的物流费用标准，建立相应的奖惩机制，通过对物流作业人员及管理人员进行定期考核，依据考核结果对他们进行奖惩。这样，物流作业人员及管理人员就具备了降低物流费用的积极性，自觉自愿地为实现企业的物流费用管理目标而不断努力。

（二）对物流活动进行系统优化

由于物流费用之间具有很强的替代效应，因此就有必要对物流活动实施一体化管理。这种一体化管理具体包括：第一，对企业内部的物流活动进行系统优化。针对企业内部存在的不同物流费用的替代现象，不应追求某种物流费用的最小化，而应以总体物流费用的最小化为目标，来确定企业的物流策略。第二，对企业内部的物流活动与其他活动进行系统优化。物流活动的优化必须与采购、生产、销售等其他活动的优化统筹考虑，实现企业总成本的最低。第三，对供应链所有节点企业的物流活动进行系统优化，通盘考虑企业内部物流活动的优化与供应链合作伙伴物流活动的优化。

系统优化的实现需要企业建立专门的对物流活动进行统一管理的部门，通盘考虑物流活动的系统优化问题。同时，要加强这一部门与其他部门，如采购部门、生产部门、市场营销部门等的沟通与协作，并注意与供应链合作伙伴的相互合作与配合。

（三）优选物流服务机构

优选物流服务机构是降低物流费用的重要措施。这首先要求企业在自营物流（或者由供应商或经销商提供物流服务）与第三方物流之间作出科学的抉择。如果企业选择第三方物流，还需要在众多的第三方物流企业中作出合理选择，围绕如何才能节约费用、加强控制性，考虑是选择一家第三方物流企业，还是选择多家第三方物流企业，确定选择第三方物流企业的取舍标准。

（四）优化顾客服务水平与物流费用支出的关系

一般而言，顾客服务水平与物流费用支出之间存在着正向相关性，物流费用支出越高，所提供的顾客服务水平就越高。但随着物流费用支出的增加，顾客服务水平的增加呈现出递减的趋势，最后顾客服务水平趋于稳定（如图 14－2 所示）。因此，在顾客服务水平达到一定程度之后企业再试图通过增加物流费用支出提高顾客服务水平是不经济的，此时，物流费用支出的增长比例远远超出顾客服务水平的增长比例。

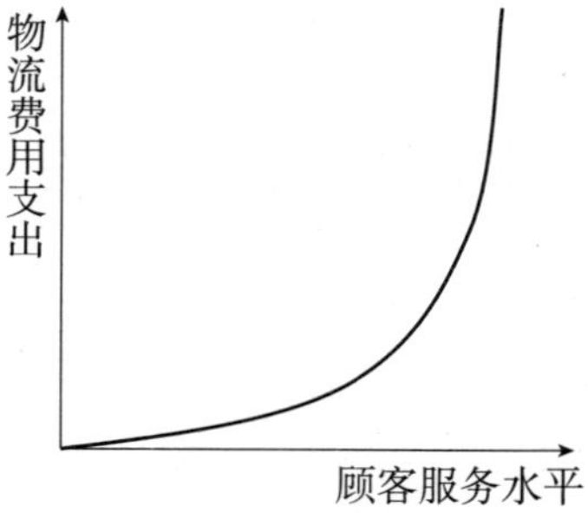

图 14－2　物流费用支出与顾客服务水平的关系

为了提供更好的顾客服务，企业首先需要详细了解顾客对企业物流服务的需求，为此，有必要与顾客进行全面、频繁的沟通。如果企业提供的某项服务对于顾客而言并不能带来多少实际价值，就会形成过度服务。这种过度服务虽然不能为顾客提供多少价值，但对企业的物流费用支出而言却是一项沉重的负担，应该予以清除。例如，如果 24 小时内送达就能满足顾客的要求，但企业在不了解顾客真实需求的情况下，却提出必须在 1 小时内送达，使得企业无法合理安排配送车辆及其装载能力，无疑会大幅度增加物流费用支出，而顾客满意度却不会有明显的提高。

（五）建立并完善物流信息系统

物流信息系统的构筑是为彻底实现物流费用的降低，而不是为向其他企业或部门转嫁成本奠定基础。建立并完善现代化的物流信息系统，能够提高物流作业环节的效率，确保物流管理的科学性、精确性，加快物流速度，减少物流中转环节，避免车辆空载、重复装卸搬运、迂回运输、过量库存等不合理物流现象的发生。

（六）推行物流标准化

在物流机械、作业程序、工作方法等方面推行标准化，制定统一的标准，并严格按照这些标准组织物流活动，具有以下好处：第一，有助于提高物流各环节的作业效率；第二，有助于确保企业内部物流各环节以及企业与其供应商、经销商、物流服务提供商衔接一致，加快物流的速度；第三，便于与国外物流设施的相互协调与配合，有助于开展国际交流与合作。所有这些最终都能够降低物流费用，提高经济效益。

广角镜

实施物流标准化推进工程

国务院办公厅印发的《"十四五"现代物流发展规划》提出，应完善现代物流标准体系，实施物流标准化推进工程。具体包括：加强多式联运、应急物流、逆向物流、绿色物流等短板领域标准研究与制定。制定、修订一批行业急需的物流信息资源分类与编码、物流单证、智慧物流标签标准，以及企业间物流信息采集、信息交互标准和物流公共信息服务平台应用开发、通用接口、数据传输等标准；完善包装、托盘、周转箱等标准，加强以标准托盘为基础的单元化物流系统系列标准制定、修订，加快运输工具、载运装备、设施体系等标准对接和系统运作，提高全社会物流运行效率；推动完善货物运输、物流园区与冷链、大件、药品和医疗器械、危化品等物流标准规范；推进危险货物在铁路、公路、水路等运输环节的标准衔接；加快制定智慧物流、供应链服务、电商快递、即时配送、城乡物流配送等新兴领域标准；推进面向数字化与智慧化需求的物流装备设施标准制定、修订；积极参与国际物流标准制定、修订。

二、定额物流费用管理法

所谓定额物流费用管理法，是指事先确定各项物流费用的定额，以此为依据，对实际发生的物流费用进行计划和控制的方法。

（一）物流费用定额的制定

物流费用定额是指在一定的前提条件下应该发生的合理物流费用。制定物流费用定额的依据主要是时间序列分析和同行业比较。

时间序列分析是在对企业以前的物流费用进行认真分析的基础上，剔除那些不合理的物流费用支出，并考虑企业未来一段时间内物流设施及作业条件的改善情况，合理确定未来的物流费用定额。能否正确地核算过去物流费用的大小、把握物流费用未来的发展趋势，是这种物流费用定额制定依据是否科学的关键。

同行业比较是依据同行业企业的物流费用标准确定企业自身的物流费用定额。尽管物流费用的横向可比性较弱，但如果企业注意收集相关的资料，也能收集到一些对自己有利的有关竞争对手物流费用的信息，作为自己制定定额的参考依据。在开展同行业比较时，企业应该注意确认所获得的信息是否真实、可靠、完整；否则，很容易导致错误定额的出台。同时，所制定的物流费用定额应该向同行业中较为先进的水平看齐，才具有较强的激励作用。

在国家尚未出台企业物流费用管理规定的情况下，企业可以先根据自己的实际情况和管理目标，制定一个试行的物流费用定额规则，利用这种物流费用定额规则进行管理，然后再根据该规则运行的实际情况对它予以完善。

（二）物流费用定额的实施

物流费用定额出台的关键在于有效执行，这样才能发挥作用。为此，以下两个方面的工作值得重视。

1. 落实定额的考核与奖惩

物流费用定额能否真正发挥作用，关键在于企业是否真正按照定额的要求对实际发生的物流费用进行有效考核。如果企业能够按照有关规定对实现了定额要求的物流作业人员或管理人员进行奖励，对未能完成定额要求的人员进行相应的处罚，就能够做到令行禁止，使定额管理落到实处。否则，物流费用定额就成了“写在纸上，贴在墙上，挂在嘴上，没有用上”的摆设，久而久之，就失去了它应有的作用。

2. 重点进行例外控制

物流费用定额管理的重点应放在例外控制上，即对于严重偏离费用定额范围的物流活动进行重点调查与分析，找出其超出费用定额的原因，如果是有关人员严重失职，则应提出严肃的处理措施，限令其改正；如果是定额本身不合理，则应重新调整定额。

三、ABC 法

ABC 法是物流费用管理的有效方法，有助于提高物流活动的效率。

（一）ABC 法的概念

ABC 法是 Activity-Based Costing 的首字母简称，中文可以翻译为作业成本法或基于活动的成本管理法，它将企业的生产经营过程划分成一系列作业（活动），通过对作业成本的计量，间接计算出产品的成本。ABC 法认为：成本的分配应着眼于成本的来源，把成本的分配与促使成本产生的原因联系起来，按成本产生的原因进行成本控制、汇集和分配，并在此基础上进行管理分析和决策。

（二）ABC 法的基本原理

1. 产品消耗作业，作业消耗资源

ABC 法首先要求对作业进行认定。作业（Activity）又称活动，是基本的工作单位。无论是产品的生产过程，还是产品的物流过程，都需要消耗相应的作业。例如，在配送中心，具体包括入库、上架、保管、拣选、包装、出库等作业。为有效地开展产品配送，上述作业是必不可少的。而这些作业，又需要消耗相应的资源，包括人力、物力、财力等。

2. 作业导致成本发生，作业是成本管理的重点

作业对资源的消耗导致成本的发生。例如，在配送中心，上述作业会形成人工费、场租费、设备折旧、材料费、信息费、利息支出等。关键在于，这些按照投入要素所形成的费用如何科学、合理地分摊到不同的作业中去。这样，就使得每一项作业的费用核算都能够准确地反映其真实的支出情况。例如，准确地核算出每件产品的包装费。对于 ABC 法而言，成本管理的重点就是每项作业。

（三）ABC 法与物流费用管理的优化

ABC 法使得相关的作业与其相应的成本支出建立了一一对应的关系。ABC 法的实施对优化物流费用管理大有好处。

（1）能够确认每项物流作业的实际费用，真实反映各项物流作业的效率，做到心中有数；

（2）按照不同物流作业对产品增值的贡献提出相应的处理措施，删除不增值的物流作业，改进或精简增值较少的物流作业，保留增值较多的物流作业；

（3）在不同的产品或顾客之间实现物流作业的共享，以降低单位产品的物流费用支出；

（4）挖掘企业现有物流资源的潜力，对富余的物流资源进行重组、出租或出售，提高企业物流资源的利用率。

本章小结

本章从物流费用的用途、发生领域、支付方式等角度对物流费用进行了分类，讨论了物流费用所具有的隐蔽性大、替代效应、横向可比性差、综合反映性明显等特点，指出物流费用管理无论是对于企业还是对于整个国家而言，都具有重要的作用，分析了物流费用管理的具体措施，并对定额物流费用管理法、ABC 法进行了简要介绍。

课后案例讨论

石钢公司：物流管理三板斧

河北钢铁集团石家庄钢铁公司（以下简称“石钢”）一直致力于建立“国内领先，国际一流”的特钢炼钢厂。为了实现这个目标，必须满足实施精细化管理这个前提条件。由于在钢铁公司的生产经营过程中，全部物流费用占据了总成本的很大比重，石钢的这一比例达到了 16%，因此，运用全物流成本管理对石钢就显得尤为重要。

创新物流管理

石钢目前的所有物流活动包括原材料的运输、厂区内部及厂区之间的搬运和面向顾客的销售，不仅环节较多、流程较长，而且工作量很大。为了强化物流管理，石钢提出了物流“五个定”的原则，强调专业化的管理和集中式的控制相结合的物流运营方式。具体说来，包括原材料存放在规定地点、车辆按照规定路线行驶、车辆配合规定时点发出和返回、车辆选择规定车型、管理责任分配下达到规定人员。石钢在对厂区的物料进行集中梳理后，划拨了各种物料的库存地点；划定了厂区车辆的运行路线，物流车辆必须在既定路线上高效行驶；按照原材料进厂到出厂的工序，在每一个环节都配备专门人员管理。

石钢的物流活动全部由第三方物流公司承接，为了强化管理机制，石钢对各项物流活动向社会进行公开招标，引入了公平的竞争机制，不仅降低了物流费用，而且获得了专业的物流服务。2013 年以来，石钢先后在烧结矿运输、返程物料运输、焦炭运输、出口材料运输和仓储作业等物流活动中进行了招投标，均取得了良好反馈和收获，仅烧结矿运输、返程物料运输和焦炭运输就为石钢带来了数百万元的收益。

物流信息化

石钢还利用信息技术保证物流运输的顺畅进行。

石钢的鑫跃焦化原料基地距离石家庄主厂区大约有 70 千米的路程。为了保证高炉正常生产，必须使这条靠汽车运输的生命线保持畅通，实时掌控烧结矿、焦炭运输的候车、在途和滞留情况。因此，石钢在这些运输汽车上安装了全球定位系统（GPS）和监控报警系统。在 GPS 的传统功能上，结合钢铁生产的特点，还植入了车辆运行方向、车辆实时轨迹、聚集报警、路线偏离报警和停车超时报警等特殊功能。

针对运输车辆在厂区内的运行，石钢开发了“物流一卡通”和自动排号系统。物流一卡通对物资进厂、场内周转和出厂全过程实施管理，物资数据能进行实时采集和调配。只要拿着物流一卡通，原来需要几分钟才能完成的进厂、过秤、卸货、打印单据、结账等流程只需要几秒钟就可以自助办理，大大提高了流程效率，还节省了人力成本开支。自动排号系统对进入厂区内的车辆自动排号，通知车辆待定顺序，在石钢进行检修和发生事故时，避免了运输车辆在厂区内长时间的等待，也保证了各个运输单位进厂的顺序公平。

关键物流指标的管控

为了确保实现降低物流成本的目标，石钢成立了物流费用管理和控制小组，对全公司发生物流成本的环节进行了统一的梳理，提出了降低物流费用的整体思路。石钢将公司的物流成本分成进厂物流、与鑫跃往来、厂内物流和出厂物流四个类别，对其中的每个环节进行细化和分工，制定出合理和节省费用的流程，优化了物流成本的结构，建立了管控物流费用的整体框架。

同时，石钢还将管控落实到 11 项关键的物流指标上。不仅每月都要对全部的物流费用进行指标分解，还要对日常的重点环节进行跟踪和考核，按照《石钢公司降低物流费用考核办法》强力执行，如在降低货运调卸、提高货运装车满载率等重点环节上下功夫。

资料来源：张欣欣．石钢：精细管理带来“提质增效”．现代物流报，2012－05－21；刘曙光．石钢强化全物流成本管理初见成效．中商网，2013－07－29；“车轮”上抠出 800 万：石钢公司加强物流管理、降低物流成本纪实．中国钢铁现货网，2013－12－13；张海宁，王超赛，张瑞雪．一个流精益生产管控系统在石钢的应用．河北冶金，2014（12）；高志红，于绍洋．石钢．向物流要效益．国企管理，2016（1）.

结合案例内容，试回答下列问题：

1. 石钢在物流管理上有哪些创新举措？

2. 能源企业的全物流成本管理包括哪些具体环节？

复习思考

1. 请从物流费用的特点的角度分析，为什么物流费用管理容易被一些企业管理层忽视。

2. 为了降低整个企业的物流费用水平，企业可以采取哪些措施？

第 15 章　物流信息系统

我们正处在信息源变化的一次新的大浪潮面前，必须紧紧抓住物联网这个重大机遇，推动中国的新发展。

——潘云鹤（中国工程院原常务副院长）

学习导航

◆ 了解物流信息的特点。
◆ 了解物流信息系统的构成。
◆ 掌握物流信息系统的设计原则。
◆ 掌握物流信息系统建设过程中的注意事项。
◆ 了解主要的物流信息技术。

引例

UPS：一家有卡车的技术型公司

联合包裹服务公司（United Parcel Service，UPS）于 1907 年成立于美国的西雅图，公司总部目前设在佐治亚州的亚特兰大市。作为全球最大的综合快递公司，UPS 每年处理 62 亿件货物，在全球设有约 1 800 处转运中心，同时拥有一条大型铁路、500 多架货运飞机组成的机队以及 1.25 万辆运送车，日处理包裹及文件达 2 430 万件，在全球 220 多个国家与地区送件。2022 年，UPS 的收入达到 100.3 亿美元，在全球快递业中位居前列。

随着计算机网络技术的普及应用，物流信息技术逐渐成为现代物流的核心能力，向顾客提供全面的物流信息服务已经成为快递行业中一个非常重要的竞争指标。从 20 世纪 90 年代开始，UPS 就一直致力于物流信息技术的系统建设和更新升级，在过去的 30 多年中，UPS 每年在全球范围内的科技投资约为 10 亿美元，建立起了以货物信息收集器、条形码系统、大规模数据中心等一系列先进的信息技术为支撑的高效物流信息系统。

以数据中心支撑物流信息系统运行

大规模数据中心是保证物流信息系统顺畅运行的基础，为此，UPS在全球范围内设立了23万多个工作站和1.5万台服务器，各个作业点、揽投车辆采集的信息，都能够通过工作站传送至信息中心。对于部分投送量特别大的客户，UPS还为其提供直接接入服务以提高信息收集效率。工作站所采集到的所有原始信息均在信息中心集中存储，并由全网共享。根据数据中心所收集的数据，UPS可以充分了解物流系统的运行状况，客户在世界上的任何地方都可以通过网络查询到自己的货物动态。

渗透到物流所有环节的信息技术

从信息源头的收寄环节开始，UPS就采用各种方法以保证信息化和标准化。针对商业性大客户，UPS出资为其配备网络终端和应用软件，同时给客户配备条码设备，客户通过终端填写交寄物品信息并生成条码，打印后粘贴到物品上，将UPS的信息网络延伸到客户；对于在UPS代理店交寄的物品，则由代理店负责生成条码。通过这样的分类操作，交寄量大的客户，交寄信息可直接传送至UPS信息中心；一般的客户则由揽收员揽收时扫描条形码，然后通过无线通信系统传送至处理中心。

包裹的分拣和追踪过程主要依赖于对条码的使用，UPS公司使用的条形码有两种：一种是二维码，包含收件人信息，用于分拣时的扫描；另一种是ID码，用于跟踪时的扫描。每件物品同时粘贴双条码。通过货件上的条码，UPS的员工能够得知该货件的重量、件数、所属运输类型、发运路向、具体投递地址等信息，将货件与卫星定位监控系统联系起来，并通过信息中心传送至后续环节，以方便后续环节提前安排人员、调配运能。

此外，完成分拣的包裹应被送往投递车。每一辆车都代表着一个道段，车内的搁架按照投递的顺次和时间摆放。在装车前，每件包裹都要扫描ID码，ID码的扫描信息将会传送至分拣中心的信息系统并上传至各投递车的勾核扫描设备。包裹到达各个配送地区后，将由车队送至不同的收货地点。为了让送货司机与每个运转中心保持联系，UPS给每辆车的司机都配备了简称DIAD的信息传送收集器，通过这一接收器，中央数据库能够为司机规划、选择配送路线。在投递员递送包裹前，都要领取包含待投包裹ID码信息的勾核扫描设备和DIAD。投递员每投递一件包裹，都要用勾核扫描设备进行确认，并将信息传送至数据中心，以便客户查询投递信息。

通过一整套精准的物流信息系统，UPS在世界范围为客户提供及时、贴心的服务，实现了物流环节的无缝对接，将专业化、现代化展现得淋漓尽致。《财富》杂志曾这样描述UPS：今天的UPS已经不再是一家拥有技术的卡车运输公司，而是一家有卡车的技术型公司。

资料来源：苏大军．“百发百中”的UPS：美国联合包裹服务公司．中外企业文化，2007（8）；康宁．UPS公司的网络组织与运作．中国邮政，2006（4）；隋秀勇．UPS如何助力高科技企业抢占国际市场先机？．现代物流报，2017-11-01；顾慧妍．要为高科技公司提供服务 物流巨头UPS也变身“科技控”．界面网，2017-08-19；姚子威．浅析UPS对我国快递业的启示．价值工程，2020（10）．

第 1 节　物流信息及物流信息系统

一、物流信息及其特点

在物流活动中，不可避免地会产生一系列的信息。物流信息有狭义和广义之分。狭义的物流信息指的是与物流活动直接相关的信息，如货物运输信息、库存信息、配送信息等。而广义的物流信息除包括狭义的物流信息外，还包括间接对物流活动构成影响的其他方面的信息，如商品交易信息、市场需求信息等。

高效的物流与高效的信息流密不可分。在物流活动中，信息的作用主要体现在以下几个方面：第一，信息提供具体的物流作业指令；第二，信息是评价物流活动绩效的依据；第三，信息是改进物流效率、实施物流决策的基础。

物流信息具有以下几个特点。

（一）信息量大

物流信息随着物流活动的展开而大量生成，而且，为了提高物流活动的顾客服务水平，企业所需掌握的物流信息呈现出迅速增长的趋势。尤其是随着物流向小批量、高频次的方向发展，物流信息处理的数量逐渐增多。

（二）时效性强

物流信息的价值随着时间的推移呈现出迅速衰减的趋势，一旦错过了使用的时机，就变得毫无价值。例如，对于企业而言，在返程的车辆发车之前，如果能够及时掌握有关返程货物的货运需求信息，就能够有效利用返程车辆的装载空间。而如果这一信息在车辆返回始发地之后才获得，就没有什么价值了。

（三）来源多元化

物流信息不仅来自企业的物流部门，而且来自企业的其他部门，如采购部门、生产部门、销售部门等，同时还来自企业以外的其他机构，如供应商、经销商、物流服务提供商、最终顾客、相关的政府部门及行业协会等。

二、物流信息系统及其构成

物流信息量大、时效性强、来源多元化的特点，使得依靠手工管理物流信息的效率低下，不利于提高物流效率。尤其是随着企业规模的扩大，如果不借助现代信息技术建立物流信息系统，企业要提升竞争力是不可能的。

物流信息系统是企业管理信息系统的一个重要子系统，通过计算机对与企业物流相关的信息进行加工处理来实现对物流的有效控制和管理，为企业高级管理层提供相关战略及决策支持。物流信息系统是企业物流活动的中枢神经，通过信息在物流系统中快速、准确、实时流动，可使企业能动地对各项物流作业进行有效的计划、组织和控制。

物流信息系统包括以下主要的功能模块。

（一）订货处理及查询系统

订货处理及查询系统负责接收经销商及最终顾客的订货，并迅速将顾客订单转化为零部件和原材料的生产、采购指令，将顾客付款信息传递给企业财务部门，同时，为顾客提供查询界面，使他们能够很方便地查询到有关产品及其订货处理、发货的信息。

（二）存货管理系统

存货管理系统包括入库管理、在库管理、出库管理等内容，对出入库货物进行登记，合理分配仓位，了解货物状况，其管理的重点在于合理利用仓储的资源，确保货物的品质。在存货管理系统中会使用条形码技术、射频技术等先进的物流识别技术。

（三）订货系统

订货系统负责统计企业对原材料、零部件或产成品的需求，向供应商订货，下达订单。

（四）运输管理系统

运输管理系统管理的内容是：通过比较运输费用和服务要求，对运输方式进行选择，对自有的和协作的车辆进行调度和监控，合理开展有关货物的配载，进行运输路线的选择和规划。在必要的情况下，运输管理系统应积极采用地理信息系统（GIS）、全球定位系统（GPS）等先进的技术。

（五）配送管理系统

配送管理系统负责调配配送车辆、组织配送人员、确定配送路线和配送车辆的装载水平以及通知接货方做好接货准备。

（六）报关管理系统

对于跨国采购、跨国生产、跨国销售的企业而言，物流信息系统中有必要增加报关管理系统。报关管理系统集报关、商检、卫检、动植物检疫等功能于一体，能够满足电子报关的需求，真正使国际物流成为无缝物流。当然，也有很多企业将这一功能委托给第三方物流企业。

（七）物流行政管理系统

物流行政管理系统的主要功能是对物流管理人员进行合理的组织和调配，加强物流管理人员的办公费用管理，节约相应的办公费用，提高办公效率。

三、物流信息系统的建设

（一）物流信息系统的设计原则

在对物流信息系统进行设计的过程中，必须遵循以下基本原则。

1. 可靠性原则

在正常情况下，系统的硬件和软件必须具有很强的可靠性，能够向物流作业人员和管理人员提供及时、准确的信息。无论输入的数据多么复杂，只要是在系统设计要求的范围内，都能输出可靠的结果。对于需要保密的信息，具有可靠的保密措施，能够有效防止信息泄露。在出现意外的情况下，能够确保数据不丢失，并迅速启用备用系统。

2. 经济性原则

在满足设计要求的情况下，系统软件、硬件的选择应做到经济、适用，不能盲目追求技术上的先进性。同时，在系统设计阶段，就应该考虑系统正式投入运行后的运行维护费用，在同等情况下，优先选择运行维护费用低的设计方案。

3. 标准化原则

物流信息系统的设计应尽可能实现标准化，采用标准化、通用化的软件、硬件，以便与企业管理信息系统的其他子系统以及企业各合作伙伴的管理信息系统无缝链接。

4. 灵活性原则

为满足特定顾客的个性化需求，物流信息系统在设计时就必须考虑其灵活性，有能力针对顾客的特殊需求提供定制化的服务。同时，物流信息系统应能够根据未来物流作业和物流管理需求的变化进行更新与改进，使系统实现有效升级。

（二）物流信息系统建设过程中的注意事项

在物流信息系统的建设过程中，以下方面需要引起企业的格外重视。

1. 做好需求分析

有效的需求分析是物流信息系统开发的基础，只有充分理解了企业对物流作业及管理的需求，才能提出可行的系统建设方案，使系统的建设真正符合企业的要求。否则，即便采用最先进的计算机设备，选择最有实力的软件公司，对提高物流信息系统的效率帮助也不会很大。

2. 适度超前

由于物流信息系统具有较长的使用周期，因此，在进行系统建设时，必须有一定的前瞻性，考虑到未来物流量的增长和需求要求的提高。

3. 分步实施

由于物流信息系统的涉及面广，为了使系统的建设建立在积极稳妥的基础上，系统的建设一定要从实际出发，量力而行，循序渐进，从最迫切、最容易满足的物流需求入手，逐步发展。

（三）物流信息系统的发展趋势

新一轮科技革命要求加快现代物流技术创新与业态升级，应加快数字化转型和智能化升级步伐，促进物流业高质量发展。在新发展格局下，需持续推进工业互联网、物联网等新型基础设施建设，推广先进物流技术，打造数字化供应链。随着信息技术日新月异的发展，物流信息系统不断更新和升级，呈现以下发展趋势。

1. 智能化

专家系统、人工智能、仿真学、运筹学、智能商务、数据挖掘和机器人等相关技术已经有比较成熟的研究成果，并在诸如物流网络的设计与优化、运输（搬运）路径的选择、运输的装载量选择、多种货物的拼装优化、运输工具的排程和调度、库存水平的确定、补货策略的选择等方面得到了越来越广泛的应用。

2. 标准化

标准化技术是现代物流技术的一个显著特征和发展趋势，同时也是现代物流技术实现的根本保证。货物的运输配送、存储保管、装卸搬运、分类包装、流通加工等各个环节中信息技术的应用，都要求一套科学的作业标准。只有实现了物流系统各个环节的标准化，才能真正实现物流技术的信息化、自动化、网络化、智能化等。

第2节 物流信息技术

一、计算机网络技术

计算机网络技术把分布在不同地理区域的计算机与专门的外部设备用通信线路互联成一个规模大、功能强的网络系统，从而使众多的计算机可以方便地互相传递信息，共享信息资源。从发展历程看，主要经历了 EDI 技术和互联网技术两个阶段，物联网技术实际上属于互联网技术的一种延伸。

（一）EDI 技术

1. EDI 的发展与应用

EDI 技术产生于 20 世纪 60 年代的美国，它通过架设专用增值网（Value-added Network，VAN）将企业内部以及不同企业之间的计算机系统连接起来，采用 EDI 传输信息，各企业必须遵守统一的商业操作标准，采用标准的报文形式和传输方式，曾被广泛采用的是联合国贸易数据交换标准（UN/EDIFACT）。EDI 所传输的数据包括各种商业单证及凭证，如订单、回执、发货通知、运单、装箱单、发票、进出口申报单、报税单、缴款单、进出口许可证、信用证、配额证、检疫证等。企业的计算机可以从 EDI 所传送的标准结构的报文中识别并挑选出有用的数据，直接送达应用系统的数据库中，应用系统也可以自动产生交易所需的报文，通过 EDI 送达合作伙伴的计算机中，交易过程无须人工干预。

2. EDI 在物流管理中的优点和缺点

EDI 自 20 世纪 80 年代起得到了较快的发展。在物流活动中，企业与其供应商、经销商、第三方物流企业、承运商、仓库等可以通过 EDI 进行物流数据交换。EDI 的优点表现在以下几个方面：第一，消除了纸张处理流程，节省了人力费用，降低了纸张使用成本；第二，加快了数据传输的速度，提高了数据传输的效率；第三，无须重复录入数据，避免了重复录入过程中的错误。

EDI 也有明显的不足之处，具体表现在以下两个方面：第一，架设专用增值网需要较高的成本，基础投资较大；第二，制定和满足 EDI 标准较为困难。上述不足之处限制了中小企业和最终消费者对 EDI 的使用，只有那些规模较大的企业才因为具有规模经济效应而从 EDI 中获益。

（二）互联网技术

1. 互联网的兴起

互联网（Internet）是一个基于 TCP/IP 协议簇所形成的连接各个国家、各个地区、各个机构的计算机网络的数据通信网。其前身是于 1969 年由美国国防部高级研究计划局（Defense Advanced Research Projects Agency，DARPA）建立的 ARPAnet，最早用于军事目的。1983 年，ARPAnet 分裂为两个部分，即用于纯军事目的的 MILnet 和用于民用目的的 ARPAnet。此后，人们称呼以 ARPAnet 为主干网的国际互联网为 Internet。20 世纪 80 年代以来，随着 Internet 在美国获得巨大的发展，世界其他国家或地区纷纷加入其行列，但在 20 世纪 90 年代以前，Internet 主要局限于科学研究和教育领域。20 世纪 90 年代以后，Internet 已经发展成一个连接世界各个角落的“全球网”，逐渐渗透到人们日常生活的方方面面。

2. 互联网在物流管理中的优点

20 世纪 90 年代以来，互联网的商务应用得到了飞速发展。通过采用 ERP（企业资源计划），企业首先在内部建立起高效的内部网（Intranet），以保证信息在企业内部流动的顺畅；并与供应商、经销商、物流服务提供商、最终顾客等通过 Internet 建立起跨组织的外部网（Extranet），以达到商务电子化、作业同步化、资源共享化的目的。在 Intranet 和 Extranet 之间，通过专用的软、硬件设置防火墙，控制不同信息的使用权限。

在物流管理中，互联网作为物流信息传输的手段具有以下几个优点：第一，与 EDI 架设专用增值网不同，Internet 是一个开放的公共网络，信息传输费用非常低；第二，中小企业、最终顾客与大企业在信息获取、处理上处于同等的地位，可以利用 Internet 传输数据；第三，物流信息可以实现整个供应链上的传输和共享，大大提高了物流、仓储效率，有效降低了物流费用。

（三）物联网技术

党的二十大报告指出，优化基础设施布局、结构、功能和系统集成，构建现代化基础设施体系。加快发展物联网，建设高效顺畅的流通体系。[①]

物联网的概念于 2005 年 11 月由国际电信联盟（ITU）在《ITU 互联网报告 2005：物联网》中正式提出。物联网（Internet of Things，IoT）是基于互联网、传统电信网等信息承载体，应用各类传感器与互联网相互衔接的一种技术，它使得所有能够被独立寻址的普通物理对象实现互联互通。

物联网是对互联网技术的延伸，融合生物技术、自动化技术、机械技术、材料技术、电子技术等多领域技术手段，以实现将任何物体与网络相连接，物体通过信息传播媒介进行信息交换和通信，以实现智能化识别、定位、跟踪、监管等功能。物联网技术与射频识别技术（RFID）、GPS、GIS 等技术结合，推动了物流信息技术的发展。

二、条形码技术

（一）条形码及其分类

条形码（Barcode）是一种能够由光电扫描识读设备自动读取并实现信息自动输入计

---

① 习近平．高举中国特色社会主义伟大旗帜 为全面建设社会主义现代化国家而团结奋斗：在中国共产党第二十次全国代表大会上的报告．北京：人民出版社，2022.

算机的图形标识符号。条形码的采用，为快速、准确、可靠地采集数据提供了有效的手段。

按照其使用目的和所包含信息的不同，条形码可以分为不同的类型。

1. 商品条形码

商品条形码是以直接向消费者销售的商品为对象，以单件商品为单位使用的条形码。使用商品条形码的目的是区别单品。常见的商品条形码有 EAN-13 码和 EAN-8 码等。

EAN-13 码属标准码，由 13 位数字构成，其中，前 3 位为国家或地区代码，中国的代码为 690、691、692；第 4～7 位代表生产厂商，在我国，由中国物品编码中心分配给各申请厂商；第 8～12 位代表商品，各申请厂商可自由设定；最后一位为校验码，按算法求得，用于防止扫描读取错误。EAN-8 码属缩短码，用于包装面积或印刷面积不足以印制标准码的商品，由 8 位数字构成。

2. 物流条形码

物流条形码是指便利物流作业，以集合包装商品为单位使用的条形码。常见的物流条形码有 DUN-14 码、DUN-16 码、EAN/UCC-128 码等。

DUN-14 码属标准码，由 14 位数字构成，其中，第 1 位为物流标识码，如“1”代表集合包装容器内装 6 件商品，“2”代表集合包装容器内装 12 件商品；其他 13 位与商品条形码相同。DUN-16 码属扩大码，第 1 位为备用码，第 2～3 位为物流标识码，第 4～16 位与商品条形码相同。

由于前两种物流条形码都属于不携带信息的标识码，无法提供物流活动过程中所需要了解的生产日期、有效日期、运输包装序号、重量、体积、尺寸、送达地址等信息，在这种情况下，EAN/UCC-128 码便应运而生。EAN/UCC-128 码由国际物品编码协会、美国统一代码协会等机构编制而成，是一种连续的、非定长的、有含义的高密度代码。对 EAN/UCC-128 码的印刷要求较为宽松，在许多粗糙、不规则的包装上也可以印刷。

3. 二维码

随着数字技术的发展，出现了能够比一维条形码包含更多信息的二维码。一维码只能在一个方向（一般是水平方向）上表达信息，而二维码则在水平方向和垂直方向都可以存储信息。一维码只能由数字和字母组成，而二维码能存储汉字、数字和图片等信息，因此相对于一维码而言，二维码的应用领域要更加宽广。

二维码技术发端于 20 世纪 80 年代，发展到现在，二维码符号表示技术已经有了较大的进步，研究出了包括 PDF 417、QR Code、Code 49、Code 16K、Code One 等在内的多种码制。与一维码相比，二维码信息技术有了较大的提高。二维码的应用范围日渐广泛，因此，国际自动识别制造商协会（AIM）等组织制定了不同码制的符号标准，以提高二维码应用的标准化程度。

我国对二维码的研究也不断深入，中国物品编码中心在借鉴外国已有技术、资料的基础上，制定出了两个二维码的国家标准：《二维条码　网格矩阵码》（SJ/T11349—2006）和《二维条码　紧密矩阵码》（SJ/T11350—2006）。

（二）条形码技术在物流管理中的作用

在企业的物流运作过程中，会产生大量的数据。如果用传统的手工作业方式收集这些数据，不仅录入速度慢，而且出错率高。条形码技术将符号编码、数据采集、自动识别、自动录入、存储信息等功能融为一体，能够有效地解决物流过程中大量数据的采集与自动录入问题。

作为自动化的信息录入方式，条形码技术具有成本低廉的特点，其制作费用是射频卡的 1/60～1/30，因此，成为迄今为止运用最广泛的自动识别技术。同时，其初始投入不高，一套条形码生成与识别设备的总投资约为 1 万元人民币。

三、射频识别技术

（一）射频识别技术的发展

射频识别技术（Radio Frequency Identification，RFID）是一种无线通信技术，利用无线射频方式在阅读器和射频卡之间进行非接触双向数据传输，能够有效识别目标并进行数据交换。RFID 技术很早就已经出现，起源于英国，是从雷达技术中衍生出来的，应用于第二次世界大战中辨别敌我飞机身份。RFID 技术从 20 世纪 60 年代开始被应用于商业领域，但应用领域较为有限，直到 20 世纪 90 年代才被应用于多个领域。

随着 RFID 芯片造价成本的降低，越来越多的企业开始采用这一新技术。2020 年全球 RFID 芯片市场规模达到 15.9 亿美元，2016—2018 年的年均复合增长率为 7.3%。在国内市场方面，2020 年中国 RFID 芯片市场规模达到 52.1 亿元，2016—2018 年的年均复合增长率为 8.8%。

（二）射频识别技术在物流管理的应用优势

RFID 技术可识别高速运动物体并可同时识别多个标签，进行双向读取和写入操作，在现代物流管理中具有较为广阔的应用前景。射频系统通常由射频卡、读写器两部分组成。射频卡是射频系统的数据载体，放置在需要识别的物品上。由于射频卡具有读写能力，其存储的数据内容可以根据需要予以改变。相对于条形码而言，射频卡能够储存更多的数据，且不局限于视线范围，识别距离比光学系统远。射频技术适用于物流活动中非接触数据采集和交换的场合。

相较于其他识别技术，RFID 技术拥有突出优势：第一，扫描速度快。RFID 技术能够同时识别、读写多个目标，且扫描速度快，应用场景多样化。第二，应用形态多样化。RFID 技术的读写功能并不会受设备尺寸、形状的限制，且随着技术的成熟，RFID 设备向小型化、多样化方向发展。第三，耐久性、抗污染性强。RFID 技术的数据存储于芯片中，而不是外包装上，不容易受到运输过程的污损，具有显著的抗污染性，RFID 技术设备具有耐久性。第四，可重复利用，使用成本相对较低。

四、地理信息系统技术

地理信息系统（Geographical Information System，GIS）是一种以地理空间数据为基础，采用地理模型分析方法，通过结合地图、网络信息、遥感成像等技术，将指定区域内所发生的事件成像化、信息化的技术系统。地理信息系统从 20 世纪 60 年代开始得以运用，它的显示范围可以从洲际地图到非常详细的街区地图。它的诞生改变了传统的数据处理方式，使信息处理由数值领域步入空间领域。

由于物流管理涉及大量的空间位置优化问题，因此，利用 GIS 来管理大量的物流信息，不仅可以将物流信息在空间上直观明了地显示出来，而且可以利用这些信息支持高效率的物流管理决策。通过各种软件的配合，地理信息系统可以建立车辆路线模型、网络物流模型、分配集合模型、设施定位模型等，更好地为物流决策服务。

五、全球定位系统技术

全球定位系统（Global Positioning System，GPS）是指利用空中卫星在海、陆、空进行全方位实时三维导航与定位的信息系统。GPS 属于第二代卫星导航系统，能够提供全球、全天候、连续、实时、高精度的三维位置、三维速度和时间信息。GPS 最早用于军事目的，现已广泛运用于众多的民用领域，对于提高运输效率有较大的帮助。2022 年，我国 GPS 产业总体产值达到约 5 007 亿元，相比上一年增长了 6.53%。

（一）GPS 的构成

GPS 由空中卫星系统、地面监控系统以及用户接收系统 3 个子系统构成。空中卫星系统由高度为 2 万千米的 24 颗卫星组成，其中，21 颗为工作卫星，3 颗为备用卫星，空中卫星系统的主要任务是播发导航信息。地面监控系统负责对空中卫星系统进行监测、控制，并向每颗卫星注入更新的导航电文。用户接收系统负责接收卫星发射的信号，根据所接收到的导航电文提供的卫星位置和钟差改正信息计算自己的位置。用户只需购买 GPS 接收机，就可享受相关的服务。

（二）GPS 在物流管理中的用途

在物流管理中，GPS 技术可以运用于公路运输、铁路运输、水路运输、航空运输等领域，具体有以下用途：第一，定位功能，以电子地图的方式确定运输工具的位置，控制中心可以随时了解运输工具的位置，司乘人员可以随时确定自己的位置；第二，实时跟踪功能，了解运输工具及货物的状态，尤其对于那些运输价值较高的车辆或运输危险品的车辆而言，有助于确保车辆和货物的安全；第三，双向通信功能，控制中心和运输工具的司乘人员可以利用系统进行双向通信，便于对运输工具进行调度，合理安排运输工具的装载能力，选择最佳的行车路线，避免交通拥堵。

六、遥感技术

（一）遥感与遥感技术系统

遥感（Remote Sensing，RS）是指在不与探测目标接触的情况下，通过遥感器这类对电磁波敏感的仪器获取目标物体反射、辐射或散射的电磁波信息，并对其进行处理、分析，从而揭示目标物的特征、性质及变化的学科和技术。

遥感技术系统是一个应用于从地面到空中直至整个空间的，进行信息收集、存储、传输处理、判读分析与应用的技术体系。遥感的实施必须依赖遥感技术系统，遥感技术系统主要包括遥感信息源（目标物）、信息的获取、信息的接收与记录、信息的处理以及信息的应用。

（二）遥感技术在物流管理中的用途

遥感技术在物流中的直接应用很少，一般情况下都是与 GPS、GIS 配合使用，共同为物流服务。3S（即 GPS、GIS、RS）结合应用形成了“一个大脑，两只眼睛”的框架，遥感技术从数据源的角度为 GIS 提供或者更新数据，GPS 向 GIS 提供空间定位信息，GIS 从 RS 和 GPS 提供的浩如烟海的数据中提取有用信息，进行相应的空间分析、综合集成，并以可视化的形式进行结果展示，使之成为物流作业和物流决策的科学依据。

案　例

航天信息股份有限公司的奥运食品追溯系统

航天信息股份有限公司（以下简称“航天信息公司”）成立于 2000 年，是一家以信息安全为核心技术的 IT 行业高新技术公司。自成立以来，航天信息公司一直以成为中国信息服务行业的主要推动者为目标，推进企业发展。2017 年通过 CMMI5 级评估，2016 年获得“国家安全可靠计算机信息系统集成重点企业”的荣誉称号，并曾在 2010 年中国 RFID 物联网发展年会上获得“RFID 领先企业奖”“RFID 市场开拓奖”“电子标签优秀企业奖”“RFID 优秀应用成果奖”“中国物联网优秀应用示范项目奖”5 项大奖。值得一提的是：2008 年，航天信息公司为北京奥运会设计并管理的食品追溯系统，体现了其强大的信息技术和物流管理能力。

食品追溯系统对信息技术的要求极高，因为食品流通不仅涉及生产、加工、运输、仓储和配送等诸多环节，而且要对生产厂家、物流公司、运输车辆进行监控和管理，这就要求系统能够在食品流动中进行监控，能够方便地进行信息采集、传输、汇总和查询等。综合这些因素，航天信息公司根据奥运食品安全的特点提出了奥运食品追溯系统解决方案。该系统以 RFID 电子标签为基本流动数据载体和基本信息单元，采用先进的信息传输技术、计算机网络技术、数据库技术，使奥运食品的管理组成一个完整的动态实时的人机系统，保障奥运食品安全。

航天信息公司所设计的奥运食品追溯系统解决方案使用的硬件设备包括：GPS 车载终端和 RFID 读写器及电子标签。GPS 车载终端用于监控和使用 GPS 车载终端配置工具进行设备调试，可通过手机短信自动获得或手动获得信息；RFID 读写器及电子标签则可根据应用程序编辑界面进行功能转换和读写操作，拥有超长距离的射频范围，并可根据传输功率进行调整，运用无线终端转发，将数据传递至接收器或个人电脑。

在食品运输过程中，RFID 读写器通过无线方式读取冷藏车厢内的 RFID 电子温度标签，并通过数据线传输给 GPS 车载终端设备，同时 GPS 车载终端设备通过外置天线接收 GPS 定位卫星的定位信息。GPS 车载终端设备在获得温度信息和 GPS 定位信息后，通过 GPRS 无线网络发送到短信服务中心，短信服务中心再通过 APN 专用隧道将加密数据经路由器发送到 GPS 通信网关，最后传输到数据库服务器。

通过采用 RFID 技术并依托网络技术及数据库技术，航天信息公司的奥运食品追溯系统实现了信息的融合、查询、监控，为每一个生产阶段以及分销到最终消费领域的过程提供针对每件货品安全、食品成分来源及库存控制的合理决策，实现食品安全预警机制。RFID 技术贯穿于食品安全的始终，包括生产、加工、流通、消费等各环节，全过程严格控制，建立了一个完整供应链的食品安全控制体系。

从物流效果来看，航天信息公司的奥运食品追溯系统具有一系列的优势：利用 RFID 系统的特性达到对食品的安全与追溯管理，相比记录档案追溯方式更加高效、实时、便捷；在食品供应链中提供完全透明的管理，保障食品安全全程可视化监控与追溯；对有可能出现的食品安全隐患进行有效评估并为科学预警提供依据；数据能够通过网络实现实时、准确报送，便于快速、高效地做更深层次的分析研究；通过网络，消费者可查询所购买食品的完整追踪信息。

奥运会期间，奥运食品追溯系统的整体运行状况良好，监管人员根据奥运食品追溯系统备案信息对奥运供应企业的食品进行了严格审核，并通过该系统对每天配送到各个运动场馆和奥运村餐厅的食品（重点是冷藏食品）进行了严格监控，对出现运输途中食品温度超标、系统中没有配送记录的食品等情况，进行了应急处理，既保证了食品的安全，又没有影响运动员的正常饮食，最终实现了奥运会期间奥运食品未出现任何问题，保证了奥运会的圆满成功。

资料来源：兰洪杰，黄锋权，林自葵．2008 年北京奥运会食品可追溯系统设计．中国储运，2008（5）；航天信息承建奥运食品安全追溯系统．信息与电脑，2008（8）；佟龄．继续领军物联网应用 航天信息获年度中国物联网 RFID 发展年会三项大奖．物联网技术，2013（6）；唐寒彬，杨秀刚．中国航天信息股份有限公司创新管理影响因素研究．现代经济信息，2015（7）；陈晓晟．航天信息从硬件到服务质变 物联网业务突破或打开新蓝海．通信信息报，2018－08－22.

七、POS 技术

POS 技术是指在销售商品时通过自动读取设备直接读取商品的相关信息，如品名、单价、销售数量等，并通过计算机网络传送给有关部门进行分析，以提高管理效率的信息技术。

在零售企业中，顾客在结账时，收银员利用扫描设备自动读取商品条形码，完成结算过程，并获得有关交易信息。这些信息通过计算机网络直接传输给总部或配送中心，总部或配送中心根据这些信息，改进商品配置、商品陈列、价格制定等经营策略，确定订货、配送及存货调整等物流策略。

如果零售企业与其分销商、生产企业、物流服务提供商建立了战略伙伴关系，还可以让这些合作伙伴共享 POS 信息，使他们尽快了解有关产品的销售、库存信息以及最终顾客的需求趋势，从而更准确地做好需求预测，制订及时、准确的生产、经营计划，提高货物供应的效率。POS 技术的应用效果见表 15－1。

表 15－1　POS 技术的应用效果

作业水平	收银台业务的省力化	商品检查的时间缩短 高峰时间的收银作业变得容易 输入商品数据的出错率大为降低 职工培训的时间缩短 核算购买金额的时间大为缩短 店铺内的票据数量减少 现金管理合理化

续表

作业水平	数据收集能力的提高	信息发生时点收集 信息的可信度强化 数据收集的省力化、迅速化、实时化
店铺营运水平	店铺作业的合理化	提高收银台的管理水平 贴商品标签、贴价格标签、改变价格标签的作业迅速化和省力化 随时掌握商品销售数量和现金额 输入数据作业检查的简便化 店铺内的票据数量减少
	店铺营运的效率化	库存水平的掌握 人员配置效率化、作业指南明确化 销售目标实现程度的测定变得容易 按照时间段实施减价促销变得容易 撰写销售报告变得容易 畅销商品信息和滞销商品信息的掌握变得容易 货架商品陈列、布置的合理化 易于发现不良库存 对特殊商品开展单品管理成为可能
	资本周转率的提高	预先采取措施以避免缺货现象发生 库存水平合理化 商品周转率提高
	商品计划的效率化	销售促进方法的效果分析 把握顾客购买动向 按商品品种进行利润管理 基于销售水平制订采购计划 有效的店铺空间管理 基于时间段的促销活动效果分析

资料来源：宋华，胡左浩．现代物流与供应链管理．北京：经济管理出版社，2000：329－330.

课后案例讨论

白沙烟草：利用 GIS 系统实现优化配送

河北白沙烟草有限责任公司是中国烟草总公司下属的河北省重点骨干企业。公司前身是石家庄卷烟厂，经过 50 多年的发展，已逐步成长为一家大型国有企业。白沙公司目前下统灵芝卷烟材料厂，年生产能力为 60 万箱，主要产品有“新石家庄”“白沙”等。2020 年公司销售额达到 110 亿元。随着公司规模的扩大和市场范围的拓展，物流配送呈现出更明显的跨地区趋势，对城市物流的配送需求也日渐增强。但物流配送规模的扩大、订单数量的增加、客户的频繁变动、配送车辆数目的增多，使得白沙公司的物流配送服务无法达到全局最优，车辆使用率偏低，出现了运输路线选择不合理、重复迂回运输等问题，造成配送成本的增加和服务效率的降低。在这种情况下，降低物流成本，提升公司总体绩效，提高配送系统决策的科学性、可视性和信息化程度就非常有必要了。为此，白沙公司成立了专门的物流公司，并在物流公司中引入了地理信息系统（GIS），与物流配送系统集成运作，优化配送中心的布局和配送点的分布，力图以最少的运输成本、最短的运输距离和最短的时间完成配送。

白沙烟草物流公司已启用的烟草配送GIS及线路优化系统所使用的技术包括国际上已经较为成熟的网络数据库、WEB/GIS中间件、GPS、GPRS通信技术，所使用的核心技术平台是金启元科技发展（北京）有限公司的地图引擎中间件产品。通过将这些先进技术与白沙的物流实际相结合，白沙烟草物流公司开发设计出了集烟草配送线路优化、烟草配送和烟草稽查车辆安全监控、烟草业务（访销、CRM等）可视化分析、烟草电子地图查询于一体的物流WEB/GIS综合管理信息系统。该系统利用WEB/GIS强大的地理数据功能来完善物流分析，及时获取直观可视化的第一手综合管理信息，既可直接合理调配人力、运力资源，获得最佳的送货路线，又能有效地为综合管理决策提供依据。系统中使用的GPS技术可以实时监控车辆的位置，根据道路交通状况向车辆发出实时调度指令，对车辆进行远程管理。

目前各商业公司的车辆调度及监控以人工为主，平均满载率为66%。通过GIS车辆调度系统，车辆满载率设计值为98%，同时加强车辆运输途中的监控与管理，使车辆的有效运行时间提高，减少配送车辆，降低运输成本，经过GIS计算自动生成的优化配送线路图，可指导烟草配送员大大提高送货效率，节约配送成本。GIS优化了配送点的建设，缩短了配送时间，整合了车辆资源，提高了满载率，提高了客户服务水平。白沙物流烟草配送GIS及线路优化系统的上线运行，标志着白沙烟草物流的信息化建设迈上了一个新的台阶，必定会在规范日常运作、提升公司形象、打造数字化的跨区物流的进程中起到巨大的推动作用。

国内的烟草物流对于GIS的应用存在认识上的偏差，大部分烟草物流应用只是单纯地利用GPS技术实现了查询烟草物流配送车辆的位置、轨迹，对于干线运输来说，基本可以满足要求，但对于烟草访销配送最基础的基层地市烟草公司，特别是对于适应城网和农网烟草大集中的多点配送应用来说，只知道车的位置是远远不够的。合理的配送线路优化和按动态烟草订单配载，将直接提高配、运效率，大大降低烟草物流成本。

资料来源：黄阿醒，李志勇．浅析GIS在物流配送的运用．漳州职业技术学院学报，2009（3）；中国物流与采购联合会．白沙烟草物流的GIS配送优化系统．信息与电脑，2006（11）；白沙烟草物流GIS配送优化系统案例．中外物流，2006（7）；雷敏，李永衡，陈光坤．新技术引领下的烟草产线、物流智能装备发展路径探讨．中国物流与采购，2022（23）．

结合案例内容，试回答下列问题：

1. GIS系统对白沙烟草发展的推动作用体现在哪些方面？

2. 白沙烟草还能利用哪些技术提升物流的信息化水平？

本章小结

本章首先讨论了物流信息所具有的信息量大、时效性强、来源多元化的特点，接着分析了物流信息系统的主要功能模块，提出了物流信息系统的设计原则及建设过程中应注意的事项，最后对计算机网络技术、射频识别技术、条形码技术、地理信息系统技术、全球定位系统技术、遥感系统技术、POS技术等主要的物流信息技术作了一个初步的介绍。

复习思考

1. 在物流信息系统的建设过程中，应该注意哪些事项？

2. 相对于EDI技术而言，互联网技术对于物流管理具有哪些优点？

第 16 章　物流绩效管理

评估，否则放弃。

——彼得·德鲁克（管理学专家）

学习导航

- 掌握物流绩效管理的作用。
- 掌握物流绩效管理的基本要求。
- 熟知物流绩效管理指标的基本框架。
- 了解物流绩效管理的几个主要指标。
- 了解物流绩效管理的标杆法。

引例

Metalcraft 公司的供应商评分卡

创建于 1967 年的 Metalcraft 公司是世界上最大的汽车零配件供应商之一，公司的业务范围遍及全世界。作为一家汽车零配件设计和生产企业，Metalcraft 向汽车生产厂商提供汽车玻璃、温控系统、仪表盘、悬挂系统、动力控制系统、远程通信系统等多种设备。值得一提的是：2016 年，该公司研发了 RFID 风挡标签，这是汽车应用 RFID 领域的一大突破。

汽车零配件行业既支撑着用于新车装配的零件供应，又提供用于售后维修的零配件及加装附件，整个行业的供应链由四层组成：汽车生产商和三个层级的供应商。第二层级的供应商从第三层级的供应商那里购买各种原材料，第一层级的供应商从第二层级的供应商那里采购半成品零配件，经过进一步的加工制造后出售给汽车生产商。Metalcraft 作为第一级供应商，在全世界拥有近百家工厂，每天每个工厂接收的零配件近百万件，面临着降低产品质量缺陷以降低成本、上游供应商成本难以客观量化的压力。为此，Metalcraft 开发了供应商评分卡，每天通过公司材料管理系统（CMMS）将数据输入评分卡中，在对供应商的供货能力进行持续的评估和监督的同时，也对潜在的供应商进行评估。

评分卡的质量评级体系按月对每个供应商的绩效进行概括，不同的颜色表明 Metalcraft 基于供应商物流质量的评级在未来采购业务中对供应商的推荐程度。质量评级得分在 70 分以上的供应商被归为“绿色”，说明供应商生产的零配件质量很高；质量评级得分在 50～69 分的被归为“黄色”，质量评级得分在 50 分以下的被归为“红色”，不在可选供应商范围内的供应商，只有当它是某一零配件的唯一供应商时，才有可能入选。

每个单个供应商评分卡的上部提供了相应质量体系的概括信息、QS9000 质量体系标准、服务质量/补偿系统信息和每种认证的最后日期。评分卡剩余的部分则被分为三个部分，对供应商绩效从质量、时机、配送这三个维度进行评估。

质量

对供应商质量的考核包含三个具体指标：总体质量、质量拒收和缺陷率。总体质量在对质量和绩效各方面的赋值基础上对供应商进行评定。

质量评级后，评分卡从质量不合格产品方面列出供应商绩效。由于汽车零配件产品缺陷在生产开始阶段很常见，质量拒收阶段之后的产量越高，越能掩盖开始阶段所遇问题的严重性。因此通过区分质量拒收阶段和正常生产阶段，评分卡明确地强调了质量拒收阶段高质量水准的重要性。

质量环节还要考核每百万件零配件中所检查到的缺陷率。用有缺陷的产品（退回、废弃或重新加工）的数量除以收到的总产品数，再乘以 100 万，就能得出缺陷率。评分卡把缺陷程度分为可以接受或功能拒收、多方面非一致性拒收以及完全拒收三类。

评分卡还提供关于质量拒收的额外信息，列出了 Metalcraft 接收到有缺陷的零配件数量、原因，Metalcraft 和供应商利用这一信息来解决相关问题，并预防此类问题的再次发生。

时机

这一指标主要追踪供应商是否能够达到新零配件生产认证所承诺的期限。通常情况下，为样品车生产少量零配件的流程与大批量零配件的大规模生产流程差别很大。因此，确认供应商能否为最后大规模的总装生产提供质量合格的汽车零配件就非常重要了。在考核供应商的这一能力时，Metalcraft 主要使用详细的认证流程和生产流程批准。在认证了新的零配件符合所有的设计规格之后，才能签发样车生产授权许可。如果供应商不能获得某种零配件的许可，就会因项目延误而付出惨重的代价。

配送

Metalcraft 生产计划通常至少要提前一周制订出来。如果必需的零配件没有按时送达，生产计划就得修改。和质量评级一样，配送的评定也实行百分制，对供应商的打分基于它们的配送绩效。配送的评级根据以往的 CMMS 系统输入的绩效每月更新。因为供应商通常将货发往 Metalcraft 的多个工厂，因而每个工厂都会对供应商的配送进行评级。

Metalcraft 的评分卡提供了一个能够汇总供应商绩效数据的中心平台，分散在各地的员工和供应商通过互联网获取信息，公司内部的采购员、设备质量工程师、供应商开发工程师以及供应商等都可以使用评分卡。通过评分卡的使用，Metalcraft 公司能够得知全体供应商的总体物流质量水平以及单个供应商的物流绩效表现。

资料来源：宋华，等译．哈佛商学院案例（第 2 辑）：供应链管理．北京：中国人民大学出版社，2007；Metalcraft 公司扩大 RFID 标签服务．元器件交易网，2016－02－03；孙悦．浅析汽车零部件供应商质量管理策略．内燃机与配件，2019（14）．

第 1 节 物流绩效管理的作用与要求

一、物流绩效管理的作用

所谓物流绩效管理，是指对物流活动的质量和经济效率进行评估，从而确保物流活动各项目标的实现，并明确物流活动未来的改进方向与改进重点。

在企业中，物流绩效管理具有以下几个方面的作用。

（一）物流绩效管理是企业对物流管理及作业人员进行有效考核与激励的基础

首先，只有确定物流绩效管理的具体指标，并明确各个指标的要求，企业中的物流管理人员及作业人员才具有明确的奋斗目标和努力方向，知道该从何入手提高自己的工作效果。其次，企业只有制定明确的物流绩效管理指标，才能够对物流管理人员及作业人员的工作成果进行有效的评价，并以之作为对他们进行激励的基础。对优秀员工的褒奖有利于为其他员工指明行动的方向，而对后进员工的惩罚则能够对其他员工起到警示作用。

（二）物流绩效管理是企业改进物流作业及管理流程的基础

通过对企业物流绩效管理各项指标的实施效果进行阶段性的总结与分析，能够发现企业物流作业环节及管理环节中存在的各种问题。企业应认真分析：在这些问题中，哪些问题对企业非常重要，哪些问题相对次要一些，哪些问题是企业内部可控的，哪些问题属于企业合作伙伴的问题，哪些问题的解决在当前具有资源保证，哪些问题超出了企业资源所及的范围。对于那些属于企业内部可控范围的问题，应根据问题的轻重缓急和企业的资源情况，首先针对重要的、资源有保障的问题对其作业流程或管理流程予以改进。

（三）物流绩效管理是企业优化供应链合作关系的基础

物流绩效管理中所暴露出来的问题，有些是由企业的供应链合作伙伴的问题所带来的。例如，由于供应商的零部件送货准时率不高，导致企业不得不增加一定数量的安全存货，使得企业的存货费用增加。在类似这样的情况下，企业就应该与供应链合作伙伴，包括供应商、经销商、物流服务提供商等，协商解决有关问题，探讨具体的改进措施。如果供应链合作伙伴在限定的期限内无法达到企业的要求，则企业应该考虑重新选择供应链合作伙伴。

案 例

沃尔玛的供应商绩效管理

作为全世界零售业销售收入第一的大型连锁超市，沃尔玛公司素以精确掌握市场、快速传递商品和最好地满足客户需求而著称。在竞争激烈的零售业中，争夺并控制优质零售资源是沃尔玛提高效益最为关键的举措之一，为此，沃尔玛建立了一套供应商相关绩效考核体系以保证有效地遴选并管理供应商，从而在市场竞争中保持自己的优势地位。

沃尔玛的供应商物流绩效考核体系包含财务指标、成本指标和服务质量指标的考核，根据每个指标对沃尔玛的重要性的不同，赋予每个指标不同的权重，并以此作为绩效考核的依据。

沃尔玛对供应商的财务考核指标包括陈列单位销售、资金回报比率、营业外收入和财务收益。陈列单位销售是指超市内每一直线陈列一天的销售额度，这一指标主要考核各个供应商每一米货架一天的销售量有多少、能够给沃尔玛带来的毛利是多少、供应商一天能够达到的销售额是多少。资金回报比率是沃尔玛最为看重的一个指标。

沃尔玛对供应商降低成本这一维度的考核指标包括促进支持频率、促销力度、产品质量投诉。促进支持频率主要考察供应商为沃尔玛提供促销单品的意愿有多高。沃尔玛的各个超市基本上每个月至少举办两次海报活动。供应商愿意提供多少个促销单品，就是促进支持频率所要考核的内容。促销力度主要考察在沃尔玛进行促销活动时，供应商是否愿意为在沃尔玛销售的产品调低产品价格。产品质量投诉则主要考察供应商的产品质量是否能让沃尔玛的顾客满意。沃尔玛的经营理念是“总成本最低”，即产品的销售成本和退货成本的总和最低。如果产品质量不能让顾客满意，引起退货同样会加大企业的成本。

沃尔玛对供应商服务质量指标的考核包括送货的少缺次数和退货期限。对于快速销售类企业来说，掌握货品资源是赢得竞争的重要手段，特别是对畅销产品来说，缺货是其面临的主要问题。因此，缺货次数的多寡也是沃尔玛考察供应商服务质量的重要指标，在选择供应商时，沃尔玛会重点关注送货的少缺次数。同时，供应商在送货给沃尔玛时的意愿比较高，而退货时的行动速度则相对缓慢。沃尔玛会对供应商开出退货通知单，希望它们可以在 14 天内给予积极的配合，供应商在沃尔玛规定的退货期限内的退货表现也就成了一个重要的考核指标。此外，沃尔玛对供应商的交货期限、准时交货率和订单变化等指标也有所考察。

另外，为了避免各种突发状况影响沃尔玛的供货，沃尔玛还制定了《供应商守则》来对合格供应商资格进行界定。只要在工厂发现雇用童工、使用强制劳动力、体罚殴打员工等问题中的任何一个问题，该工厂的供应商资格就会被一票否决。

在使用供应商绩效考核指标对沃尔玛的所有供应商进行评分后，沃尔玛将汇总分数，并对供应商进行等级划分。根据不同的分数，将供应商划分为不同的等级。

考核分数在 80 分及以上的，可以划分为 A 类供应商，表示其业绩优秀；得分在 60～79 分的，划分为 B 类供应商，表示其业绩合格；得分在 50～59 分的，划分为 C 类供应商，表示这部分供应商的业绩还需要改进；得分在 49 分及以下的，划分为 D 类供应商，表示这部分供应商的业绩基本不合格。根据考核结果，沃尔玛还会对供应商进行绩效管理。

对 A 类供应商，也就是优秀供应商，沃尔玛会提供一系列的优惠政策，如优先考虑优秀供应商产品摆放的位置；对优秀供应商产品放置通道的费用进行减免；适当地开放数据，增加订单数量；退、换货优先考虑。沃尔玛以此激励更多的供应商不断努力，争取得到这些优惠。

对 B 类供应商，按照原来的正常程序继续合作。

对 C 类供应商，可能会加收通道费用；订单也可能比较少，卖场位置也不会特别好。但是，沃尔玛为了提高它们的业绩，会为它们提供专门的培训。

对 D 类供应商，由于绩效不佳，很有可能被沃尔玛从供应商中剔除出去。

资料来源：中国物流与采购联合会．沃尔玛供应商绩效考核．万联网，2009－03－30；余雪杰．国外零售企业供应链管理经验及对我国本土企业的启示．改革与战略，2017（6）；王贺霞．浅析沃尔玛供应链管理对我国连锁零售企业发展的启示．营销界，2021（15）.

二、物流绩效管理的要求

为了确保物流绩效管理的有效性、经济性，物流绩效管理应注意满足以下基本要求。

（一）以关键指标为重点进行考核

在企业绩效管理中，关键绩效指标法（Key Performance Indicator，KPI）是近些年来流行的一种方法。KPI 的精髓在于：企业绩效管理指标的设置必须与企业的战略挂钩，围绕对企业战略的实现较为关键的那些问题进行指标设置与考核。否则，可能由于指标过于宽泛，而使员工抓不住重点；同时，企业对众多微不足道的指标进行考核，也会消耗大量宝贵的人、财、物资源。

在物流绩效考核中，也应积极采用 KPI，注重对关键指标的设置与考核。例如，对于实施大规模定制的企业而言，反应速度是至关重要的，与此相关的一些指标，如顾客订单处理时间、生产备料时间、货物送达时间等就应该成为关键指标。

在关键指标的确定过程中，应该遵循 SMART 原则，其中 S 代表具体（Specific），强调绩效指标的设置要具体、明确，不能笼统；M 代表可度量（Measurable），强调验证绩效指标的数据或者信息是可以获得的；A 代表可得性（Attainable），强调绩效指标在人们付出努力的情况下可以实现，即所谓“伸手不及，跳而可获”或“跳起来摘桃子”，避免设立过高或过低的指标；R 代表现实性（Realistic），强调绩效指标是实实在在的，可以被证明和观察；T 代表时限性（Time Bound），强调绩效指标的完成有特定的期限要求。

（二）定量指标与定性指标相结合

在物流绩效管理指标的设置中，应注重定量指标与定性指标的结合。能定量的指标应尽可能定量化，但不能因为过分强调指标的定量化而放弃一些重要却难以定量化的定性指标，或者对一些难以定量化的指标牵强地予以定量。否则，效果会适得其反。

（三）注重对例外情况的控制

物流绩效管理应该对例外情况进行格外的关注，对本期所出现的特别坏或特别好的情况进行认真的分析，找出其真实的原因。对于重要的例外情况，企业物流部门应该及时向企业最高管理层汇报。注重对例外情况进行控制，有助于企业不断改进物流工作，防患于未然，避免突发事件的爆发可能对企业造成的危机。

三、物流绩效管理指标的基本框架

物流绩效管理指标可以归纳为服务满意度、反应速度和物流费用三个方面，其中，服务满意度、反应速度反映的是物流活动的质量，物流费用反映的是物流活动的经济效率。每个方面又可以细分为一系列具体的物流绩效管理指标。下面以生产企业为例来对这三个方面的指标予以说明。

（一）服务满意度

服务满意度既用于衡量最终顾客及经销商对生产企业自营或外包的物流服务的满意程度，又用于衡量生产企业对供应商或有关物流服务企业所提供的物流服务的满意程度。

（二）反应速度

反应速度既衡量生产企业或其物流服务企业对最终顾客或经销商订货的响应速度，又衡量供应商或其物流服务企业对生产企业订货的响应速度。订货提前期越短，说明反应速度越快。

（三）物流费用

物流费用决定着企业的价格竞争力，在服务满意度和反应速度既定的条件下，物流费用越低，说明企业物流活动的运行效率越高，价格竞争力越强。生产企业不仅应考察物流费用的总额，而且应考察物流总费用在不同物流环节的分布情况及在不同产品上的分摊情况。

第 2 节 物流绩效管理的指标与方法

一、服务满意度指标

就生产企业而言，物流服务满意度指标主要应考察以下内容。

（一）最终顾客或经销商关心的企业物流服务的满意度

无论企业是自营物流，还是外包物流，最终顾客或经销商对以下物流服务满意度指标都较为关心：

（1）订单满足率，即足额供货的订单笔数与最终顾客或经销商所下达的订单总笔数的百分比。

（2）订单准确率，即完全按照最终顾客或经销商订货的具体要求处理的订单笔数与其下达的订单总笔数的百分比。

（3）缺货率，即未能供货的产品数量与最终顾客或经销商订货总数量的百分比。

（4）定制化情况，包括是否提供定制化服务，定制化产品是否达到承诺的时限要求。

（5）及时配送率，即按照规定的时间要求配送的产品数量与所配送的产品总数量的百分比。

（6）破损率，即产品的破损数量与所运送的产品总数量的百分比。

（7）订单查询情况，包括企业是否为最终顾客或经销商提供订单查询服务，答复查询的效率如何。

（二）企业关心的供应商物流服务的满意度

（1）订单满足率，即足额供货的原材料或零部件订单笔数与企业下达的原材料或零部件订单总笔数的百分比。

（2）缺货率，即未能满足企业订货要求的原材料或零部件数量与原材料或零部件订货总数量的百分比。

（3）订单准确率，即完全按照企业的原材料或零部件订货要求处理的订单笔数与企业下达的原材料或零部件订单总笔数的百分比。

（4）及时配送率，即按照规定的时间要求配送的原材料或零部件数量与所配送的原材料或零部件总数量的百分比。

（5）订单查询情况，包括供应商是否为企业提供订单查询服务，答复查询的效率如何。

（三）企业关心的物流服务提供企业物流服务的满意度

（1）服务的综合性，即是否提供多样化的物流服务。

（2）服务的定制化，即是否能够根据企业的具体需求提供定制化的物流服务。

（3）包装加工服务情况，包括是否提供包装、流通加工等延伸服务。

（4）运输能力，包括是否能提供多种运输方式的联合运输，运输时限是否达到要求等。

（5）仓储管理水平，包括仓库布局是否合理，安全措施是否符合要求，存货管理能力如何，装卸搬运能力如何等。

（6）及时配送率，即按照规定的时间要求配送的原材料、零部件或最终产品数量与所配送的原材料、零部件或最终产品总数量的百分比。

（7）破损率，即原材料、零部件或最终产品的破损数量与所运送的原材料、零部件或最终产品总数量的百分比。

二、反应速度指标

就生产企业而言，物流反应速度指标主要应考察以下内容。

（一）企业的反应速度

企业对最终顾客或经销商的反应速度具体体现在以下指标上：

（1）订货提前期，即最终顾客或经销商从订货到收到货物所必须经历的时间周期。

（2）订单处理时间，即收集、回复订单，并向生产、采购部门下达生产、采购指令所需要的时间。

（3）生产备料时间，即准备生产所需要的原材料或零部件所需要的时间。

（4）最终产品运达时间，即最终产品生产完毕后运往最终顾客或经销商所需要的时间。

（二）供应商的反应速度

供应商对企业所订购的原材料或零部件的反应速度具体体现在订货提前期、订单处理时间、生产备料时间、原材料或零部件运达时间等指标上。

（三）物流服务提供企业的反应速度

物流服务提供企业的反应速度主要体现在原材料、零部件以及最终产品的运达时间上。

三、物流费用指标

生产企业的物流费用主要包括以下几个方面，任何一个方面的节约都可能带来物流总费用的降低：

（1）原材料或零部件的订货费用。

（2）原材料或零部件的运输、配送费用。

（3）原材料或零部件的验收费用。

（4）原材料或零部件的存货费用。

（5）生产场所的装卸搬运费用。

（6）最终产品的存货费用。

（7）对最终顾客或经销商所下订单的处理费用。

（8）最终产品的运输、配送费用。

（9）最终产品的包装、流通加工费用。

（10）最终产品及其包装的回收物流费用。

（11）废弃物物流费用。

（12）企业内部物流管理人员与作业人员的工资及福利。

（13）企业自有物流设施、设备的折旧。

（14）物流管理人员的办公费用。

（15）物流信息系统的运行维护费用。

四、物流绩效管理的标杆法

（一）标杆法的概念及产生

标杆法（Benchmarking）是企业设计绩效指标的标准，是改进绩效水平的重要方法，企业通过将优秀企业作为自己的标杆，确定自己与优秀企业的差距及努力方向，向优秀企业学习，争取迎头赶上乃至超越优秀企业。

最早使用标杆法的是美国的施乐（Xerox）公司。1976 年以后，一直在世界复印机市场上保持统治地位的施乐遇到了日本竞争对手（如佳能、NEC 等公司）的严峻挑战，这些竞争对手以施乐的成本价销售产品仍能获利，产品开发周期比施乐短 50%，开发人员也比施乐少 50%，施乐的市场份额从 82%直线下降到 35%。①

---

① 刘刚．现代企业管理精要全书．海口：南方出版社，2004.

在这种情况下，施乐公司最先发起向日本竞争对手学习的运动，实施了标杆法。通过认真、全面的分析，施乐弄清了竞争对手的运作机理，找出了与它们的差距，全面调整了经营战略、战术，改进了业务流程，很快便收到了成效，将失去的市场份额重新夺了回来。

标杆法很快传到美国的各行各业，并逐渐引起了其他国家大企业的重视，成为一种日益受到重视的管理方法。

（二）基于标杆法的物流绩效管理

对于企业而言，标杆法是企业真实地衡量自己的物流水平、找出自己物流作业及管理上的差距、提高物流作业及管理水平的重要工具。运用标杆法评价及改进企业物流绩效的步骤如下。

1. 确定关键的物流绩效管理指标

围绕当前的企业战略，确定企业物流绩效管理的主要指标。指标的设置不需要面面俱到，关键应针对当前物流管理中存在的主要问题进行选择，把握住问题的重点和实质。

2. 确定企业物流绩效管理的标杆

首先，企业可以考虑在自己所在的行业内选择物流管理效率最高的企业作为标杆。如果本行业中其他企业的物流管理效率并不是很突出，或者企业本身就是本行业中物流管理效率最高的企业，则有必要将标杆的选择范围扩展到其他行业最佳的企业。在选择标杆的过程中，要注意其信息的可获性，只有能够充分获得标杆企业翔实的资料，才能有效发挥标杆法的功效。

3. 确定企业物流绩效管理的真实水平及差距

企业通过对标杆企业及自身物流管理的相关信息的收集与分析，确定自身物流管理的真实绩效水平，通过与标杆企业进行对比，明确差距所在，并找出差距产生的原因。

在这里，如何获得标杆企业有关物流管理的信息至关重要。商业期刊、报纸、互联网是获得相关数据和信息的重要途径。行业协会的有关统计资料也是了解标杆企业物流信息的重要来源。优秀企业经常被邀请参加各种研讨会或举办讲座，这些会议与讲座也是了解有关信息的重要渠道。

4. 制定物流绩效改进方案

针对阻碍物流绩效提高的各种原因，借鉴标杆企业的成功经验，企业制定缩小、消除乃至超越标杆企业绩效水平的实施方案，确定自己及各供应链合作伙伴的努力方向、改进重点及实施步骤。

5. 实施物流绩效改进方案并监控方案的实施情况

按照物流绩效改进方案确定的步骤，企业改进内部物流作业及管理的流程，对供应链合作伙伴的物流活动或供应链合作伙伴本身进行优化，并落实相应的人、财、物支持，建立相应的报告系统，监控方案的实施情况，检查方案实施后的成效，并及时进行总结，以便于今后对物流绩效进行持续性的改进。

广角镜

现代物流企业竞争力培育工程

国务院办公厅印发的《“十四五”现代物流发展规划》提出，大力实施现代物流企业竞争力培育工程。支持具备条件的物流企业加强软硬件建设，壮大发展成为具有较强国际竞争力的现代物流领军企业，参与和主导全球物流体系建设和供应链布局。同时，支持和鼓励中小微物流企业专业化、精益化、品质化发展，形成一批“专、精、特、新”现代物流企业。

本章小结

本章介绍了物流绩效管理的作用，强调在物流绩效管理中，必须以关键指标为重点进行考核，注重定量指标与定性指标相结合，注重对例外情况的控制，致力于从服务满意度、反应速度、物流费用三个方面构建物流绩效管理指标的基本框架，并介绍了如何利用标杆法开展物流绩效管理。

课后案例讨论

亚马逊：以优质物流提升顾客满意度

亚马逊是电子商务领域发展最快、最好的企业之一，致力于成为全球范围内最“以客户为中心”的公司。电子商务领域的竞争如今愈加激烈，现有的竞争对手通过各种手段不断抢占市场，同时还有为数众多的新企业涌入电商领域，希望分一杯羹。与实体店相比，电子商务的消费者在购物时除了需要支付商品费用外，还需要支付商品的配送费用。如果消费者购买的产品种类较多，且从不同的仓库出货，物流费用就会很高。因此，在电子商务竞争白热化的阶段，物流就成为制约各家电商发展的重要因素。亚马逊通过对物流绩效的合理考核与改进，为顾客提供了灵活、周到的配送货服务。物流不仅没有成为亚马逊发展过程中的限制因素，反而成为其在电商领域发展的核心竞争力之一。

零库存运转

加速库存运转是提升物流绩效的重要手段之一，亚马逊与它的供应商建立了长期的良好合作关系，从而有效地实现了对库存的控制。以亚马逊美国公司的图书业务为例，亚马逊公司的库存数量很少，只有200种左右最受欢迎的畅销书保持库存，其他图书则是在顾客下单后才从出版商进货。消费者在购买图书时即时用信用卡付款，而亚马逊向出版商结付书款则是在46天之后。通过这样的库存管理方式，亚马逊取得了比竞争对手高的资金和存货周转率。由于其卓越的低库存管理，亚马逊的库存周转速度自2001年以来越来越快。

降低退货比例

较低的退货比例能够减少企业的退货成本，同时也是较高的服务质量和良好商业信誉的象征。亚马逊经营的商品种类众多，通过准确的商品品种选择、精准的价格定位、高品质的服务水平，亚马逊保持了很低的退货比例，从而减少了大笔开支。

快递注入

所谓“快递注入”，是指在物流的最初阶段对货品进行整合。亚马逊使用自己的或第三方物流的货车，根据不同的地区，将整车订购商品送到当地的快递中心，再由快递中心为顾客送货。这样就可以减少快递公司的处理环节，为快递公司发送商品提供便利，同时也为自己降低了成本。一家与亚马逊合作的快递公司称，通过这种“快递注入”的方式，亚马逊节省了5%～17%的快递费用，效果十分显著。

专业化的配送中心

各家电商对配送中心的规划设计都有所不同。亚马逊的物流配送中心是根据商品的类别设置的，不同的商品由不同的配送中心进行配送。通过这样的设计，有利于针对每个配送中心进行不同的设计，提高每个配送中心的专业化程度，使得配送作业更加简单化和规范化，更加易于操作。专业化的配送中心，既提高了配送中心的作业效率，又使得配送中心的管理费用和运转费用有所降低。

物流外包

在第三方物流成为主流趋势的背景下，亚马逊也开始与多家邮递企业合作，以提升物流效率。亚马逊美国业务的配送工作是由美国邮政和UPS承包的，国际物流委托给了国际海运公司等专业物流公司，亚马逊则集中精力发展自己的主营业务。这样一来，亚马逊减少了在物流上的投资，降低了经营风险，同时又适当利用了物流公司的专业优势，节约了物流成本。

提升顾客感知

在电子商务领域，零售商与消费者直接接触的环节非常少，连接零售商与消费者的物流环节就成为提升消费者感知的重要一环。在亚马逊的网站上，顾客可以得知自己所购买商品的发货时间、大致的到货时间、订货跟踪、发运限制等一系列信息。亚马逊还为顾客提供了多种可供选择的送货方式和送货期限，顾客可根据自己的需要选择最适合自己的送货方式。消费者的感知，同时也会反作用于业务。通过优化物流服务，提升消费者的满意度，亚马逊会吸引更多潜在消费者、增加客源。在获得更多客户数据信息后，依托大数据分析，亚马逊可以进一步优化物流服务，形成良性循环。

物流作为电子商务的关键一环，已成为决定电子商务效益的关键因素。物流的质量直接决定电子商务经济、方便、快捷的优势能否充分发挥，因此，高效的物流是决定电子商务发展的命脉。物流配送管理上的科学化、规范化和精细化使得亚马逊的物流绩效领先于电商领域内的其他竞争者。通过降低物流成本，亚马逊以较低的促销成本获得了更大的销售收益，同时争取到了更多的顾客，顾客的增加使得亚马逊的物流绩效管理更加便利，从而形成了一个良性的循环。

资料来源：高旭涛．从美国亚马逊的发展看线上与线下融合．中国流通经济，2017（5）；周世平，张梓锐，陈树漫．跨境电商运作分析：以亚马逊平台为例．物流技术，2018（12）；崔睿玲，赵志豪．基于网上书店的物流配送模式分析：以亚马逊为例．中国物流与采购，2022（23）.

结合案例内容，试回答下列问题：

1. 物流为什么能成为亚马逊发展过程中的竞争优势？
2. 亚马逊的物流考核主要使用了哪种方法？
3. 你认为还可以从哪些方面提升亚马逊的物流考核效果？

复习思考

1. 在物流绩效管理中应该注意哪些问题？
2. 如何才能建立有效的物流绩效管理指标体系？

第 17 章　国际物流

世界是平的。

——托马斯·弗里德曼（普利策奖得主）

学习导航

◆ 了解国际物流的发展背景。
◆ 掌握国际物流的特征。
◆ 熟知国际物流优化的主要措施。
◆ 了解国际货物运输。

引例

一部苹果手机的全球之旅

苹果公司的核心业务是电子科技产品，在高新科技企业中以大胆的创新而闻名。苹果公司旗下最知名的产品包括 Macintosh 电脑、iPod 音乐播放器、iTunes 软件商店、iPhone 手机和 iPad 平板电脑等。2022 年，iPhone 在全球的销量超过 2.25 亿部，轻松席卷全球，占据智能手机 19%的市场份额。iPad 系列产品在平板市场里稳稳握着 39%市场占有率。更惊人的是，由线下产品带动的 iTunes 软件商店，在短短的两年半时间内其下载次数就突破了 100 亿次。随着 iPhone 及 iPad 等产品的热卖，苹果公司不仅获得了高额的利润回报，而且逐渐改变了产业生态及游戏规则。

作为一家典型的品牌输出型企业，苹果公司主要负责的是各项产品的创意、研发和设计，而产品制造和组装则在全球范围内寻找合格的供应商。最终，通过全球物流的合理规划，将产品送到各个苹果商店。目前，苹果公司在全球拥有近 200 家供应商。因为苹果公司有大量供应商在亚洲，很多人想到苹果产品的时候，会认为是“中国制造”的，但从整体上来看，苹果公司的供应链遍布全球：东南亚分布着苹果超过 80%的供应商，中国在其中的地位相当重要，菲律宾的半导体工厂、印度尼西亚生产的用于焊接电子器件的锡都是苹果供应链上相当重要的一环。此外，在北美、欧洲、南美和澳大利亚也有苹果的供应商，向苹果提供不同的产品和服务。

2022 年 9 月，苹果发布了 iPhone14。在苹果 CEO 蒂姆·库克发布这款新 iPhone 的同时，数以百万计的 iPhone 手机正沿着苹果公司复杂而又高效的供应链流向世界各地。

该过程始于中国，iPhone 的无标识集装箱经过安全细节检查后从代工厂运出。随后经过卡车运送装上预先租用的运输机，输送到世界各地的苹果商店中，苹果产品的爱好者们才能在各个零售商店买到喜爱的产品。在产品开始销售之后，苹果会根据零售店的需求不断调整出货量。

一般来说，在产品发布的几个月之前，就必须开始筹划新产品的物流准备工作。苹果公司首先要组织运输机和卡车，将组件从供应商那里运送到中国的代工厂进行组装。在此过程中，销售、市场营销、运营和财务团队必须通力合作，对产品的市场销售量进行初步预测。内部预估至关重要，因为预估不准确所带来的库存积压会导致公司价值的蒸发。作出预测之后，数以百万计的 iPhone 手机会在中国的组装厂里组装成型，同一时刻位于美国的苹果公司软件团队则在总部开发完成与之匹配的 IOS 软件，在完成最终软件后，IOS 软件将被安装到每一部手机上。接下来，这些 iPhone 手机会被运送到世界各地的配送中心，专业的安保人员将会参与到从卡车到机场到海关再到存储仓库的每一个步骤。

空运虽然成本高昂，但 iPhone 昂贵的价格和轻便的重量意味着苹果即使选择空运也仍有巨大的利润空间。在销售 iPhone 的过程中，苹果公司会通过监测其全球范围内的零售商店、网站和第三方经销商的销售，获得基于大量物流数据的支持信息。根据这些信息，苹果公司会基于需求重新安排手机的生产组装，中国工厂里的工人就会根据网上收到的订单，将 iPhone 裸机定制成所需要的型号。销量稳定后，苹果公司的物流团队都要在公司总部进行研究总结，以期做得更好。

2022 年，相比于竞争对手三星 4.1 次的库存周转次数，苹果实现了 40 次的库存高速周转，即平均每 9 天所有存货就要周转一次，令人赞叹。通过差异化销售渠道、先进的设计创新、精简的库存管理和建立供应链联盟，苹果公司建立起供应商、公司和顾客之间的快速连接，实现了全球物流供应链的高效运作。

资料来源：iPhone 的秘密飞行：从中国组装厂到苹果零售店．新浪科技网，2013-09-12；仲驿．速递物流与苹果公司研讨物流战略规划．中国邮政报，2015-08-11；章征．苹果的供应链管理．经营管理者，2015（4）；季新竹．苹果公司供应链和营销对策研究．现代经济信息，2019（16）；刘清，杨永春，蒋小荣．全球价值生产的空间组织：以苹果手机供应链为例．地理研究，2020（12）．

第 1 节 国际物流的产生及特征

一、国际物流的发展背景

习近平总书记在学习贯彻党的二十大精神研讨班开班式上强调，“要不断扩大高水平对外开放，深度参与全球产业分工和合作，用好国内国际两种资源，拓展中国式现代化的发展空间”。随着经济全球化的发展，跨国经营以前所未有的速度和规模在世界范围内展开。企业为拓展生存、发展空间而跨出母国地域界线，以国际市场为舞台，从全球战略出发，自觉参与国际分工和国际经济活动，通过全球资源的合理配置来获取跨国经营效益，实现经济利益最大化。随着企业跨国采购、跨国生产、跨国销售的不断增长，国际物流也呈现出迅速增长的趋势。

（一）跨国采购与国际物流

20 世纪 90 年代以来，越来越多的跨国公司重新调整其战略，开始实行全球战略，逐步向全球公司转变。为了进一步压缩自己的成本，提高自己的核心竞争力，跨国公司将大量的非核心业务外包，跨国采购成为跨国公司全球战略的重要环节，将采购的触角延伸到质量有保证、成本低廉的其他国家或地区。例如，世界上最成功的家具用品零售商——宜家，在全球的 16 个采购贸易区设立了 46 个贸易代表处，分布于 32 个国家，在全球 53 个国家有大约 1 300 个供应商。通过与这些供应商建立战略合作伙伴关系，宜家不仅获得了低廉的成本，而且缩减了新产品的开发时间。2016 财年，宜家全球销售额为 342 亿欧元，2023 财年零售总额为 476 亿欧元，同比 2022 财年增长 6.6%。

20 世纪 90 年代至 21 世纪初，由于我国具有很强的劳动力成本优势，生产的产品又具有较高的质量，许多大型跨国公司的采购网络都向我国市场延伸，如通用、大众、西门子、沃尔玛、家乐福等知名的跨国公司都在我国设立了国际采购部或采购中心，以便从我国获得质优价廉的产品及零部件。随着我国劳动力成本的上升，这些跨国公司的采购逐渐向成本更加低廉的国家转移。以沃尔玛为例，随着印度等国家制造业的不断发展，沃尔玛的采购已逐渐开始向这些国家转移。

就我国企业而言，出于同样的目的，也开始将采购的目光放在全球市场上。我国上海大众汽车有限公司在成立统一的采购部门前，对供应商的管理一度较为混乱。为应对我国加入 WTO 给汽车行业带来的市场压力，上海大众成立了专门的采购部门和协调部门，在全球范围内寻找成本较低和质量最优的供应商。

随着跨国采购的发展，与其相关的国际采购物流必然呈迅速增长之势。无论是对于像通用汽车这样的生产企业而言，还是对于像沃尔玛这样的流通企业而言，国际物流的效率都不仅关系到跨国采购所节约的成本是否会被侵蚀，而且关系到所采购的产品或零部件能否及时运达。

（二）跨国生产与国际物流

为了提高最终产品的价格竞争力，在母国劳动力成本不断上升的情况下，跨国公司越来越倾向于到成本更低、潜力更大的国家进行投资。联合国贸易和发展会议发布的《2022 年世界投资报告》显示，2021 年全球外国直接投资流量为 1.58 万亿美元。一个以跨国公司为核心的国际生产体系正在迅速形成，“以世界为工厂”“以各国为车间”的全球化企业经营格局已成为一股势不可当的潮流。

尽管跨国生产所产出的很大一部分产品在东道国市场上出售，但其中一部分会进入国际市场，尤其是从低成本的东道国流回高成本的母国市场。跨国生产的迅速增长刺激着国际物流的增长。

（三）跨国销售与国际物流

现代生产的一个很重要的特点就是具有较强的规模经济性，因此，生产企业的竞争力往往都建立在大规模产出的基础上。在国内市场竞争日益激烈的情况下，在国际上寻找产品的销售市场对于企业的发展、壮大就显得至关重要，跨国销售成为企业拓展市场的有效渠道。各种产品在高度集约的生产国和消费国之间不断流动，大大增加了世界范围内的物流需求，使物流活动成为跨国销售重要的支撑条件。

对于跨国公司而言，为了有效地开展跨国经营，必须更新自己的物流观念，扩充物流设施，调整物流管理战略，以适应跨国采购、跨国生产、跨国销售的需要。当然，跨国公司国际物流网络的集聚效应一旦形成，就在相当一段时期内具有稳定性和不可复制性，有助于跨国公司获得持久的竞争优势。

二、国际物流的概念及特征

国际物流是指依据国际惯例，合理利用国际化的物流网络、物流技术和物流设施，实现货物在不同国家或地区之间的有效流动，以实现资源在世界范围内的合理配置。由于国际物流跨越了国界，因此，与国内物流相比，具有以下突出的特征。

（一）环节多

在不同国家或地区之间开展贸易，必然涉及关税、检疫等问题。因此，相应的物流活动也必然增加报关、保税货物物流管理、进出口检验检疫等环节，这些环节是国内物流所没有的。

报关是国际物流的一个重要环节，进出口货物须向海关办理报关手续。货物经过申报、验收，并按照规定的税率缴纳相关的关税之后，经海关同意，货物才能够通过放行。

为了促进对外加工贸易和转口贸易的发展，许多国家实行了保税制度，经海关批准建立了专门用于存放保税货物的保税仓库或保税区。对于进口货物，在进入国境后但尚未确定到底是内销还是复出口的最终去向之前，暂缓缴纳进口税，并由海关监管。若货物最终复出口，则无须缴纳关税；若货物为内销，则纳税时间可以推迟到实际内销时为止。保税仓库或保税区的出现对保税货物的物流管理提出了要求，要求配备经海关培训认可的专职物流管理人员，建立健全的仓库管理制度和详细的仓库账册。

在国际贸易中，随着关税壁垒的降低，非关税壁垒得到了加强，严格的卫生检验检疫标准就是重要的非关税壁垒之一。对于某些商品，国际物流需要增加必要的进出口检验检疫环节，接受各国进出口检验检疫部门的检查。

（二）周期长

与国内货物运输相比，国际货物运输的路线要长很多，运输费用也因此在进出口商品价格中占有很大的比重。在国际物流中，除了小部分价值非常高或者时效性要求非常高的商品，如精密零部件、鲜活商品等采用航空运输的方式，邻近国家之间的部分商品采用铁路、公路、管道运输的方式之外，绝大部分商品采用海洋运输的方式。海洋运输速度慢的特点是导致国际物流周期长的最主要原因。

此外，通信传输延迟、资金融通需要、特殊包装要求、海关清关手续等都是造成国际物流周期长的重要原因。通信传输由于时区和语言的差异而延迟。为融通资金而开立信用证需要占用工作日。为了保护产品免遭装卸搬运作业的损害和水分侵袭，需要对产品进行特殊的包装，满足这些特殊的包装要求也会造成延误。海关清关手续至少要增加 1 天的时间，使完成周期延长。因此，国际物流往往需要以周或月为单位来衡量完成周期的长短，而不能以 3～5 天的转移时间或 4～10 天的完成周期来衡量。

较长的周期导致国际物流比国内物流更缺乏一致性和灵活性，增加了物流计划的难度。因为在任何时点上都有大量的产品处于转移之中，造成更高的中转存货需求，同时，安全存货和周转存货必然也会增加。

（三）更复杂

由于各国之间的物流环境存在着很大的差异，因而国际物流比国内物流更为复杂。

不同国家的经济、科技发展水平会造成国际物流的有效运行中断，可能由于对方国家根本无法应用某些技术而迫使国际物流的整体效率大幅度下降。尤其是在物流信息系统的建设方面，由于不同国家的信息化水平严重不平衡，国际物流的信息系统建设更加困难。不同国家之间的物流标准不一样，使得物流作业环节难以有效衔接，影响物流设施、设备的工作效率。

在物流管制方面，不同国家适用的法律规定不同，也使得国际物流的复杂性远远高于国内物流，甚至会阻断国际物流。例如，德国等国家从环保的角度出发，对包装废弃物作出了严格的规定，在向这些国家出口商品时，必须符合当地的包装材料标准，注意包装物的回收利用。不同国家的风俗习惯各不相同，也可能使国际物流受到很大的限制。不同国家之间语言方面的差异所造成的沟通困难，可能影响国际物流中信息传递的效率，大大增加国际物流管理的难度和系统的复杂性。

（四）风险大

与国内物流相比，国际物流面临着更大的风险，这些风险具体表现在以下几个方面。

1. 政治风险

罢工、战争、恐怖活动等都可能给国际物流活动带来较大的风险和影响，导致国际物流管理特别是全球供应链管理难度增大。如 2002 年 9 月底码头工人罢工使美国西海岸陷入瘫痪，港口作业无法正常进行，货物不能按期装卸，延误交货日期。再如，美伊战争爆发后不久，由于苏伊士运河航线不能正常使用，导致一些企业的货物无法出运，其供应链被迫中断。

2. 经济风险

从事国际物流必然要发生相应的资金流动，因此，在国际物流中，汇率、利率的变化都可能引发风险。

3. 自然风险

在国际物流中，由于环节多、周期长，可能遭遇各种自然灾害，如暴雨、台风等。

第 2 节 国际物流的优化

一、国际物流优化的主要措施

基于国际物流的特点，有必要采取以下相应措施对其进行优化。

（一）统一管理全球物流业务

当企业致力于将其供应链向国际延伸时，就有必要建立专门的机构统一管理全球物流业务，制定全球物流经营战略，并对其全球的生产工厂、配送中心、采购中心进行合理布局，选择合理的运输方式，以提高全球范围内的物流活动效率，实现全球范围内物流费用的最优化。

（二）与少数有实力的第三方物流企业建立战略伙伴关系

由于国际物流环节多、周期长、更复杂，对于跨国经营的企业而言，第三方物流应成为其国际物流活动的基本选择。强化与第三方物流企业的战略伙伴关系，是企业在跨国经营中提高竞争力的重要手段之一。企业在选择承担国际物流服务的物流企业时，应该遵循“少而精”的原则，选择与少数几个有实力的第三方物流企业建立业务关系，以集成物流量，在降低物流总费用的同时提高物流服务水平。

（三）运用供应链管理与上下游企业建立战略伙伴关系

与其他国家的供应商、经销商建立长期合作的战略伙伴关系，有助于企业借助合作伙伴熟悉该国物流环境的优势，避免环境中存在的各种复杂因素对企业的国际物流活动构成不利的影响。为此，在处理与供应商、经销商的关系时，应真正贯彻供应链管理的思想与方法，强调系统优化与互惠互利。

（四）积极采用标准化的物流技术与设施

要使国际物流畅通起来，统一标准是非常重要的。企业应该积极按照物流管理有关国际标准的要求，采用符合国际标准的托盘、集装箱、条形码技术等，以降低物流费用和货物流转的难度。

（五）建立并完善物流信息系统

建立先进的物流信息系统是减少由于语言不同而对物流信息构成障碍的有效手段。在物流信息系统的建设过程中，需要逐一解决世界各国信息技术水平参差不齐、起始投资数额较大等困难。如果能够将物流信息系统与各国海关的公共信息系统联网，就可以及时掌握货物清关及港口、机场的实际情况，为跨国采购物流和销售物流提供强有力的决策支持。

目前，在物流信息传递技术方面，欧洲各国不仅实现了企业内部的标准化，而且实现了企业之间及欧盟国家之间的标准化，这就使欧洲各国之间的信息系统比亚洲、非洲等地区之间的信息系统在交流上更简单、更有效率。

（六）合理对国际货物运输进行投保

由于国际物流比国内物流面临着更大的风险，因此，要注意根据对货物运输过程中风险的估计选择合理的险别，对货物运输进行投保，以避免意外灾害使货物遭受损失。

案　例

杜邦公司：从冰川模式到雪崩模式的转变

杜邦公司（以下简称杜邦）至今已有200多年的历史，从最初经营单一业务的火药厂成长为一家业务遍及全球的大型跨国公司，旗下的80多个子公司分布在不同的行业中，18个不同的战略单位管理着这些公司。如何在满足18个战略单位供应链需求的同时充分利用杜邦强大的买方议价能力，成为杜邦物流团队必须解决的问题。为解决这一问题，杜邦提出要将其物流战略由冰川模式向雪崩模式转变：冰川模式是指大型跨国公司的业务遍布全球且实力雄厚，但规模巨大且不易调整方向，而雪崩模式则强调大型公司反应的快速和灵活性。杜邦应当以雪崩式的思考来改革物流方式，创造核心价值。

集中化的物流管理战略

杜邦在20世纪90年代之前一直采取各战略单位独立自主管理物流的策略，每个战略单位自行选择供应商、承运人、代理机构等。在当时的背景下，这一做法与集中化的物流相比，能够减少重复环节、提高工作效率。随着科技和公司业务的发展，这种各自为政的物流管理方式带来了一系列弊端。杜邦每年在美国与亚欧之间大约有25万批次的跨国界交易、运输，随着其全球业务的扩展，海外业务的重要性不断凸显，因此区域间的货物运输也不断增加。在这种情况下，以往分散的物流模式显得不连贯和效率低下，运输过程中的信息不完整和理解有误经常发生，杜邦庞大的业务规模也难以得到全面、及时的信息支撑。

为此，杜邦建立了专门的物流领导委员会和统一的配送中心，以集中管理公司的一切物流活动。物流领导委员会的成员由各战略单位业务部门负责物流操作和成本控制的物流经理组成，委员会在重大外包项目中充当采购委员会的作用，并负责监管外包业务的执行进度和效果。这样一来，每个业务部门都能够参与杜邦的物流决策，保证了决策制定和执行的高度一致性，有利于优势的集中利用。配送中心位于北卡罗来纳州，其主要业务功能是同各货运公司谈判，明确各货运公司的服务费用和项目，并协助各业务部门据此选择承运人。杜邦的所有部门都通过这个中心订货，经由这个配送中心，杜邦将300多家工厂的产品输送至全美各地的7 000多家零售商手里。

同时，杜邦也在管理供应商和第三方物流方面采取高度集中化的管理策略，通过一系列的集中物流改革措施，使物流费用有了大幅度下降。

引入第三方物流

在与第三方物流公司建立合作伙伴关系之前，杜邦将业务分散给许多货物代理商和报关行处理。为了挑选出合适的物流服务商，杜邦用两年时间与不同的物流公司进行了9个试验项目，以服务商业务的全球化程度和信息技术能力为标准，最后选择了BDP和K&N这两家公司作为进出口业务的第三方物流服务提供商。BDP的信息技术能力在国际运输中一直处于领先地位，为杜邦提供的服务包括为各业务单位的货物订舱并运送货物、为杜邦的运费率数据库提供维护、向杜邦提供审计后的费率报告、提供和填写各类发货单据等，以上这些服务都已经实现了电子化。BDP 同时也为杜邦在全球范围内的设施建设项目提供物流服务。K&N 与杜邦的业务合作主要是在欧洲市场，业务内容包括为杜邦的某些业务部门建设专业化的仓储设施和提供运营管理服务。

杜邦在缩减物流供应商和服务商数量的同时，也非常重视与 BDP 和 K&N 建立起高度信赖和开放交流的合作关系。杜邦同合作的第三方物流公司会有定期的物流经理与供应商项目管理小组讨论会，在讨论会上，双方会对物流过程中的各种问题进行交流，以改进整个物流体系，落实更多节省成本的改进措施。使用第三方物流并建立长期稳定的合作关系使得杜邦的资产管理更加高效，并在物流中获得优惠的合同价格。同时，杜邦也采取了一系列措施如对备用系统进行投资等以免对第三方物流过度依赖，假如 BDP 或 K&N 与杜邦的合作关系出现问题，杜邦无须缓冲期就可以与另外的物流服务商建立合作关系。

资料来源：刘必奇．杜邦的多元化物流管理战略．市场周刊·新物流，2006（2）；物流案例分析：杜邦的全球多元业务物流管理．中国物流与采购网，2015-05-20；杜邦公司 2022 年年报．杜邦公司官网．

二、国际货物运输

在国际物流中，国际货物运输是最重要的物流优化环节，对于节约国际物流费用、提高国际物流效率意义重大。

（一）我国国际货物运输的现状

海洋运输是我国国际货物运输的主体，我国国际货物运输总量的 80%～90%是通过海洋运输进行的。在我国的国际货物运输中，铁路主要用于与周边国家之间进出口货物的运输，我国与朝鲜、蒙古、越南、中亚等国的进出口货物绝大部分是通过铁路运输完成的。随着航空事业的发展，近年来我国国际航空货物运输量有较大的增长，货物种类也在不断扩大，但货运量所占的比例依然很小。由于我国地域辽阔，作为当前国际货物运输发展方向的国际多式联运在我国有很大的发展潜力。

（二）运输单据

根据运输方式的不同，国际货物运输单据主要有海运提单、铁路运单、航空运单和多式联运单据等种类。海运提单（Bill of Lading，B/L）简称提单，是由船长、船公司或其代理人签发的，证明已收到特定货物，允诺将货物运至特定的目的地，并交付给收货人的凭证。货物到达目的地后，提单是收货人据以向船公司或其代理人提取货物的凭证。拥有提单，便意味着对货物的所有权。在国际物流中，提单是最常见的运输单据。

根据货物是否已装船，提单可以分为已装船提单（On Board B/L）和备运提单（Received for Shipment B/L）。已装船提单是承运人在货物装船后签发的提单，备运提单则是承运人在货物等待装船期间签发的提单。

根据有无批注条款，提单可以分为清洁提单（Clean B/L）和不清洁提单（Dirty B/L）。清洁提单是指货物在装船时表面状况良好、承运人未加任何货物受损或包装不良批注的提单；不清洁提单则是指承运人对货物表面状况或包装加有不良批注的提单。

根据运输方式的不同，提单可以分为直达提单（Direct B/L）、转船提单（Transshipment B/L）和联运提单（Through B/L）。直达提单是指从装运港装船后，中途不换船而直接驶往目的港卸货的提单；转船提单是指从装运港装船后，不直接驶往目的港，需要在中途港换船运往目的港的提单；联运提单是指需经两种或两种以上的运输方式联运的货物，由第一程海运承运人所签发的据以在目的地提货的提单。

根据能否流通转让，提单可以分为记名提单（Named B/L 或 Straight B/L）、不记名提单（Unamed B/L）和指示提单（Order B/L）。记名提单是指在“收货人”栏内填写特定的收货人名称、只能由该特定收货人提货、不能流通转让的提单；不记名提单是指在“收货人”栏内不指明特定的收货人、只注明“提单持有人”字样的提单；指示提单则是指在“收货人”栏内仅填“凭指示”或“凭某某人指示”字样、经背书后可转让给他人提货的提单。

（三）国际货运代理

20 世纪 50 年代以来，随着世界各国经济贸易往来的日益频繁，跨国经济活动的增加，世界经济一体化进程的加快，国际货运代理行业也逐渐在世界范围内迅速发展。

国际货运代理既可以是进出口货物收货人、发货人的代理人，接受进出口货物收货人、发货人或其代理人的委托，以委托人的名义办理有关业务，收取代理费或佣金；也可以是独立经营人，接受进出口货物收货人、发货人或其代理人的委托，以自己的名义签发运输单证、履行运输合同，收取运费及服务费。

国际货运代理的经营范围很广泛，具体包括揽货、订舱、托运、仓储、包装、集装箱装箱及拆箱、分拨、集运、中转、报关、报检、保险等，也包括就国际货物运输业务开展的各种咨询服务。

本章小结

本章首先分析了在企业跨国采购、跨国生产、跨国销售不断增长的大背景下，国际物流所呈现出来的迅速增长趋势。其次，基于与国内物流的比较，讨论了国际物流所具有的环节多、周期长、更复杂、风险大等特征，并分析了国际物流优化的各项具体措施。最后，对与国际货物运输相关的运输单据、货运代理等问题进行了简单的介绍。

课后案例讨论

天天马士基：卓越源于创新

马士基航运创建于 1904 年，是丹麦 A. P. 穆勒-马士基集团旗下的班轮运输公司，总部设在丹麦哥本哈根，在全球 130 个国家和地区设有 300 多个分支机构，员工人数超过 10 万人。作为目前全球最大的集装箱承运人之一，马士基曾多次获得“全球最佳航运公司”和“年度航运公司”称号。

作为一家历史悠久、实力强劲的航运公司，马士基一直追求寡占的竞争战略，即尽可能将外部交易内化到公司内部，以实力奠定公司在行业内的强大竞争力。通过以集装箱业务为中心，兼顾造船、物流、码头等关联业务的战略，马士基航运打造了航运领域的“马士基帝国”，在全球范围内的集装箱相关业务领域都有着举足轻重的影响。马士基不必与其他公司合作就可以应对各种货主、货物的物流标准，因此能够不参与航运联盟而单独运营某条航线、成立自有品牌的船务代理、使用公司自身的物流与供应链系统、不借助中介机构而直接与货主联络。与其他航运公司相比，马士基具有更大的灵活自主性，能够根据多变的经营环境不断调整战略，形成更为强大的竞争优势。

2012 年 10 月，马士基航运在亚洲航线上推出了“天天马士基”（Daily Maersk）服务，以应对金融危机以来一直低迷的国际航运市场。“天天马士基”在亚欧航线上共运营 70 艘船舶，将货物从宁波、上海、盐田、丹戎帕拉帕斯这 4 个亚洲主线港，运往欧洲的费利克斯托、鹿特丹、不来梅港这 3 个主线港。马士基航运所发布的资料显示，“天天马士基”提供的服务包括：每日截关/截港；按照交货截关/截港时间计算最终可提货的时间；每个集装箱都得到运输时间承诺，对超出承诺的运输时间进行赔偿，延误 1～3 天，每个集装箱可得到 100 美元的赔偿，延迟 4 天以上，每个集装箱可得到 300 美元的赔偿。同时，“天天马士基”项目具有高度灵活性，针对淡、旺季制定了不同的经营计划和备选方案，因此在降低运力时也能够保证服务质量。“天天马士基”服务是在综合考虑了亚欧航线的运营情况和马士基的经营实力后推出的。

亚欧线是目前全球业务量最大的航线。作为全球航运主干线之一，亚欧线是万箱以上巨轮的角逐战场。没有这条航线，万箱以上巨轮的优势将会大打折扣。目前，全球有 50 艘万箱以上巨轮在亚欧航线上展开激烈竞争。马士基航运在亚欧航线上运营的船舶数量为 70 艘，占远东/欧地航线市场份额的 20%左右。据相关统计，服务于亚洲-北欧间贸易的集装箱航运中，44%的集装箱会迟到，其中 11%会迟到 2 天以上，8%会迟到 8 天以上。亚欧航线 2012 年第二季度的航运准班率仅为 56%，马士基的这一数据为 75%。尽管马士基在亚欧航线的准班率已遥遥领先于竞争对手，但是 25%的晚点率仍然使其承受了一定的经营压力。某专业咨询公司的调查显示，由于金融危机和运力过剩等原因，亚欧航线的航运公司定价能力较弱，不能依靠提高运价来增加盈利，因此，马士基势必通过业务创新等手段来实现公司的持续发展。基于多年发展过程中建立的航线网络以及大规模的船队，马士基为“天天马士基”项目投入了 70 艘船舶，而其主要竞争对手均不具备这一实力，即使竞争对手结成联盟来进行应对，也需要相当长的时间来调整和适应。2014 年，马士基先于竞争对手组建 2M 航运联盟，增强了自身运营、服务能力。

同时，为了配合“天天马士基”，在 2013 年，马士基航运和航运电商 INTTRA 达成合作协议：马士基的客户可以通过 INTTRA 提供的电商平台电子订舱、查询订单状态。电商平台的引入一方面可以节约运营成本、提高航运效率；另一方面，通过大数据的分析，电商平台可以整合数据报告，帮助马士基改善、提升服务。

与现有的亚欧航运服务相比，“天天马士基”项目的主要优势体现在：航运频率高，由每周一班提升至每日一班；物流准点率大幅度提升，号称准班率在 95%以上；在行业内率先推出了延误赔付的业务。“天天马士基”服务是与马士基航运的整体战略目标相契合的，马士基航运希望通过这一项目，增加航运集装箱服务的附加价值，增加与客户之间的合作亲密度。推出“天天马士基”服务之后，马士基航运有望将全年的船舶舱位利用率保持在 90%以上。

资料来源：汤朱健．“天天马士基”对我国船公司经营策略的影响分析．中国外资，2012（14）；严麦．马士基的变革．珠江水运，2012（20）；王凯旋，蒋元涛．大数据时代航运企业商业模式创新趋势与思路研究：以马士基航运为例．物流科技，2015（5）；刘俊．2017 年，马士基航运要干 7 件大事．珠江水运，2017（4）；李振福．马士基的综合航运物流大整合．中国船检，2019（3）.

结合案例内容，试回答下列问题：

1. 马士基的创新措施主要应对了国际物流中的哪些问题?
2. “天天马士基”为马士基的客户带来了哪些物流方面的便利?
3. 马士基的竞争对手应如何应对“天天马士基”服务带来的市场冲击?

复习思考

1. 与国内物流相比，国际物流具有哪些突出的特征?
2. 为了有效地开展国际物流活动，企业需要注意哪些问题?

参考文献

1. 陈明泉，崔发强．现代物流管理信息技术．北京：化学工业出版社，2012.
2. 陈修齐．电子商务物流管理.4 版．北京：电子工业出版社，2018.
3. 崔介何．企业物流.2 版．北京：北京大学出版社，2008.
4. 道格拉斯·兰伯特，詹姆士·斯托克，莉萨·埃拉姆．物流管理．张文杰，叶龙，刘秉镰，译．北京：电子工业出版社，2008.
5. 邓凤祥．现代物流成本管理．北京：经济管理出版社，2003.
6. 樊培敏．物流企业成本管控．中国市场，2016（41）.
7. 符正平．论波特竞争优势理论的新发展．学术研究，1999（7）.
8. 高志军，邵晴晴，朱卫平．第三方物流嵌入全球供应链的网络协调者作用．企业经济，2019（5）.
9. 汉德菲尔．采购与供应链管理．刘亮，冯婧，石学刚，译.6 版．北京：清华大学出版社，2021.
10. 何明珂．物流系统论．北京：高等教育出版社，2004.
11. 侯书森，孔淑红．企业供应链管理．北京：中国广播电视出版社，2002.
12. 黄金凤．供应链下的逆向物流管理研究．物流工程与管理，2021（6）.
13. 黄泽霞．“快速客户反应”（ECR）简介．条码与信息系统，1998（1）.
14. 姜羽琼．关于汽车零部件企业未来发展相关问题的探讨．商场现代化，2022（12）.
15. 金若楠，张文杰，等．现代综合物流管理．北京：中国铁道出版社，1994.
16. 金真，唐浩．现代物流：新的经济增长点．北京：中国物资出版社，2002.
17. 雷红，马常红．物流管理学．北京：中国物资出版社，2004.
18. 李佳威．供应链视角下企业物流库存管理的优化．中国航务周刊，2022（51）.
19. 李作聚．美国物流业发展现状分析．中国流通经济，2012（11）.
20. 李勇建，冯立攀，赵秀堃，等．新运营时代的逆向物流研究进展与展望．系统工程理论与实践，2020（8）.
21. 刘宝红．供应链管理：实践者的专家之路．北京：机械工业出版社，2017.
22. 刘畅．电子商务逆向物流的经济价值管理策略研究．中国储运，2022（4）.
23. 刘刚．现代企业管理精要全书．海口：南方出版社，2004.
24. 刘刚．危机管理.2 版．北京：中国人民大学出版社，2021.
25. 刘勇凤，李弢，Richard Gluck，等．美国货运物流管理体制及政策研究．运输经理世界，2020（2）.
26. 陆雪文，潘家坪．我国第三方物流的现状及发展对策．物流科技，2020（9）.
27. 骆温平．第三方物流：理论、操作与案例．上海：上海社会科学院出版社，2001.
28. 马丁·克里斯托弗．物流与供应链管理．何明珂，译.5 版．北京：电子工业出版社，2019.

29. 马士华，林勇．供应链管理．3 版．北京：机械工业出版社，2010.
30. 马晓倩．我国物流业发展现状及实证分析．物流科技，2017（7）.
31. 毛渊灏．现代企业物流采购管理方法分析．中国物流与采购，2022（10）.
32. 米歇尔·R. 利恩德斯，哈罗德·E. 费伦．采购与供应管理：第 13 版．张杰，译．北京：机械工业出版社，2009.
33. 宋华，等．哈佛商学院案例：供应链管理．北京：中国人民大学出版社，2007.
34. 宋华，胡左浩．现代物流与供应链管理．北京：经济管理出版社，2000.
35. 宋远方．供应链管理与信息技术．北京：经济科学出版社，2000.
36. 孙明贵．物流管理学．北京：北京大学出版社，2009.
37. 孙强．互联网商务应用．北京：对外经济贸易大学出版社，2000.
38. 孙泽南，谢庆红．第四方物流发展综述．中国储运，2022（8）.
39. 唐纳德·J. 鲍尔索克斯，戴维·J. 克劳斯．物流管理：供应链过程一体化．林国龙，宋柏，沙梅，译．北京：机械工业出版社，1999.
40. 汪鸣，冯浩．我国物流业发展政策研究．北京：中国计划出版社，2002.
41. 王焰．一体化的供应链战略、设计与管理．2 版．北京：中国物资出版社，2009.
42. 王自勤．现代物流管理．3 版．北京：电子工业出版社，2018.
43. 翁心刚．物流管理基础．4 版．北京：中国财富出版社，2013.
44. 吴清一．物流基础．北京：清华大学出版社，2000.
45. 叶杰刚．配送：运行与发展．北京：经济管理出版社，1999.
46. 叶晓素．论基于供应链管理的第三方物流发展战略．中国物流与采购，2021（14）.
47. 詹姆斯·W. 马丁．精益六西格玛与供应链管理．崔庆安，徐春秋，李淑敏，译．北京：中国财富出版社，2009.
48. 张蕙．宜家家居价值链导向下低成本战略研究．合作经济与科技，2020（9）.
49. 张霁明，康贤刚．物流管理．武汉：华中科技大学出版社，2011.
50. 张丽华，李亚，张绍伦，等．基于流程的企业内部物流质量提升方法．船舶标准化工程师，2022（5）.
51. 周全申．现代物流技术与装备实务．2 版．北京：中国物资出版社，2002.
52. BLACKBURN J D. Time-based competition：the next battleground in American manufacturing. Chicago：Irwin Professional Pub，1990.
53. BAIR J. Frontiers of commodity chain research. Redwood City：Stanford University Press，2009.
54. BRANDIMARTE P，ZOTTERI G. Introduction to distribution logistics. Hoboken：John Wiley & Sons，2007.
55. JONES E C，CHUNG C A. RFID and Auto-ID in planning and logistics：a practical guide for military UID applications. Boca Raton：CRC Press，2011.
56. FISHER M L. What is the right supply chain for your product? A simple framework can help you figure out the answer. Harvard Business Review，1997，75（2）：105－116.
57. GOVINDAN K，CHENG T C E，MISHRA N，et al. Big data analytics and application for logistics and supply chain management. Transportation Research，2018，114（6）：

343－349.
58. HASAN M. Sustainable supply chain management practices and operational performance. American Journal of Industrial and Business Management，2013，3（1）：42－48.
59. HINES T. Supply chain strategies：customer driven and customer focused. London：Routledge，2004.
60. HOULIHAN J B. International supply chain management. International Journal of Physical Distribution & Materials Manangement，1987，17（2）：51－66.
61. HSIAO Y H，CHEN M C，LU K Y，et al. Last-mile distribution planning for fruit-and-vegetable cold chains. The International Journal of Logistics Management，2018，29（3）：862－886.
62. KAPOOR S K，KANSAL P. Basics of distribution management：a logistical approach. New Delhi：Prentice-Hall of India Pvt. Ltd，2004.
63. KENGPOL A，TUAMMEE S. The development of a decision support framework for a quantitative risk assessment in multimodal green logistics：an empirical study. International Journal of Production Research，2016，54（3－4）：1－19.
64. LUMMUS R R，KRUMWIEDE D W，VOKURKA R J. The relationship of logistics to supply chain management：developing a common industry definition. Industrial Management & Data Systems，2001，101（8）：426－431.
65. PRAHARAD C K，HAMEL G. The core competence of the corporation. Harvard Business Review，1990（5/6）：79－91.
66. RHONDA R L，DENNIS W K，ROBERT J V. The relationship of logistics to supply chain management：developing a common industry definition. Industrial Management & Data Systems，2001，101（8）：426－431.
67. ROSS D F. Distribution planning and control：managing in the era of supply chain management. Boston：Springer，2003.
68. RUNGTUSANATHAM M，MILLER J W，BOYER K K. Theorizing，testing，and concluding for mediation in SCM research：tutorial and procedural recommendations. Journal of Operations Management，2014，32（3）：99－113.
69. RUSHTON A，CROUCHER P，BAKER D P，et al. The handbook of logistics and distribution management. London：Kogan Page，2010.
70. SORET I，DE PABLOS C，MONTES J L. Efficient consumer response（ECR）practices as responsible for the creation of knowledge and sustainable competitive advantages in the grocery industry. Issues in Informing Science & Information Technology，2008，5：601－621.
71. WATERS D. Global logistics and distribution planning：strategies for management. London：Kogan Page，2003.